기독교문서선교회(Christian Literature Center: 약칭 CLC)는 1941년 영국 콜체스터에서 켄 아담스에 의해 시작되었으며 국제 본부는 미국 필라델피아에 있습니다.
국제 CLC는 59개 나라에서 180개의 본부를 두고, 약 650여 명의 선교사들이 이동도서차량 40대를 이용하여 문서 보급에 힘쓰고 있으며 이메일 주문을 통해 130여 국으로 책을 공급하고 있습니다. 한국 CLC는 청교도적 복음주의 신학과 신앙 서적을 출판하는 문서선교기관으로서, 한 영혼이라도 구원되길 소망하면서 주님이 오시는 그날까지 최선을 다할 것입니다.

추천사 1

남 병 두 박사
한국침례신학대학교 역사신학 교수

　방기만 박사의 박사 학위 논문 "기독교 형제단 출현의 역사적·신학적 배경에 관한 연구"가 책으로 출판된 일은 논문을 지도한 교수로서 기쁘기 그지없는 일입니다. 특히, 이 학위 논문은 전국신학대학협의회(KAATS)에서 2022년도 최우수 논문으로 선정되기도 하여 이미 학계에서 그 학문적 가치를 인정받기도 했습니다. 본 추천자는 이 논문을 지도하는 과정에서 이미 이 논문의 중요성과 우수성에 대해 예감했고 진심을 담아 우수 박사 학위 논문으로 추천하기도 했습니다. 여기서는 그때 추천했던 이유를 밝힘으로써 이 책의 가치를 가늠하고자 합니다.

1. 기독교 교단으로서 기독교 형제단(Christian Brethren) 태동의 역사는 국내에서 본격적으로 다루어진 적이 없었기 때문에 이 논문은 그 영역에서 국내 최초 연구 결과물로서 의의가 큽니다.
2. 이 논문은 또한 기독교 형제단의 신학을 역사적 맥락에서 이해할 수 있는 틀을 최초로 제공하고 있다는 점에서 그 의의가 큽니다. 특히, 형제단을 결성했던 초기 인물들의 신학적 성향과 역사적 발전 과정을 거친 이후 오늘날의 형제단 신학이 일목요연하게 정리된 점이 돋보입니다.

3. 이 논문은 또한 기독교 형제단의 역사를 자유교회 전통의 교단이라는 관점을 가지고 기술했다는 점에서 독특성(uniqueness)을 보여 주고 있고, 이는 형제단이 지나치게 특정한 신학(세대주의)에 편중된 교단이라는 잘못된 인식을 불식하는 데에 중요한 기여를 하고 있습니다.

4. 이 논문은 아직 정리되지 않은 형제단의 기원에 관한 다양한 견해를 최초로 도식화하여 (다양한 기원론을 새로운 용어를 사용하여) 규명함으로써 그 분야에 이정표를 세웠다는 점에서 그 의의가 큽니다.

5. 기독교 형제단이 시작된 역사적 배경에 대한 연구가 16세기 종교개혁 운동이라는 큰 역사적 맥락에서 출발해서 직접적인 배경인 17세기 이후의 영국 교회의 역사적 상황을 아우르면서 잘 이루어졌다는 평가를 할 수 있습니다.

6. 이 논문은 여러 진영의 사람들이 시간을 두고 연대하면서 이루어진 기독교 형제단의 복잡한 초기 태동의 역사를 간명하게 잘 풀어내어 정리되었다는 점도 돋보입니다.

7. 이 논문은 저명한 선교사 허드슨 테일러가 기독교 형제단 출신이었다는 사실과 '믿음 선교'(faith missions)라는 그의 선교 정책이 초기 설립자 조지 뮐러의 영향을 받았을 것이라는 사실을 최초로 밝힌 논문이기도 합니다.

바라기는, 앞으로 이 책이 한국에서 그동안 미흡했던 자유교회 전통의 역사와 사상에 관한 연구를 촉진하는 밑거름이 되고, 동시에 한국의 기독교 형제단 내에서 학문적 연구를 자극하고 선도하는 계기가 되었으면 합니다.

추천사 2

기독교 형제단의 교회사를 개괄하는 교과서

권 진 호 박사
목원대학교 신학대학장

  방기만 박사의 이 책은 이미 우수 연구로 인정받은 그의 박사 논문을 수정하여 출간한 것으로, 기독교 형제단의 교회사를 명료하게 안내하는 교과서와도 같습니다. 저자는 기독교 형제단이 종교개혁의 한 전통에 속하지만, 승자의 역사가 아니라는 이유로 그 역사가 축소 또는 왜곡되어 평가받고 있다고 주장합니다. 따라서 저자는 기독교 형제단의 역사를 정확하고 올바르게 재해석하며 객관적으로 판단하는 것이 필요하다고 강조하며, 한국 교회에 기독교 형제단에 대한 관심을 일으키고 있습니다.

  한국에서는 기독교 형제단이 생소하며 또한 이에 대한 연구가 부족한 상황입니다. 이런 시기에 이 책은 기독교 형제단 스스로의 정체성을 확립하는 데 도움을 줄 뿐만 아니라 그리스도인들이 기독교 형제단에 대한 오해와 편견을 바로잡는 데 크게 기여할 것입니다. 특히, 기독교 형제단에 대해 거론되는 문제점들, 즉 잦은 분열과 단절, 극단적인 분리주의, 복음의 사회적 가치 소홀 등을 역사적·신학적으로 연구해 객관적으로 평가하는 길라잡이가 될 것입니다.

종교개혁 시대에 기독교 형제단은 개인적인 신앙 경험과 '신자들의 교회'라는 신앙 공동체를 강조해 온 비주류 개혁자들의 전통에 속해 있습니다. 이 책은 당시 기독교 형제단의 모습을 역사적이고 신학적으로 명료하게 제시해 오늘날 세속화의 경향성을 띠고 있는 한국 교회를 걱정하는 그리스도인에게 하나의 대안을 제시해 줄 것으로 생각되어 이 책을 적극 추천하는 바입니다.

추천사 3

김 한 성 박사
아신대학교 선교학 교수

　방기만 박사의 『기독교 형제단의 역사와 신앙』의 출판을 축하드리고, 한국 교회의 목회자와 성도들에게 일독을 추천합니다. 한국 교회가 익히 들어 알 뿐 아니라 존경하는 조지 뮬러, 허드슨 테일러, 짐 엘리엇이 기독교 형제단에 소속된 목회자요 선교사였습니다. 사실, 한국 교회는 장로교회, 감리교회, 성결교회, 침례교회, 순복음교회에 비해 기독교 형제단에 대한 자료나 정보를 많이 가지고 있지 않습니다. 이런 때 기독교 형제단을 소개하는 좋은 책이 나온 것을 기쁘게 생각합니다.

　19세기 중반 이후 오늘날까지 '믿음 선교'가 개신교의 타문화권 선교에 끼친 영향은 아무리 강조해도 부족합니다. 한편, '믿음 선교'의 기원이 기독교 형제단인 것을 아는 이는 많지 않습니다. '믿음 선교'는 앤서니 노리스 그로브스에서 조지 뮬러로, 허드슨 테일러로, 헨리와 패니 기니스 부부로 이어졌고, 중국내지선교회를 비롯한 초교파 '믿음 선교' 단체의 설립으로 이어졌습니다.

　D. L. 무디는 기독교 형제단의 여러 인물과 교류하며 기독교 형제단의 교리와 선교에 대한 강조를 접했습니다. 기독교 형제단의 영향을 받은 무디와 몇몇 지도자가 주도한 여러 수양회를 통해 많은 해외 선교사가 배출되었고, 북미에서 '성경학교운동'이 일어나 많은 곳에 '성경학교'들이

세워졌습니다. 20세기 중후반까지 북미의 많은 선교사가 이 학교들에서 성경 교육과 선교 훈련을 받았습니다.

 이 책은 19세기 중반 이후 개신교 초교파 '믿음 선교' 단체에 많은 영향을 끼쳤던 기독교 형제단에 대해 배울 수 있는 좋은 기회를 제공합니다. 방기만 박사의 『기독교 형제단의 역사와 신앙』을 한국 교회의 목회자와 성도들에게 추천합니다.

추천사 4

김 홍 열 원장
그리스도인훈련원(CTI)

2,000여 년의 장구한 교회 역사는 수많은 운동으로 가득 차 있습니다. 그 운동이 표면적으로 성공을 했든, 그렇지 않든 여전히 그들의 노력과 수고는 또 다른 운동의 토대가 되었습니다. 건전한 운동들이 주창한 슬로건은 '성경으로 돌아가서(Back to the Bible) 성경대로 하자'(According to the Bible)는 것이었습니다.

역사 속에는 수많은 사건과 그에 관련된 인물들과 무리가 등장합니다. 그들은 다른 무리들과 자의든, 타의든 직간접적으로 연관을 가지고 영향을 주고받기도 합니다. 역사에는 부정적인 것들과 긍정적인 것들로 혼재되어 있습니다. 대체적으로 긍정적인 일들로 평가되는 사건들도 그때 당시 부정적인 요소의 반동으로 시작되었습니다. 또한, 긍정적인 영향을 끼친 사건일지라도 그 이면에는 부정적인 요소도 담고 있습니다. 그래서 어느 역사든지 명암을 가지고 있습니다. 그래서 역사는 현대에 사는 사람들에게 교훈이요, 거울입니다(롬 15:4; 고전 10:11).

우리는 어떤 사건이 발생한 그때로 돌아가서 그 사선을 보고, 관련 인물들을 이해하면서 대개 자기 현재적 시각으로 그 역사를 판단합니다. 이래서 역사를 보는 시각은 각자의 관점에 따라 달라집니다. 그러나 주관적인 사관(史觀)을 완전히 배제할 수는 없지만, 보다 객관적인 사관을 갖기 위해서는 하나님의 관점에서 역사를 바라봐야 합니다. 하나님이 역사 속에서 섭리하시는 주체이며, 역사의 주인이기 때문입니다.

저자가 남다른 열정과 주님의 은혜로 현재에 이르기까지 많은 신앙 선배의 도움이 있었고, 무엇보다도 크신 은혜의 하나님이 함께하셨습니다. 그리고 간과할 수 없는 사실은 저자 자기가 여러 역경을 극복하면서 연구에 매진한 결과로 학위 논문(이 책)이 2023년 초에 실시한 전국신학대학협의회의 2022년 우수 논문 선발에서 최우수 논문상을 받은 것을 기뻐 마지않습니다.

기독교 형제단(Christain Brethren)은 개혁주의의 토대 위에서 복음주의 주류에 있었습니다. 200여 년의 역사성(歷史性)을 가지고 성경을 통해 신앙을 가지고 신학을 형성하여 후대를 가르치며 섬겨왔습니다. 한국에서 덜 알려진 형제단이 이 책을 통해 올바로 알려져서 오해를 불식하고, 한국 기독교계에서 대의적으로 하나님 나라를 위해 사역하며 협력하기를 바라 마지않습니다. 모쪼록 저자의 학문과 이 책이 형제단을 넘어 한국 기독교계에 긍정적으로 기여하기를 간절히 기도하는 바입니다.

기독교 형제단의 역사와 신앙

기독교 형제단 출현의 역사적·신학적 배경에 관한 연구

The history and faith of the Christian Brethren
Written by James(Gi man) Bang
All rights reserved.
Korean Edition Copyright ⓒ 2023 by Christian Literature Center, Seoul, Korea.

기독교 형제단의 역사와 신앙
기독교 형제단 출현의 역사적·신학적 배경에 관한 연구

2023년 11월 20일 초판 발행
2023년 12월 05일 초판 2쇄 발행

지 은 이 | 방기만

편　　집 | 도전욱
디 자 인 | 박성준, 서민정
펴 낸 곳 | (사)기독교문서선교회
등　　록 | 제16-25호(1980. 1. 18.)
주　　소 | 서울특별시 동대문구 천호대로71길 39
전　　화 | 02-586-8761~3(본사) 031-942-8761(영업부)
팩　　스 | 02-523-0131(본사) 031-942-8763(영업부)
이 메 일 | clckor@gmail.com
홈페이지 | www.clcbook.com
송금계좌 | 기업은행 073-000308-04-020 (사)기독교문서선교회
일련번호 | 2023-103

ISBN 978-89-341-2624-9

이 책의 출판권은 (사)기독교문서선교회가 소유한다.
신저작권법에 의하여 한국 내에서 보호받는 저작물이므로 무단 전재와 무단 복제를 금한다.

신학박사 논문 시리즈 78

기독교 형제단 출현의 역사적·신학적 배경에 관한 연구

기독교 형제단의 역사와 신앙

방기만 지음

The history and faith of the Christian Brethren

전국
신학대학협의회
최우수논문상

역사적, 신학적 배경을 중심으로 규명한
기독교 형제단의 기원과
종교개혁운동의 학문적 이해

CLC

목 차

추천사 1	남병두 박사_ 한국침례신학대학교 역사신학 교수	1
추천사 2	권진호 박사_ 목원대학교 신학대학장	3
추천사 3	김한성 박사_ 아신대학교 선교학 교수	5
추천사 4	김홍열 원장_ 그리스도인훈련원(CTI)	7

감사의 글   13

제1장 서론   15
제2장 기독교 형제단 이전의 자유교회 전통   45
제3장 기독교 형제단 태동의 직접적 배경   100
제4장 기독교 형제단의 시작   135
제5장 기독교 형제단의 분열   211
제6장 결론   267

참고 문헌   284

감사의 글

방 기 만 목사

하나님이 무지한 제게 은혜를 베푸셔서 예수 그리스도 안에 있는 하나님의 사랑과 구원의 은혜를 덧입게 하시고, 건강하고 순수한 교회에서 신앙생활 할 뿐만 아니라 목회의 길을 걷게 하셨음에 감사드립니다. 제가 강원도 산골에서 군생활 할 때 복음을 전해 주었던 그리스도인 선임병 그리고 그가 섬기던 춘천교회 성도들이 제가 근무하던 부대까지 방문해 침례를 베풀어 준 배려와 사랑을 잊지 못합니다.

제대 후에는 제가 현재 섬기는 서청주교회에서 그리스도인훈련원(CTI)의 김홍열 원장님은 신앙의 기틀을 세울 수 있도록 가르치시고 훈련해 주셨습니다. 또한, 믿음의 선배들은 경건한 본을 경험하게 해 주셨고 그 경험은 지금까지 아름다운 추억으로 간직하고 있습니다. 하나님이 목자로 부르심을 확인했을 때, 부족한 저를 목자로 여기고 따라 주신 서청주교회 성도들에게도 감사합니다.

학문적 체계를 세우는데 큰 기회를 제공해 주신 저의 모교 한국침례신학대학교의 존경하는 교수님들에게도 감사를 드립니다. 특별히 지도 교수님이신 남병두 박사님의 깊이 있고 폭넓은 가르침과 지도로 제가 속한 기독교 형제단의 역사에 대해 학문적이고 객관적인 연구와 기술을 할 수 있었습니다.

그리고 무엇보다도 사랑하는 아내(김효정)의 헌신적 후원과 인내에 감사합니다. 오랜 세월 동안 제 아내로서, 세 아들의 엄마로서, 홀시아버지의 며느리로서 묵묵히 함께하고 섬겨 줄 뿐만 아니라 학위 과정에 재정적 후원을 감당해 주었습니다. 모든 것이 하나님의 은혜이며, 많은 분이 저의 보호자요 후원자가 되어 주셨습니다.

이 책은 저의 박사 학위 논문 "기독교 형제단 출현의 역사적·신학적 배경에 관한 연구"를 보다 많은 분이 접하기를 소망하는 마음으로 단행본으로 출간한 것입니다. 학위 논문의 다소 경직된 틀을 다듬어 부드럽게 하고자 노력했으나, 내용의 논지를 살리려다 보니 다소 논리적인 전개가 될 수밖에 없는 아쉬움이 남습니다.

다만, 이 책을 통해 한국 교계에 잘 알려지지 않았으나 알 필요가 있는 기독교 형제단과 자유교회 전통에 대한 이해를 제고할 수 있기를 바랍니다. 이로써 한국의 그리스도인들에게 신약성경적 교회에 대한 발전적 고찰과 논의에 자극이 되기를 기대합니다.

제1장

서론

　기독교 역사에서 어떤 무리를 이해하려 한다면 먼저 그 무리가 출현하게 된 역사적 맥락과 신학적 배경에 대한 이해에서부터 시작할 필요가 있다. 하나님은 여러 경로를 통해 우리에게 역사의 흔적들을 남겨 두시고 제공해 주신다. 이는 과거의 일들이 '우리의 거울'이 되도록 하기 위함이다(고전 10:6).

　우리는 역사의 고찰에 있어 개인들뿐만 아니라 여러 사회적·정치적 제도들, 운동들, 관습들 그리고 개개인에게 영향을 준 지적·감정적 풍조까지 포함한 '하나의 포괄적인 역사'를 고찰해야 한다. 교회사 속의 풍조나 운동들 그리고 분파들은 각 시대의 맥락 속에서 형성되기도 했고, 그 시대에 영향을 미치기도 하였다. 따라서 각 시대의 기독교 공동체들은 환경과 상호 작용을 해왔다는 사실을 인정해야 한다.

　한국 교계에 잘 알려지지 않은 기독교 형제단(Christian Brethren)[1]은 교회사에 있어서나 전 세계 기독교 지형에 있어 중요한 그룹이기 때문에 학문적

---

[1] 이 책에서 언급하는 '기독교 형제단'은 다양하게 명명되어 있다. 그중에 '플리머스 형제단'이라는 호칭이 가장 널리 알려진 것이 사실이다. 그러나 필자는 '플리머스 형제단'이라는 호칭이 형제단 내부에서 어떤 특정 그룹을 가리키기 때문에 '기독교 형제단'이라는 용어를 사용하고자 한다. '기독교 형제단'은 스스로 특정 교파명으로 불리길 원치 않으며, 대외적으로 자신들을 구분하는 명칭으로 '플리머스 형제단'보다는 '기독교 형제단'으로 불리길 원한다. 따라서 '기독교 형제단'이 공식 명칭이라 할 수 있다. 필자는 '기

연구가 필요하다. 그러나 형제단의 기원과 신학 그리고 기독교 내에 미친 영향에 대해 많이 알려지지 않았으며, 관련 연구도 미미하다. 그뿐만 아니라, 형제단 내에서 자기들의 기원에 대해 역사적 사실관계에 토대를 두기보다는 형제단과 유사하다고 생각하는 교회사 속의 그룹들과 자신들을 하나로 연결된 계보로 생각하는 이들이 많다. 형제단은 일반적으로 자기들이 사도행전 2장의 오순절에 출현한 최초의 교회인 예루살렘 교회에서부터 이어져 내려온 성경적 교회라고 믿는다.

사실 이러한 견해는 형제단 뿐만 아니라 침례교회를 비롯한 다른 교단들에서도 나타났다. 그러나 역사학적 연구가 진행되면서 이러한 개념은 역사적 사실로 증명할 수 없다는 것이 밝혀졌다. 그런데도 형제단에서는 초대 교회에 자기들의 기원을 두는 사람들이 여전히 많다. 물론, 이러한 역사 인식이 과연 타당한지에 대한 역사적 고찰이 필요하다. 필자는 이 책을 통해 형제단의 역사적 그리고 신학적 기원에 대해 객관적 사실을 바탕으로 확인하고자 한다.

필자는 형제단의 기원 문제를 역사적·신학적 배경을 중심으로 규명하고 그 역사적·신학적 공과(功過)를 확인함으로써 형제단이 균형 잡힌 역사관과 자신들 고유의 신학적 정체성을 확립해 역사 속에서 발현된 빛을 재확인하고 오늘에 그 빛을 다시 드러내기를 바란다.

오늘날 한국의 형제단은 어려움에 직면해 있다. 먼저는 상대적으로 소수인 형제단 스스로 다른 교회들과 비교해 자기들의 정체성을 확고히 갖고 있지 못하기 때문이며, 한국의 일반적인 교회들에게 형제단의 행습과

독교 형제단'이란 명칭을 사용하되, 이후의 내용에서는 서술상의 편의를 위해 '기독교 형제단'을 '형제단'으로 줄여 사용하고자 한다.

체계가 이질적으로 여겨지기 때문에(이것은 오해다) 복음 전도에 있어 또 다른 어려움을 겪고 있기 때문이다. 실제로 형제단은 한국에서 정상적이지 않은 잘못된 교회로 인식되는 경우가 많이 있다. 형제단이 이러한 상황에 놓여 있기에 형제단 역사에 대한 연구는 형제단 내의 구성원들이 그들 공동체의 정체성을 올바로 이해하게 할 것이다.

그리고 형제단이 많은 사람에게 어떻게 그처럼 강력한 신앙운동으로 자리매김하고 한 교단으로 성립하게 되었는지를 기독교 역사에서 규명함으로써, 그들의 긍정적 측면을 계승 발전할 수 있는 토대를 제공할 수 있을 것이다. 형제단 연구에 있어 이러한 신학적·역사적 연구는 형제단에 대해 균형 잡힌 학문적 이해를 제공해 한국 기독교계에서 형제단에 대한 객관적 평가가 이루어지도록 할 것이다. 그것은 결국, 기독교 내의 건전한 신학의 다양성과 교회론적으로 폭넓은 대안들을 확충함으로써 기독교 발전에 이바지할 것이다.

형제단은 '신자들의 교회'(Believers' Church)를 지향한다.[2] 그런데 형제단 출현 이전에 이미 신자들의 교회를 지향하는 공동체들이 존재해 왔다. 하지만 이러한 그룹들과 형제단의 교회론에는 공통점과 상이점이 존재한다. 이러한 것들을 확인함으로써 형제단의 정체성과 앞으로의 나아갈 방향을 설정하기를 기대한다.

---

[2] 초기 형제단의 지도자였던 조지 뮐러(George Müller)와 헨리 크레이크(Henry Craik)는 믿는 자의 침례를 가르쳤고, 믿는 자들의 모임으로서의 교회를 지향하였다. F. Roy Coad, *A History of the Brethren Movement* (Vancouver: Regent College Publishing, 2001), 124. '신자들의 교회'를 이루고자 하는 이들은 교회의 본질이 예수 그리스도를 믿은 사람들의 모임이기 때문에 지역 교회의 회원은 스스로 예수 그리스도에 대한 신앙을 고백한 사람들이 될 수 있다고 본다. 이를 위해 그들은 신앙을 고백한 사람들에 대해 침례를 베풀고, 교회 회원으로 인정한다.

먼저, 신자들의 모임으로서의 교회를 이루고자 했던 무리에 대한 선행 연구를 살펴볼 필요가 있다. 막스 베버(Max Weber, 1864-1920)는 16세기에 기존체제를 뒤흔든 운동을 소개했는데, 그 운동은 국가 교회 체제를 부정하고 그 체제를 떠받치고 있던 유아세례를 거부한 아나뱁티스트들을 지칭하는 것이었다.³

1962년 하버드대학교의 조지 윌리엄스(George Williams)는 아나뱁티스트에 대해 롤랜드 배인톤(Roland Bainton)이 사용한 '종교개혁 좌파'(The left-wing of the Reformation)라는 용어 대신, 'Radical Reformation'이란 말을 사용했다.⁴ 이를 배덕만은 '급진적 종교개혁'이라고 번역했지만,⁵ 김승진은 "근원적 종교개혁"으로 번역하는 것이 타당하다고 주장하였다.⁶ 그는 Radical이라는 단어에 "급진적" 혹은 "과격한"이란 의미가 내포되어 있긴 하지만, "Root"와 어원을 같이 하고 있다고 보았다.

또한, 윌리엄스가 'Radical Reformation'을 시도한 이들로 분류한 아나뱁티스트들은 교회의 뿌리인 신약성경 시대의 교회를 회복(restitution)하고자 한 이들이었기 때문에 그들에 대해 과격한 무리라고 보기보다는 뿌리부터의 개혁을 시도한 이들을 뜻하는 '근원적 종교개혁'을 추구한 이들이라고 칭하는 것이 옳다고 주장하였다.⁷ 도널드 던바(Donald F. Durnbaugh) 또한 아나뱁티스트들이 교회의 시작, 즉 원시 교회로의 회복을 지향했던 무

---

3   Barry L. Callen, 『급진적 기독교』, 배덕만 역 (대전: 대장간, 2010), 36.
4   Ibid., 38.
5   Ibid.
6   김승진, 『근원적 종교개혁』 (대전: 침례신학대학교출판부, 2011), 32-3.
7   George H. Williams, *The Radical Reformation*, "Introduction" (Philadelphia: Westminster Press, 1962), ⅹⅹⅵ.

리라고 평가하였다.[8] 이상의 견해들을 종합하면, 윌리엄스는 16세기 종교 개혁운동을 '관료 의존적 종교개혁'(Magisterial Reformation), '근원적 종교개혁'(Radical Reformation), '반동 종교개혁'(Counter Reformation)이라는 세 가지 부류의 운동이라고 분류한 셈이 된다.

롤란드 베인톤(Roland H. Bainton)은 아나뱁티스트가 "우리가 스스로를 입증하기 위해 붙들고 있는 진리 중 북미 대륙에서 탄생한 세 가지 원리를 선포하고 모범을 보이는 데서 다른 모든 기독교 조직보다 앞서 나간 이들이다. 그 세 가지 원리는 자원 교회(voluntary church), 교회와 국가의 분리 그리고 종교자유(religious liberty)다"라고 평가하였다.[9]

베인톤의 정의에서 '자원 교회'라 함은 자기 스스로 예수 그리스도를 믿기로 결정한 사람들로 구성된 교회를 지칭하는 것이며, 곧 '신자들의 교회'를 말한다. 아나뱁티스트로 알려진 무리 중 가장 먼저 등장한 '스위스 형제단'은 신약성경에 최초로 나타난 교회, 즉 신자들의 교회가 가지는 주요 원리를 명확하게 밝히고 또 자기들의 삶으로 증언한 최초의 무리였다.[10]

이처럼 근원적 종교개혁자들(Radical Reformers)은 국가 교회 체제를 반대하고 신자들의 교회를 이루고자 했던 무리인데, 자유교회(free church)라고 불리기도 했다. 그것은 그들이 국가 교회로부터의 자유(free)를 지향했기 때문이다. 신자들의 교회 개념에 대해 한국침례신학대학교의 남병두는 일곱 가지 특성을 주장하였는데, '국가 교회를 거부하는 교회,' '회개와 믿음으로 중생을 체험한 자들의 교회,' '침례를 통한 신앙고백과 헌신에 기초

---

[8]   Donald F. Durnbaugh, 『신자들의 교회』, 최정인 역 (대전: 대장간, 2015), 43.
[9]   Roland H. Bainton, "The Left Wing of the Reformation," *Journal of Religion*, XXI (1941), 125-34.
[10] Durnbaugh, 『신자들의 교회』, 109.

한 제자들의 공동체,' '자발적 믿음과 자발적 교회,' '모이는 교회,' '회중 중심적 교회,' '권징(Discipline)이 있는 교회'가 그것이다.[11] 이러한 특성을 공유하는 무리들은 16세기의 아나뱁티스트-메노나이트들을 시작으로, 17세기 영국의 침례교도들과 퀘이커들을 들 수 있다. 그리고 18세기에는 독일 형제단(German Brethren)[12]에서 같은 지향성을 찾아볼 수 있다.[13] 19세기에는 신자들의 교회를 이루고 초대 교회의 모습을 회복하고자 했던 이들로서 이 책의 탐구 대상인 기독교 형제단이 출현하였다.[14]

형제단은 성경에 나타난 침례가 하나님 앞에서 자기 죄를 회개하고 예수 그리스도를 믿음으로 거듭난 사람이 신앙고백의 행위로 받는 것이라고 믿고 있다. 따라서 형제단은 유아세례가 성경의 가르침도 아니며 초대 교회에서 선례를 찾아볼 수 없는 행습이라고 비판한다. 형제단은 침례의 방식에 대해 로마서 6장에서 사도 바울이 강조한 그리스도와의 연합을 잘 나타낼 수 있는 침수례의 방식이 성경이 가르치는 방식이라고 주장한다.[15] 그들은 또한 신약성경에 나타난 교회는 거듭난 그리스도인들의 모임으로

---

11 남병두, 『침례교회 특성 되돌아보기: 신약성경적 교회회복을 위하여』, (대전: 침례신학대학교출판부, 2015), 124-9.
12 이들의 기원은 1708년 독일 헤센(Hesse)의 슈바르체나우(Schwarzenau)에서 알렉산더 맥(Alexander Mack, 1679-1735)의 지도를 받던 7명이 신약성경에 계시 된 예수 그리스도의 계명을 좇아 형제를 맺기로 언약함으로써 유래한다. 그들은 압제를 받아 1730년대에 모두 유럽을 떠났고, 아메리카에 정착하였다. 종교탐방, "Brethren," [온라인 자료] http://www.cyberspacei.com/jesusi/inlight/religion/christianity/anabaptism/brethern.htm, 2022년 8월 13일 접속.
13 Callen, 『급진적 기독교』, 38.
14 Durnbaugh, 『신자들의 교회』, 254-5. 독일 형제단과 기독교 형제단은 지향점은 같고 행습의 유사성이 있지만 다른 시기에 독일과 영국이라는 다른 지역에서 출현한 다른 집단이다.
15 William McDonald, "침례", 『두 가지 예식-침례와 만찬의 의미와 실천에 관하여』, 한국엠마오성경학교 역 (서울: 한국엠마오성경학교, 1991), 12-22.

서 이스라엘과 구분되는 하나님의 백성이라고 믿는다.

또한, 그들은 교회에는 하나님이 세우신 목자들이 있지만, 모든 신자는 교회의 구성원이자 제사장으로서 교회의 중요한 결정에 참여할 권리를 가진다고 여긴다.[16] 형제단은 또한 콘스탄티누스의 개종과 기독교 공인 이후 형성된 국가 교회 체제가 교회 타락의 핵심적 원인이라고 진단하며 이로부터 자유로운 교회가 참 교회의 중요한 기준 중의 하나라고 주장한다.[17]

이처럼 형제단이 핵심 가치로 여기는 내용을 보면 그들이 자유교회 전통과 일맥상통하는 사상을 가지고 있음을 확인할 수 있다. 따라서 이 책에서 형제단의 출현을 자유교회 전통의 맥락에서 고찰하는 것은 타당한 일이다.

현재 '신자들의 교회'(Believers' Church)라는 표현과 '자유교회'라는 표현은 병용되고 있다. 역사적으로 자유교회라는 표현이 먼저 사용되고 있었으나, 1955년 이후 자유교회라는 용어를 신자들의 교회라는 용어로 대체 또는 병용하고 있다.[18] 자유교회라는 용어는 국가 권력의 도움과 통제로부터의 자유를 지향하는 교회라는 의미가 반영된 표현이었다면, 신자들의 교회라는 용어는 자원해서 신앙을 고백한 사람들로 구성되는 교회라는 의미가 더 반영된 표현이라 하겠다.

---

16 김홍열, 『성경교리연구』 제3판 (청주: 도서출판 새벽별, 2012), 567-92.
17 Edmund Hamer Broadbent, 『순례하는 교회』, 편집부 역 (서울: 전도출판사, 1992), 48. 이러한 이해는 자유교회 전통에 속한 이들의 공통된 시각이다.
18 자유교회는 교회와 국가가 법적으로 분리된다는 의미를 나타내는 용어이지만, 유니테리언 같은 이들에게도 사용되는 경향이 있었다. 따라서, 보다 구체적인 명칭이 필요하였다. 신자들의 교회 전통에 대한 학술 대회가 1955년 8월, 시카고에 있는 메노나이트 신학교에서 개최되었다. 이 대회에서 신자들의 교회가 특정한 지역에 기초한 교권제도(그 회원들이 특정한 지역이나 특정한 문화 집단을 장악하는 사회와 긴밀하게 연합된 체제)와 근본적 차이가 있음을 확인하였다. Callen, 『급진적 기독교』, 42-3.

결국, 강조점에서 다소 차이가 있을 뿐이지, 두 표현은 모두 종교의 자유라는 전제하에 회심의 체험을 하고 개인적으로 신앙을 고백한 사람들이 성경의 명령에 따라 침례를 받고 회원으로 영접하는 교회를 이루고자 하는 전통에 대한 표기이다. 필자는 이 책에서 이 두 표현이 지칭하는 전통을 '자유교회'로 통일하여 표기하고자 한다.

같은 사실에 대해서도 어떤 관점으로 보는가에 따라 다른 해석이 나올 수 있다. 교회사에 있어서도 마찬가지다. 자유교회, 즉 신자들의 교회 전통의 그룹들에 대해서도 어떤 관점으로 평가하는가에 따라 평가가 달라질 수 있다. 현실적으로 한국의 기독교계에서 자유교회 전통 관점은 주류 교회사관은 아니다. 이런 이유로 한국에서는 자유교회 전통의 그룹들에 대한 오해나 저평가가 이루어져 온 것이 사실이다. 형제단은 자유교회 전통 중 한 그룹이기 때문에 그들에 대해 자유교회 전통의 관점에서 학문적 조명을 통해 그 가치를 평가할 필요가 있다.

이 책을 통해 형제단 출현의 역사적·신학적 배경에 대해 고찰함으로써 달성하고자 하는 목적은 다음과 같다.

첫째, 오늘날 전 세계에 분포되어있는 형제단은 신학적 측면과 실천적 측면에서 원론적으로는 공통점을 가지면서도 각론적인 측면에서는 매우 다양한 경향을 나타내고 있다.

반면에 한국의 형제단은 상대적으로 보다 균일한 신학적, 실천적 경향을 보인다. 필자는 2019년 6월 이탈리아 로마에서 개최된 국제형제단수양회(IBCM: International Brethren Conference on Mission)에 참석하게 되었는데, 그 현장에서 형제단의 다양성과 함께 그 다양성을 넘어 연합하는 모습을 확인하게 되었다.

필자는 한국의 형제단이 다양성을 인정하기보다 통일된 연합을 추구하는 경향과 달리, 범세계적 형제단은 그 정체성의 범위가 훨씬 광범위하고, 다양성을 존중하는 모습에 깊은 흥미를 느꼈다. 그 과정에서 필자는 과연 범세계적 형제단의 연합이 가능하도록 하는 형제단의 정체성은 무엇인지에 대한 궁금증을 가졌다.

이에 필자는 형제단의 태동으로 돌아가서 형제단 신학의 뿌리를 고찰함으로써 형제단의 신학적 정체성의 범위를 확인하고자 한다. 그리고 형제단 역사 초기에 발생한 분열의 이유와 그 과정 그리고 결과를 살펴보면서 어떻게 다양한 형제단이 존재하게 되었는지도 확인할 것이다. 또한, 한걸음 더 나아가 형제단이 그 정체성으로서 지켜가야 할 범주를 제시하고자 한다.

둘째, 형제단 정체성의 유래를 확인하고자 한다.

형제단은 한국의 일반적인 교단들과 비교할 때 독특한 분파로 보일 수 있다. 형제단이 독특성을 가지게 된 유래를 확인하기 위해서는 그들의 출현에 대한 역사적 고찰이 필요하다. 또한, 이러한 고찰을 통해 형제단 정체성을 확인해 보고, 다른 한편으로는 그들이 다른 교단과 차별하고자 하는 것 중 부차적인 것은 없는지 확인하고자 한다.

셋째, 형제단 출현 당시에 이미 그들과 신학적으로 유사한 교단들이 이미 브리튼제도에 존재하고 있었는데, 형제단이 별도로 분립한 이유에 대하여 밝히고자 한다.

실제로 침례교회는 형제단이 출현하기 2세기 전인 17세기 초부터 신자들의 교회를 지향하는 가운데 자유교회운동을 추구해 왔다. 그러한 가운데서 형제단을 설립한 이들이 침례교회와 별도의 분파를 형성하게 된 이유를 확인할 필요가 있다. 이 시도는 같은 자유교회 전통을 추구하는 그룹이지만, 침례교회와 형제단의 공통점과 함께 차이점을 보여 줄 것이다.

넷째, 형제단의 출현과 발전 과정을 살펴봄으로써 역사 가운데 자유교회 전통, 즉 신자들의 교회라는 사상의 가치를 확인하고 그 비전을 제시하고자 한다.

형제단은 당시의 시대적 상황 가운데서 대안의 필요를 느낀 이들이 별도로 분리하여 모이게 됨으로써 태동 되었다. 그렇다면 그들의 출현은 당대의 상황에 어떤 가치를 부여했는지를 확인할 필요가 있다. 아울러 그것이 오늘의 시대 상황에는 어떤 의미가 있고, 내일에 어떤 가치를 제공할 수 있는지 확인하는 것은 한국 기독교에 유익한 접근이 될 것이다.

다섯째, 한국의 형제단이 자기들의 뿌리에 대한 신학적 정체성을 확인하도록 하고, 그들이 나아갈 방향을 제시하고자 한다.

앞서 언급한 것처럼 한국의 형제단에는 그들 정체성의 위기와 미래에 대한 불확실성이 공존하고 있다. 하나님은 교회 역사 가운데 그리고 현재의 기독교 사회에 다양한 교회를 허락하셔서 상호 보완 협력하도록 하실 것이다. 그렇다면, 한국의 기독교 안에 형제단과 같은 무리도 필요하며, 형제단은 작지만 필요한 역할을 할 수 있어야 한다.

그러기 위해서는 형제단이 다른 교단들과 같아지거나 동화되길 추구하기보다는 그들의 정체성을 분명히 하는 가운데서 타교단들과 협력하며 긍정적 역할을 해야 한다. 따라서 이 책이 형제단 내부에 그들의 역사적 뿌리와 가치를 확인해 주는 메시지가 되기를 기대하며 타교단의 형제단에 대한 오해를 바로잡기를 기대한다.

형제단에 관련한 연구는 그 선례를 찾아보기 어렵지만, 최근에 형제단의 기원과 한국으로의 전래에 대해 정인택이 그의 박사 학위 논문, "형제운동의 기원과 발전 및 한국으로의 전래"에서 잘 다루었다.[19] 그 연구에서 우리는 형제단의 태동 그리고 발전 및 한국으로의 전래에 대해 유익한 정보를 얻을 수 있다. 정인택은 그의 논문에서 형제단의 신학과 실천적 특성을 간략하게 언급하였다.[20] 그러나 그는 그 연구에서 형제단의 태동의 역사적·신학적 배경에 대해서는 개괄적으로만 다루었고, 형제단과 유사한 형태의 그룹들에 대한 고찰과 그들과 형제단과의 연관성에 대해 추적하지는 않았다. 따라서 필자는 형제단 출현의 역사적·신학적 배경에 대해, 더 깊이 있게 고찰하되 형제단과 그 지향점이 유사한 그룹들과의 유관성 여부를 확인하고자 한다.

형제단의 역사에 대한 외국의 연구 사례들을 살펴보면 다음과 같다. 19세기 후반 형제단의 역사가 앤드류 밀러(Andrew Miller, 1810-1883)는 그의 저서 『형제단: 그들의 기원, 진보 그리고 간증의 간략한 스케치』(*The Brethren: A Brief Sketch of their Origin, Progress and Testimony*)[21]에서 비개방 형제단[22]의 입장에서 형제단의 초기 역사를 비교적 간단하게 기술하였고, 그 내용은 형제단을 비판하는 이들에 대해 형제단의 신학적 입장을 변호하는 데 초점을 맞추었다.[23] 따라서 그의 연구를 통해서는 형제단의 정체성의 유래를

19　정인택, "형제운동의 기원과 발전 및 한국으로의 전래" (박사 학위 논문, 계명대학교 대학원, 2013). 1-3.
20　Ibid., 100-4.
21　Andrew Miller, *The Brethren: ('Commonly So-called'). A Brief Sketch of their Origin, Progress and Testimony* (London, n.d.).
22　형제난이 출현한 직후 그들은 두 계열로 분열되었고 지금까지 이어지고 있다. 영어권 형제단에서는 두 계열의 형제단을 'Exclusive Brethren'과 'Open Brethren'으로 표기한다. 필자는 'exclusive'를 '비개방'으로, 'open'을 '개방'으로 표기하고자 한다. 두 계열의 차이는 자기들이 확신한 신학적 영역 밖에 있는 이들에 대해 닫힌 입장인지, 열린 입장인지에 있다.
23　Neil T. R. Dickson and Tim Grass, eds., *The Growth of the Brethren Movement* (Milton

확인하기 어렵다.

형제단의 역사에 관한 최초의 구체적인 연구는 블레어 니트비(W. Blair Neatby)에 의해 이루어졌다. 그는 『플리머스 형제단의 역사』(*A History of the Plymouth Brethren*)에서 비교적 비판적 태도로 형제단의 역사를 기술하여[24] 형제단 내부의 반발을 샀다.[25] 그의 비판은 사실, 형제단 전체에 대한 균형 잡힌 인식을 토대로 했다기보다는 비개방 형제단의 일부 견해를 근거로 하는 경향이 있어 그 연구의 균형감 상실에 대한 비판을 받게 된 것이었다.[26]

한국뿐만 아니라 여러 나라의 형제단에게 잘 알려진 『순례하는 교회』(*The Pilgrim Church*)에서 E. H. 브로드벤트(Broadbent)는 조직화된 종교나 국가에 의해 통제되는 것으로부터 벗어나고자 했던 교회들의 역사를 다루었다.[27] 그는 그 책을 통해 당시 형제단 내에서 좀 더 진보적으로 나아가고자 하는 움직임에 경종을 울리고자 하는 목적을 이루고자 하였다.[28] 그의 교회사 기술은 형제단의 역사관을 이해하는 데 도움을 준다. 그러나 그의 저술로 형제단 출현의 역사적·신학적 배경에 대해 실제적이고 구체적으로 이해하기 충분치 않다.

형제단의 역사에 대해 일차 자료를 근거로 연구하여 학문적으로 기여한 것으로는 피터 엠블리(Peter L. Embley)의 『플리머스 형제단의 기원과 초기

Keynes: Paternoster, 2006), 14.
24　W. Blair Neatby, *A History of the Plymouth Brethren* (London: Hodder and Stoughton, 1901), 339.
25　Dickson and Grass, *The Growth of the Brethren Movement*, 14-5.
26　W. H. Bennet, *A Return to God and His Word: Remarks on Mr. W. BLAIR NEATBY'S 'History of the Plymouth Brethren'* (Glasgow, [1914]), 30.
27　Dickson and Grass, *The Growth of the Brethren Movement*, 17.
28　G. H. Lang, *Edmund Hamer Broadbent: Saint and Pioneer* (London, 1946), 90.

발전』(*The Origins and Early Development of the Plymouth Brethren*)²⁹이 있다. 이 저술은 1820년대 영국의 종교적 상황을 묘사하고 있어 형제단 태동의 배경을 이해하는 데 도움을 준다.

1960년대 후반에는 해롤드 로우던(Harold Rowdon)과 로이 코드(Roy Coad)가 형제단의 역사를 기술했는데, 그들은 형제단을 에큐메니컬운동(ecumenical movement)으로 묘사했다.³⁰ 그러한 견해는 주로 개방 형제단의 지향점을 보여 준 것인데, 개방 형제단은 자기들의 신학적 입장을 고수하면서도 다른 입장을 가진 이들에 대해 열려 있는 태도로 협력하고자 하였기 때문이다.

그런데 주의할 부분은 로우던이 말한 에큐메니컬운동의 개념이 오늘날의 WCC로 대변되는 형태의 현대 에큐메니컬운동과는 다르다는 점이다. 형제단은 기독교 정통교리를 넘어서는 연합을 기대하지 않았으며, 오히려 강력한 초대교회주의를 지향하는 가운데 당시의 기성 교회들이 배도의 길을 걷는다고 보아 그들과의 분리를 추구하였다. 따라서 그들이 추구한 에큐메니컬운동은 초대 교회로의 회복을 추구하는 동질성을 가진 그리스도인들의 연합을 추구하는 것이었다고 보아야 한다.

코드는 『형제운동의 역사』(*A History of the Brethren Movement*)에서 형제단 태동의 다양한 신학적 배경에 대해 일목요연하게 기술하였으며,³¹ 형제단이 결성된 이후 두 부류의 그룹으로 분화되는 과정과 각 그룹의 신학적 정체성을 분석하였다.³² 로우던은 그의 박사 학위 논문인 "형제단의 기원

---

29 Peter L. Embley, *The Origins and Early Development of the Plymouth Brethren* (Cheltenham: St. Paul's College, 1966).
30 Dickson and Grass, *The Growth of the Brethren Movement*, 19-20.
31 Coad, *A History of the Brethren Movement*, 101-2.
32 Ibid., 115-8.

1825-1850"(The Origins of the Brethren 1825-1850)을 통해 형제단의 역사에 대한 학문적 접근을 한층 더 발전시켰다. 그의 작품은 개방 형제단에 대한 보다 확장된 이해를 제공해 준다. 그런가 하면 존 바버(John Barber)는 『형제단은 누구인가』(Who are the Brethren)에서 형제단의 역사를 개관하면서 그들이 나아갈 방향을 제시하였다.[33]

개방 형제단과 비개방 형제단의 차이를 명확하게 보여 주는 자료로 조나단 예거(Jonathan M. Yeager)의 논문, "개방 형제단 교회론의 뿌리: 다비파 형제단과 비교한 교회의 본질에 대한 논의, 1825-1848"(The Roots of Open Brethren Ecclesiology: A Discussion of the Nature of the Church Compared to the Ecclesiology of the Darbyite Brethren, 1825-1848)가 있다. 우리는 예거의 논문을 통해 두 계열의 형제단 간의 차이를 분명히 확인하며, 개방 형제단의 지향점을 명확히 알 수 있다. 또한, 이안 맥도웰(Ian McDowell)의 글인 『형제단의 간략한 역사』(A Brief History of the Brethren)[34]를 통해 우리는 비개방 형제단이 두 계열로 분열된 이후 각자 어떤 길을 걸어갔는지 확인할 수 있다.

필자는 코드의 연구가 형제단의 출현과 이후 초기 역사에 대해 매우 균형 잡히게 접근하여 고찰한 것으로 판단하였다. 또한, 형제단의 역사에 대한 학술적 이해에 로우던의 기여는 크다. 로우던은 형제단 역사와 관련된 일차 자료들을 다수 확보하고 그의 연구에 인용해 기술하였다. 결과적으로 로우던의 연구는 현재 형제단의 주류 그룹인 개방 형제단에 대한 이해의 폭을 넓힐 수 있게 해 준다.

---

33 바버는 형제단이 자기들의 정체성을 분명히 하되, 다른 입장에 있는 그리스도인들에 대해 열린 입장을 견지할 것을 제시하였다. John Barber, *Who are the Brethren* (West Sussex: The Brethren Archivists and Historians Network, 2001).

34 Ian McDowell, *A Brief History of the Brethren* (Sydney: Victory Books, 1968).

필자 또한 형제단 역사에 대한 일차 자료를 확보하고자 노력하였다. 그 결과로 필자는 그로브스의 글[35]과 그의 미망인의 글[36]을 확보하였고, 편집된 조지 뮐러(George Müller, 1806-1898)의 일기를[37] 확보할 수 있었다. 또한, 형제단 태동의 초기 지도자들과 교감이 있었던 뮐러의 글은[38] 형제단 태동 직후의 역사에 관한 일차 자료로서 요긴하였다.

따라서 필자는 코드의 연구를 토대로 로우던을 비롯한 형제단 역사가들의 연구들을 검토하면서, 확보한 일차 자료들을 통해 그들의 평가를 검증하고, 이 책에서 고찰하고자 하는 부분들, 즉 형제단 출현에 영향을 미친 역사적·신학적 배경을 구체적으로 고찰하고자 한다. 또한, 형제단의 분화 과정에 나타난 비개방 형제단과 개방 형제단 간의 신학적 경향의 차이를 탐구하고자 한다.

여기서 오늘날 한국 형제단의 신학과 행습에 대해 살펴볼 필요가 있겠다.

---

35 A. N. Groves, *Journal of Mr. Anthony N. Groves, during a Journey from London to Bagdad*, A. J. Scott, ed. (London, 1831).
36 Mrs. Groves, *Memoir of Anthony Norris Groves*, 3rd ed., (Bristol: Sold at The Bible and Tract Warehouse, 1869).
37 George Müller, *A Narrative of the Lord's Dealing with George Müller, The Life of Trust: being a Narrative of the Lord's Dealing with George Müller*,H. Lincoln Wayland, ed., (Boston: Gould and Lincolon, 1861).
38 필자가 확보한 뮐러의 글은 한국어로 번역된 『성경의 예언적 관점에서 본 교회사』(1), 정형모 역 (서울: 전도출판사, 2002)와 『그리스도와의 연합의 진리를 교회론으로 삼았던 플리머스 형제단 이야기』, 이종수 역 (서울: 형제들의 집, 2015)이 있으며, 원서로는 *The Brethren: Their Origin, Progress and Testimony*가 있다. 뮐러는 비개방 형제단의 입장에서 형제단의 역사를 바라보았다.

첫째, 형제단의 구원론이다.

형제단 내에서 가장 존경받는 성경 교사 중 하나인 윌리엄 맥도날드(William McDonald)는 칼빈주의와 알미니안주의 양측 모두에 참된 신자들이 있음을 부인하지 않았다. 그는 알미니안주의자의 견해를 강력하게 피력했던 존 웨슬리(John Wesley)와 칼빈주의의 견해를 강하게 가지고 있던 찰스 스펄전(Charles Haddon Spurgeon)을 예로 들면서, 그들 모두 참된 그리스도인들이었으며, 결코 어느 한쪽도 구원의 역사에 대해 자기들의 견해만 옳다고 주장할 수 없다는 점을 분명히 하였다.[39]

한국 형제단의 구원론 입장은 한국 형제단에 큰 영향을 미치고 있는 맥도날드와 그의 저서들[40] 그리고 한국 형제단 제자 양육에 큰 영향을 미친 O. J. 깁슨(O. J. Gibson)의 『그리스도인의 4단계 훈련』 시리즈 책자[41]를 통해 확인할 수 있다. 그리고 한국 형제단의 대표적 학자인 김홍열이 집필한 조직신학책인 『성경교리연구』와 역시 한국 형제단 목회자이자 성경 교사로 활동한 조성훈의 글과 차윤환의 글을 통해 한국 형제단 학자 또는 목회

---

39 William McDonald, 『한 번 그리스도 안에 있으면 그리스도 안에 영원히』, 이종수 역 (고양: 전도출판사, 2005), 8.
40 맥도날드의 『신자성경주석』(*The Believers Bible Commentary*)은 한국 형제단의 대표적 출판사인 전도출판사에서 완역하여 여러 권으로 분책하여 출판하였는데, 그중에 갈라디아서, 에베소서 빌립보서 주석을 참고할 필요가 있다. William McDonald, 『신자성경주석 - 갈라디아서, 에베소서, 빌립보서』, 조성훈 역(고양: 전도출판사, 1999). 맥도날드의 『이렇게 구분된다』(*Here's the Difference*), 정병은 역 (고양: 전도출판사, 2003)는 신학적 균형을 강조한 그의 대표적 저술이다. 맥도날드의 견해를 확인할 수 있는 다른 저술로는 William McDonald, 『성경의 기본진리』(*What the Bible Teaches*), 한국엠마오성경학교 역 (서울: 한국엠마오성경학교, 1966)와 William McDonald, 『신앙생활의 원리』(*Lesson for Christian Living*), 한국엠마오성경학교 역 (서울: 한국엠마오성경학교, 2001)가 있다.
41 『그리스도인의 4단계 훈련』 시리즈 책자는 '입문편, 기초편, 완성편, 제자훈련, 교회생활'이 있다.

자들의 입장을 확인할 수 있다.

한국 형제단의 성경 이해에 지대한 영향을 미치고 있는『신자성경주석』에서 맥도날드는 성경이 하나님의 선택과 함께 누구든 믿는 자에게 베푸는 은혜의 선물인 구원을 가르치고 있다고 주장하였다.

그는 대표적으로 요한복음 6:37의 말씀은 전반부는 하나님의 고유한 선택을 말하고 나머지 부분은 모든 사람에게 제시된 자비를 말하고 있으며, 하나님의 선택과 인간의 책임은 우리 이성으로 이해하기 힘든 신비한 것이지만, 성경이 이 두 진리를 가르치고 있으므로 둘 다 믿어야 한다고 말하였다.[42] 이러한 견지에서 맥도날드는 에베소서 2:8의 해석에 대해 구원은 "하나님의 선물"인데, 이 선물은 오직 하나님만이 제시할 수 있는 것이며, 믿음을 통해 얻는 것이라고 하였다.[43]

깁슨은 한국 형제단의 성경공부 교재로 많이 사용되어 온 그의『그리스도인의 4단계 훈련, 입문편』에서 구원론을 제시하였다. 깁슨에 따르면 하나님은 인간에게 바른 판단에 따라 옳은 것을 선택할 수 있는 자유를 주셨다(신 30:15, 19, 수 24:15, 계 20:12, 13). 깁슨은 인간은 하나님에게 그 결정권이 있고 자기에게는 아무런 결정권도 없는, 하나님이 만드신 도덕적인 로봇에 불과하다고 가르치는 이들을 비판하면서 그러한 가르침을 증명할 만한 근거는 하나도 없다고 주장하였다. 그는 하나님이 사람들에게 결정하도록 간청하시고 만일 그분을 저버리면 핑계할 수 없다고 말씀하셨다고 강조하였다(롬 1:20).[44]

42　McDonald,『신자성경주석 - 갈라디아서, 에베소서, 빌립보서』, 138-9.
43　Ibid., 169.
44　O. J. Gibson,『그리스도인의 4단계 훈련, 입문편』, 전도출판사 번역부 역 (서울: 전도출판사, 1992), 31.

깁슨에 따르면, 사람이 타락한 후에도 두 가지 선택이 사람 앞에 놓여 있는데(요 3:36, 요일 5:12) 사람은 그중에서 하나를 선택할 책임이 있다.⁴⁵ 그는 육체적 죽음은 인간의 죄로 인한 결과로 몸과 영혼이 서로 갈라지는 것이며, 영적 죽음은 영혼이 하나님과의 관계가 단절되는 것이라고 설명하였다. 깁슨에 따르면 죽음은 죄의 값으로서 영원한 하나님과의 분리를 말한다.⁴⁶ 이러한 깁슨의 주장은 모든 인간은 영적으로 죽어 있어 하나님의 호의에 전혀 반응할 수 없고 회개나 믿음에 이를 수 없다는 칼빈주의의 가르침과 다른 것이다.

깁슨은 중생의 두 가지 주요 요소를 제시하였는데, 첫째가 하나님의 말씀이고(벧전 1:23), 둘째가 성령이다(딛 3:5). 깁슨에 따르면, 사람이 구원받기 위해서는 하나님의 진리의 말씀을 듣고 이를 믿어야 한다(엡 1:13, 롬 10:17). 이것이 구원의 씨앗이다(마 13:3-9, 18-23). 사람이 진지하게 하나님 말씀을 믿고 이를 순종할 때 새로운 출생이 일어난다. 성령님은 사람들의 죄를 깨닫게 하고(요 16:8-11) 그들을 그리스도께로 인도하신다. 따라서 중생은 성령의 역사로 이루어진다.⁴⁷

깁슨은 사람들이 도덕적으로 하나님에게 나아갈 힘이 없으며(롬 5:6), 죄 가운데 죽은 자이기 때문에(엡 2:1) 하나님의 은혜가 필요하다고 주장하였다. 깁슨에 따르면, 인간이 구원받기 위해 하나님의 은혜 외에 아무것도 첨가할 것이 없으며(롬 3:24; 4:16), 하나님의 은혜로 구원이 보장된다(요 10:28-29).⁴⁸ 그러나 깁슨은 사람이 복음을 듣고 믿어야 구원받을 수 있다는 점을 분명

---

45 Ibid., 32.
46 Ibid., 36.
47 Ibid., 62-3.
48 Ibid., 68.

히 하였다(행 15:7). 바울이 복음을 전했을 때 고린도인들은 이를 듣고 믿어 구원받았다. 그리스도에 대한 믿음은 복음 즉 진리의 말씀을 들은 다음에 온다(엡 1:13; 롬 10:17).**49**

깁슨에 따르면, 믿음이란 구원의 근원도 아니고 칭찬할 만한 행동도 아니며, 사람을 값있게 만드는 도덕적인 미덕도 아니다. 믿음이란 하나님이 거저 베푸시는 것을 받아들이는 빈손이다. 믿음은 연령이나 지위 그리고 명석함의 유무를 떠나 모든 사람이 다 가질 수 있는 것이며 온 세계 어디에서나 가능하다.**50** 깁슨은 '예수님을 믿는다'는 것은 사람이 구원이 필요한 죄인임을 고백하고, 예수님을 자기 삶의 주인으로 인정하고, 그분을 자기의 유일한 구원의 소망으로 영접하는 것을 의미하는 것(롬 10:9)이라고 주장하였다.**51** 깁슨이 강조한 하나님의 은혜는 믿음도 하나님이 주셔야 한다는 개념이 아니라 행위가 아닌 예수 그리스도에 대한 믿음만으로 구원받는 것을 의미한다.

김홍열은 그의 책 『성경교리연구』에서 아담의 죄를 유전 받아 죄인일 수밖에 없는 모든 인간에게 하나님이 구원을 제공하는데 하나님의 구원 제공은 구주를 예비하시고, 구주이신 예수께서 구속을 완성하셨으며, 성령께서 구주를 증거 하시는 것을 의미한다고 주장하였다. 그는 하나님 편에서 구원을 제공하시지만, 인간에게는 회개와 믿음의 책임이 있다고 하였다.**52** 그는 믿음의 시작은 성령의 역사와 인간 의지의 만남이 이뤄지는 때라고 말함으로써 중도주의적 입장을 명확히 하였다.**53**

49　Ibid., 73-4.
50　Ibid., 75.
51　Ibid., 104.
52　김홍열, 『성경교리연구』 제3판, 419-25.
53　Ibid., 427-8.

그에 따르면, 믿음은 삼위일체 하나님의 사역이면서(히 12:2) 하나님에 대한 사람의 반응이다(롬 10:17, 막 12:32, 요 1:12, 계 3:20).[54] 구원받는 믿음은 예수 그리스도에 대한 온전한 이해와 인격적 수용(영접)이라고 할 수 있으며, 이것은 성령의 사역이며 사람의 반응이다.

한국 형제단에서 목회자와 성경 교사로 오랫동안 섬겨온 조성훈은 자유의지가 주어지는 곳에는 언제나 두 가지 결과가 있는데, 하나님은 이 두 가지 모두를 예비해 두셨지만, 그 두 길 중 어느 길을 택할 것인지를 결정하는 것은 사람이었고 사람들은 그들의 결정에 따라 결과를 받게 되었다고 주장하였다. 그에 따르면, 하나님은 그 두 가지를 다 아셨고 그 준비를 하신 것이다.[55]

조성훈은 만일 인간의 구원에 있어 하나님의 예정만 있고 각자에게 하나님을 믿을 수 있는 선택의 기회가 주어지지 않는다면 그것은 하나님의 속성을 생각할 때 여러 가지 면에서 모순이 된다고 주장하였다. 그는 그 이유가 멸망하는 자들에게는 예수님을 믿을 수 있는 기회조차 주어지지 않았는데도 예수님을 믿지 않은 것에 대한 심판을 받게 되기 때문이라고 하였다.

이어서 그는 주님이 세상에 오셔서 죄인들을 향해 회개하고 하나님에게 나올 것을 말씀하셨는데 언제나 모든 사람을 대상으로 하셨으며, 그리스도의 전도 대상이 모든 사람이었지 오직 택함을 입은 사람들만이 아니었음을 성경에서 확인할 수 있다고 하였다. 이어서 그는 주님이 영적 필요가 있는 누구든지 주님 자기에게 나오라고 하셨음을 실례로 들었다(마 11:28, 요 7:37, 요 10:9).[56]

---

54 Ibid., 429.
55 조성훈, 『양면의 진리』 (고양: 전도출판사, 2006), 12-3.
56 Ibid., 18.

그에 따르면, 주님의 초청 대상은 택한 자들로 제한되지 않고 "누구든지"다. 따라서 신약성경이 말하고 있는 구원으로의 초대는 특정한 사람들로만 제한된 것이 아닌 모든 사람이 포함되어 있다. 성경은 "누구든지 주의 이름을 부르는 자는 구원을 얻으리라"(행 2:21)고 말씀하며 "성경에 이르되 누구든지 저를 믿는 자는 부끄러움을 당하지 아니하리라"(롬 10:11)고 명백히 말씀한다. 사람들이 심판을 받는 이유는 믿을만한 충분한 근거와 증거가 있는데도 믿지 않았기 때문이다.[57]

마태복음 4장 14-17절에서 주님이 갈릴리호수 근처에서 사역하실 것에 대해 성경은 사망의 그늘에 앉은 자들에게 빛이 비추었다고 말하고 있다. 그 빛은 구원 받은 자들에게만 비친 것이 아니다. 마태복음 11장 20-25절에서는 주님이 그 지역에 주님을 믿을 만큼 충분한 빛을 비추셨지만 그들이 그 빛을 거부하고 믿지 않아서 주님이 그들을 책망하시고 심판을 경고하신 것임을 보여 준다.[58] 주님은 예정된 자들에게만 빛을 비추신 것이 아니라 온 세상에 그 빛을 비추셔서 사람들을 구원하기를 원하셨다(요 1:9; 3:20; 12:35-36, 46). 주님은 고향에서 말씀을 전하셨지만, 그들은 믿지 않았다. 예수님은 그들의 믿지 않음을 이상히 여기셨다. 이러한 사례들은 분명 복음에 대한 반응의 책임이 듣는 자들에게 있음을 말하고 있다.[59]

한국 형제단의 목회자 차윤환은 하나님이 구원의 대상에 제한을 두지 않으신다고 주장하였다. 따라서 중생의 대상은 모든 사람이다(롬 3:23-24; 사 55:66-67).[60] 그는 이어서 사람이 하나님에게 회개하고 예수 그리스도를

---

57 Ibid., 20-1.
58 Ibid., 23-4.
59 Ibid., 25.
60 차윤환, 『네가 거듭나야 하겠다』 (고양: 전도출판사, 2001), 160.

믿을 때 중생한다고 주장하였다(행 3:19; 요 1:12-13; 행 16:31).[61]

구원의 영원성에 대해 맥도날드를 비롯한 형제단의 구성원들은 확고한 신념을 가지고 있다. 맥도날드는 요한복음 10장 27-29절을 근거로 이 사실을 증거 하였는데, 그는 이 구절은 우리에게 누가 그리스도의 양인지 말하고 있으며, 그리스도의 양은 그리스도의 말씀을 듣고, 복음을 통해 말씀하시는 주님의 음성에 반응하여 구원을 얻은 자들임을 증거 해 준다고 하였다.[62]

맥도날드에 따르면, 주님은 그들을 아시고 그들을 자기 사람들로 인정하신다. 주님은 그들을 불신자나, 또는 거듭난 체험이 없이 입으로만 믿는다고 고백하는 거짓 신자들로부터 구분해 내신다. 그들은 주님을 따른다. 그러나 이것은 구원의 조건이 아니다. 주님은 만일 그들이 주님을 따르면, 또는 그들이 주님을 따르는 한 그들이 자기 양이라고 말씀하지 않으신다. 오히려 주님을 따르는 것이 참된 신자에게 나타나는 특징이다. 아무도 그리스도를 따르는 일에 있어 완전하지 못하기 때문에 다만 참된 신자는 그리스도를 따르는 '특징'이 있다고 말하는 것이다.[63]

이러한 그의 표현은 그가 알미니안주의자들과 어느 정도 거리가 있음을 드러내는 것이다. 맥도날드는 "영원히 멸망치 아니할 터이요"라는 약속의 성취는 그리스도의 양인 우리에게 달려 있지 않고 바로 그리스도께 달려 있다고 주장한다. 그는 "알미니안주의자들은 '아무도 그들을 주님 손에서 빼앗아 갈 순 없지만 신자 자신은 그렇게 할 수 있다'고 주장한다. 이것은

---

61 Ibid., 160-9.
62 William McDonald, 『한번 그리스도 안에 있으면 그리스도 안에 영원히』, 이종수 역 (고양: 전도출판사, 2005), 12-3.
63 Ibid., 13.

참으로 기괴한 발상이다. 하지만 어느 누구도(양들을 포함해) 목자 되신 주님의 강한 손에서 신자를 빼앗을 자는 없다"[64]라고 말함으로써 알미니안주의자들과 다른 입장을 분명히 하였다.

이처럼 한국 형제단에 큰 영향을 미쳐온 영미권의 형제단 학자들의 구원론 입장과 한국 형제단 내의 주요 인사들의 구원론 입장은 칼빈주의와 알미니안주의 어느 한쪽의 입장이 아닌, 그 중간 입장을 취하고 있다. 따라서 오늘날 한국 형제단의 구원론 입장은 중도주의라고 말할 수 있다.

둘째, 형제단의 교회론적 입장을 살펴보고자 한다.

한국 형제단의 교회론에 지대한 영향을 미친 깁스(A. P. Gibs)는 교회 예식[65]이 성경적으로 정당성을 갖추기 위해서는 반드시 삼중적인 요구사항을 만족시켜야 한다고 주장하였다. 그에 따르면, 먼저 그것은 복음서의 기록대로 주 예수님에 의해 명령 된 것이어야 하며, 다음으로 사도행전에 나타난 교회가 그 명령을 실행한 사례가 있어야 한다. 그리고 마지막으로 그것의 영적인 의미가 서신서에 명백히 설명되어 있어야 한다. 깁스는 이런 삼중적(三重的) 시험을 모두 통과한 것은 오직 두 예식, 즉 침례와 주의 만찬밖에 없다고 하였다.[66]

깁스는 마태복음 28장 19-20절의 '지상 명령'을 실례로 들면서, 침례가 복음서에서 예수님에 의해 명령 된 것이라고 주장했다.[67] 그는 마가복음 16장 15-16절에서 침례에 순종할 책임이 신자들, 즉 침례를 받음으로 주

64　Ibid., 14.
65　형제단은 '성례전'(sacramentum) 사상을 거부하고, 침례와 주의 만찬이 은총의 통로나 신자가 아닌 사람을 신자로 만드는 등의 특별한 수단이 아니라 영적 의미를 표현하는 단순한 예식임을 강조하는 측면에서 '교회 예식'이라는 용어를 선호한다.
66　A. P. Gibs, 『그리스도인의 침례』, 유지훈 역 (고양: 전도출판사, 2006), 39.
67　Ibid., 40.

님의 명령에 순종하고자 하는 믿는 사람들에게 주어져 있고, 침례는 그리스도 안에 있는 믿음의 고백 이후에 따라오는 것이지 선행하는 것이 아니라고 주장함으로써 유아세례를 분명하게 반대하였다.[68]

깁스는 또한, 사도행전에 나타난 초대 교회에서 침례가 행해졌던 본으로써, 오순절의 유대인들(행 2:37-47), 사마리아인들(행 8:1-25), 에디오피아 내시(행 8:26-39), 마술사 시몬(행 8:13), 다소의 사울(행 9:1-20)[69]의 예를 들어 설명하였다. 그는 이러한 예들을 통해 초대 교회에서 행해진 침례는 예수 그리스도를 믿는 사람들이 신앙고백으로 행하는 것이었음을 보여주었다.

서신서에 상술된 침례의 영적 의미에 대해 깁스는 서신서가 보내진 다양한 교회 혹은 모임이 그리스도 안에 있는 그들의 믿음에 근거해 침례를 받은 그리스도인들로 구성되었다는 사실을 분명히 알 수 있다고 주장하였다. 신약성경에는 자기가 죄인임을 깨닫고 주님을 분명하게 영접하지 않은 사람들을 침례의 대상으로 삼는 곳은 아무 데도 없으며, 바울 시대에는 침례의 목적과 대상 그리고 그 방법에 관해 어떠한 혼돈도 없었다는 것이 그의 주장이다.

깁스는 침례에 대한 혼돈 때문에 신약성경 시대 이후 기독교계가 성경의 가르침을 떠나 인간의 추측으로 고안해 낸 많은 인간적인 방법을 택하였다고 주장했다. 그는 주류 교회가 침례 본래의 아름다운 단순성과 영적인 의미를 종교적인 논쟁거리로 비하하고, 변형하였다고 비판하였다.[70]

68　Ibid., 40-1.
69　Ibid., 43-4.
70　Ibid., 47.

맥도날드는 침례가 할례를 대신한다는 주장에 대해 그들이 그 가르침의 근거로 삼는 골로새서 2장 11-12절을 근거로 반론을 제기하였다. 그의 반론은 다음과 같다.

> 이 구절의 가르침은 우리가 죄와 육신과 자아에 대해 죽은 것은 하나님에게 대해 살기 위함이다. 죽음 뒤에는 생명이 따른다. 전과 같은 생명이 아니라 영원한 생명 곧 그리스도의 생명이 따르는 것이다. 따라서 유아세례를 인정하는 것은 분명히 이 말씀에 위배되는 것이다. 여기서 설명된 진리들은 예수 그리스도를 주와 및 구세주로 믿고 영접하고, 그렇게 함으로써 그리스도와 함께 할례, 곧 그의 십자가 죽음에 함께 된 자들에게만 해당된다.[71]

이러한 그의 주장은 종교 개혁기의 아나뱁티스트의 주장과 일맥상통하는 것이다. 맥도날드는 또한 유아 세례론자들이 가족 단위의 침례로 제시하는 구절들에 대해서도 성경 해석상의 문제를 제기하였다. 그는 루디아와 그 가정이 다 침례를 받았던 것(행 16:15), 빌립보 간수와 그 권속이 다 침례를 받은 사건(행 16:33), 스데바나 집 사람이 사도 바울에게 침례를 받았던 경우(고전 1:16)를 예로 들면서 성경이 유아세례를 인정한다고 주장하는 것은 지나친 억측이라고 비판하였다.

맥도날드에 따르면, 인용한 말씀 속에는 어린아이들에 대한 말은 없을 뿐더러 사실상 빌립보 간수의 경우에는 온 집이 다 하나님을 믿었다고 말

---

71 William McDonald, "침례," 『두 가지 예식』, 한국엠마오성경학교 역 (서울: 한국엠마오성경학교, 1991), 22-3.

쏨하고 있다는 점을 분명히 하였다(행 16:34). 그리고 그는 신약성경의 여러 구절은 단지 믿는 사람들에게만 초대 교회에서 침례가 행해졌다는 사실을 뒷받침해 주고 있다고 강변하였다. 그 예는 다음과 같다.

> 그 말을 받는 사람들은 침례를 받으매 …(행 2:41).

> 수다한 고린도 사람도 듣고 믿어 침례를 받더라(행 18:8).

맥도날드는 그리스도인이 있는 가정의 나머지 믿지 아니하는 식구들이 구원받는 것은 아니며, 그들 각자는 스스로 구주를 영접할 책임이 있음을 분명히 하였다. 다만, 가족 중 신자가 있을 경우는 다른 식구들이 그의 선한 행실을 보고 감화를 받게 되어 그러한 환경 밖에 있는 사람들보다는 구원 얻을 가능성이 더 많다고 보았다.[72] 이러한 맥도날드의 견해는 형제단 내에서 매우 보편적이고 일치된 견해다. 따라서 형제단은 분명하게 유아세례를 반대하고 있음을 알 수 있다.

한국 형제단의 목회자들과 구성원들에게 애독되는 조직신학 책으로 필자가 앞서 한국 형제단 구원론에 대해 논할 때 언급한 김홍열의 『성경교리연구』가 있다. 이 책은 한국 형제단의 교육 기관인 CTI(Christian Training Institute)의 책임자로 있는 김홍열이 펴낸 것으로써 그는 국외의 형제단 저술가들의 책과 한국 형제단의 저명한 교사들의 가르침을 모아서 정리하였다. 따라서 이 책은 김홍열 개인의 견해라기보다는 한국 형제단에서 보편적으로 공유하는 신학적 입장을 대변하는 것이라고 할 수 있다.

---

[72] Ibid., 34-5.

김홍열은 이 『성경교리연구』에서 교회는 거듭난 성도로만 구성된다는 점을 밝힌다.[73] 이어서 그는 교회는 복음을 듣고 믿은, 거듭난 사람들의 회합(공동체)라고 주장한다.[74] 교회의 권위에 대해 김홍열은 "교회의 모든 지체들이 하나님의 제사장임을 나타내야 한다"고 밝히면서 하나님과 사람들 사이의 중보는 오직 주 예수님 뿐으로, 그 자리를 어떤 사람도 대신할 수 없다고 역설한다. 그의 주장에 따르면 신자들은 거룩한 제사장들로서 직접적으로 하나님을 섬기고 그분 앞에 나아갈 수 있는 권리가 있다.[75]

이러한 견해는 신자들의 교회 전통, 즉 자유교회 전통과 일치하는 입장이라고 할 수 있다. 따라서 한국 형제단의 신학적 입장은 자유교회 전통과 그 궤(軌)를 같이하는 것이다. 이러한 사실은 이 책에서 기독교 형제단 출현의 역사적·신학적 배경을 고찰하는 데 있어 중요한 전제가 될 것이다.

형제단은 강력한 초대교회주의자들이기 때문에 자기들이 하나의 교단, 즉 교파가 아니라고 주장한다. 이러한 경향은 한국 형제단의 초기 세대에서 두드러지게 나타난다. 그들은 성경에 교단이 없기에 새로운 교단을 만들려고 해서는 안 되며, 형제단은 신약성경에 나타난 교회를 이루고자 하는 사람들이기 때문에 교단이 아니라고 믿는다.

심지어 그들 중 어떤 이들은 형제단이 '기독교 형제단', 또는 '형제 교회'라고 불리는 것을 거부하며, '성경의 교회' 또는 '그리스도인의 모임'이라고 불리길 원한다. 물론, 이러한 견해와 입장은 한국의 모든 형제단 지도자들의 입장이라고 볼 수는 없다. 그러나 이러한 주장이 한국 형제단 내에서 영향력을 발휘해 온 목소리임은 분명하다.

---

73 김홍열, 『성경교리연구』 제3판, 568.
74 Ibid., 569.
75 Ibid., 591.

형제단 내부의 이러한 견해는 재고(再考)의 필요가 있다. 교회사에서 교단이 발생한 것은 견해와 입장의 차이에 의해서 초래되었다. 물론 일부는 세속적 동기에 의해서 발생하기도 하였다. 교회가 동·서로 분열되기 전까지 교회는 이단자들과 구별해 보편적인 교회라는 의미로 '가톨릭교회'라고 여겼다. 그러나 교회가 동방과 서방으로 분열되면서 서방측은 가톨릭교회로 동방측은 정교회로 칭하면서 교단이 발생하였다. 가톨릭교회는 오늘날의 로마가톨릭교회가 되었고, 정교회는 동유럽 지역의 다양한 정교회들의 기원이 되었다.

로마가톨릭교회의 사제였던 루터는 새로운 교파를 형성하고자 하는 마음이 없었고, 단지 자기가 속한 로마가톨릭교회가 개혁되기를 원했다. 그러나 루터가 당시의 로마가톨릭교회로부터 배척받으면서 자연스럽게 루터의 신학과 주장을 따르는 무리가 루터교회로 구별되었다. 영국 교회가 로마가톨릭교회로부터 분리한 것은 다분히 정치적이고, 영국 왕 헨리 8세의 개인적 욕망이 작용한 측면이 있었지만, 그 외의 다양한 교단의 형성은 역사 가운데 다양한 신학적 견해 차이와 입장에 따라 형성된 결과라고 할 수 있다. 침례교인들이 자기 스스로 침례교회라고 칭하지 않았지만, 타인들에 의해 그렇게 불려서 침례교회라는 명칭의 교단이 된 것처럼 많은 교단은 자칭(自稱)이 아닌 타칭(他稱)에 의해 교단 명을 갖게 되었다.

이런 역사적 맥락에서 보면 형제단 또한 하나의 교단, 즉 교파라는 것으로부터 자유롭지 못하다. 다만 형제단이 신약성경에 나타난 교회로의 회복을 간절히 소망했으며, 제도화된 교단 조직을 거부하고, 교파의 장벽을 넘어서 연합하고자 했던 동기에 의해 파명(派名)을 거부하는 가운데 스스로가 신약성경의 교회로 인식되길 소망한 점은 인정할 필요가 있다.

그러나 필자는 앞서 언급한 역사적 맥락을 고려할 때 형제단이 초대교회주의를 핵심 가치로 믿는 하나의 무리, 즉 하나의 교단임을 인정하는 가운데 이 연구를 진행하고, 서술 과정에서 그렇게 표현하고자 한다.

필자는 형제단 출현의 배경을 다음 다섯 가지 탐구 목록을 따라 살펴보고자 한다.

첫째, 형제단 이전에 출현한 유사한 지향점을 가졌던 무리에 관해 탐구할 것이다. 이에 종교 개혁기 그리고 그 이후 유럽 대륙과 브리튼제도에서 태동 되었던 자유교회 전통을 지향한 무리를 조명함으로써 그 무리와 형제단 출현의 연관성을 확인해 보고자 한다.

둘째, 19세기의 영국국교회와 비국교도들의 신학과 개혁 운동을 조사하고 고찰할 것이다. 이 과정을 통해 필자는 19세기 초 브리튼제도에서 발생한 형제단 태동의 직접적 배경을 확인하고자 한다. 이와 아울러 당대의 유럽과 영국의 사회·문화적 배경에 대해서도 살펴보며 그 영향에 관해서도 확인하고자 한다.

셋째, 필자는 형제단 태동의 중심 지역과 초기 지도자들에 관해 연구하되, 그들의 출신 배경(교회 및 신학)별로 연구하고자 한다. 이러한 접근은 형제단의 정체성 형성에 기여한 그들의 초기 지도자들의 교회적 경험과 신학적 배경이 형제단의 신학적 정체성 성립의 기원에 미친 영향을 확인하는 데 도움을 줄 것이다.

넷째, 형제단이 두 부류(개방 형제단과 비개방 형제단)로 발선된 과정을 살펴보고, 그 두 부류의 신학적 차이를 확인하고자 한다. 이것은 그 두 부류 중 개방 형제단에 영향을 받은 한국의 형제단 정체성의 기원을 밝히고, 그들의 나아갈 방향을 제시하려는 목적에서다.

다섯째, 형제단 초기의 공통된 신학적 정체성을 확인하는 가운데, 한국의 형제단이 다른 지역의 형제단, 좀 더 나아가서는 형제단 밖의 자유교회들과의 교류와 협력에 대하여 보다 적극적으로 노력할 것을 제안하고자 한다.

제2장

기독교 형제단 이전의 자유교회 전통

기독교 형제단이 어떤 교단인지는 그들의 기원을 어디에 둘 것인가의 문제와 분리할 수 없다. 앞서 서론에서 언급한 바와 같이 형제단은 자유교회 전통에 서 있는 교단이다. 따라서 자유교회 전통 가운데 있는 주요 무리의 역사를 통해 그들이 형제단의 기원에 어떠한 영향을 미쳤는가 확인할 필요가 있다. 그러나 형제단 내부에서는 필자처럼 형제단을 자유교회 전통과 연관해 이해하려는 입장과는 다른 다양한 견해가 있다. 따라서 먼저 형제단의 기원에 대한 견해들을 살펴보고, 이어서 형제단 이전의 자유교회들의 역사를 고찰하고자 한다.

1. 기독교 형제단 기원에 대한 다양한 견해

형제단 기원에 대한 문제는 이 책의 목적과도 부합하기 때문에 좀 더 구체적으로 논의할 필요가 있다. 형제단 내에는 형제단이 사도행전 2장의 오순절 성령강림 사건으로부터 시작되었다는 정서가 있다. 이 논리에 따르면 형제단은 16세기에 종교개혁으로 시작된 개신교도와는 다른 무리로서 초대 교회로부터 발원해 이어져 내려오고 있는 교회라는 것이다.

그러나 형제단 내부에서 형제단 기원에 대한 학문적 연구가 발전하게 되면서 형제단이 초대 교회의 전통을 계승하고자 하는 무리는 맞지만, 초대 교회로부터 직접적인 계승으로 발생했다고 볼 수는 없고, 다만 같은 무리들이 교회사 가운데 면면히 영적으로 이어져 왔다는 견해가 출현하였다. 최근에는 형제단이 종교개혁으로 말미암아 시작된 개신교회 내의 다양한 무리들 중 한 무리로서 신약성경에 나타난 교회를 회복하고자 했던 신앙운동으로 출현했다는 견해가 나타났다.

이러한 견해들은 '형제단 기원'에 관한 이견들인데, 흥미로운 것은 기원에 관해 유사한 이견과 논쟁이 침례교회 내부에서도 있었다는 점이다. 침례교회는 이미 그들의 기원에 관해 다양한 학문적 연구와 논의를 거쳐 어느 정도 그 기원론이 정리가 되었다. 흥미로운 것은 형제단 내의 기원론 이견이 침례교회의 기원론 논쟁과 닮은 점이 많다는 것이다. 침례교회의 기원론 논쟁이 다시 형제단 내에서 유사한 방식으로 발생하는 것은 자유교회 전통의 그룹이 공통적으로 가지고 있는 초대교회주의의 결과라고 볼 수 있을 것이다.

형제단 내부에서는 아직 형제단 기원에 대한 견해에 관해 논의하거나 정리한 사례가 없다. 따라서 필자는 이 책을 통해 이에 대한 의견들을 살펴보고 각 견해를 분류하고 정리하고자 하며, 각 견해에 관해 이해하기 쉽도록 명명하고자 한다. 필자가 분류한 형제단 기원론은 총 세 가지인데, '초대 교회 계승설'(The Succession of the Primitive Church), '신약성경적 교회들의 영적 계승설'(The Spiritual Succession of the New Testament Churches), '19세기 형제운동 기원설'(The Origin of the 19th-century Brethren Movement)이 그것이다.

필자의 이러한 정리와 명명은 최초의 시도이기 때문에 필자는 추후 이에 대한 논의와 발전적 제안을 기대한다. 이제 필자는 이러한 형제단 기원론들에 대해 살펴보고, 무엇이 역사적 관점에서 타당한 것인가 확인하고자 한다.

1) 초대 교회 계승설(The Succession of the Primitive Church)

형제단은 강력한 초대교회주의자들이었고 자기들을 초대 교회의 연장선에 두는 경향이 있지만, 처음부터 그에 대한 구체적인 역사적 정리 작업에 관심을 가진 것은 아니었다. 그들의 이러한 열망에 잘 맞는 견해가 같은 자유교회 전통의 침례교회에서 나왔다. 침례교회 내에서 그들의 기원이 1세기 침례 요한이 침례를 베푼 사건에 있다고 주장한 견해가 있었다. 그것은 19세기 미국의 지계석주의자들(Landmarkists)의 전파 활동으로 미국의 침례교인들에게 깊은 영향을 주었다. G. H. 오처드(Orchard)의 『간략한 영국침례교회사』(A Concise History of Baptism in England)와 J. M. 캐롤(Carrol)의 『피 흘린 발자취』(The Trail of Blood)가 미국의 침례교 목회자들에게 애독되었고, 그 책은 한국의 초기 침례교 목회자들에게도 영향을 주었다.[1]

한국의 초기 형제단 지도자들도 캐롤의 책을 애독하였고, 캐롤이 초대교회로부터 계승되어 온 순전한 이들이 침례교회라고 주장한 것을 형제단으로 대체해 수용하였다. 캐롤의 『피 흘린 발자취』를 한국 형제단에 소개한 사람은 송찬호로 추정된다. 그는 수도침례신학대학교에서 수학했고, 한국 형제단의 저명한 목회자이자 교사로 오랫동안 활동하였다. 실제로 그는 2003년 8월, 서청주교회에서 진행한 교회사 강의에서 『피 흘린 발자취』를 언급하면서 초대 교회를 지향하는 무리의 연속성에 대해 긍정적으

---

[1] 남병두, "침례교 기원에 관한 소고," 『복음과 실천』 제44집, (2009 가을): 128.

로 설명하였다.[2] 또한, 한국 형제단에 신학적으로 큰 영향을 준 박준형은 형제단이 신약성경, 즉 사도행전 2장의 오순절에 나타난 최초의 교회를 따르는 교회라고 가르쳤다. 이들의 가르침과 견해는 한국 형제단에게 형제단이 초대 교회를 계승한 교회라는 자부심을 심어 주었고 한국 형제단의 초기 세대의 '초대 교회 계승설' 형성에 중요한 역할을 했다.

초대 교회 계승설을 수용한 형제단의 인사들은 '형제단'이라는 명칭을 사용하는 것에 대해서도 강한 거부감을 가지고 있으며, 형제단이 신약성경적 교회의 계보를 이어 오늘날 존재하게 되었다고 생각한다. 그들은 신약성경적 교회는 교회사 가운데 지속적으로 존재해 왔고 형제단이 그러한 교회이기 때문에 로마가톨릭교회나 개신교회와는 차별화된 순수한 교회라고 믿는다.

캐롤은 교회사 연구를 통해 침례교회의 역사는 피로 기록된 것으로써 중세 암흑기에 멸시당한 사람들의 피의 역사라고 결론지었다. 그는 16세기 아나뱁티스트들을 침례교회로 보았고, 중세의 바울파(Paulician)도 침례교회라고 생각했다.[3] 그는 당시에 존재하던 다양한 교파가 성경적이지 않다고 믿었다. 캐롤에 따르면, 그리스도와 그의 사도들은 그들을 따르는 이들에게 '가톨릭', '루터교', '장로교', '성공회' 등 오늘날 우리가 알고 있는 교파 이름들을 결코 주신 일이 없다. 그리스도께서 요한에게 주신 이름 '침례자' 혹은 '침례 요한'은 결코 교파적 의미로 주신 것이 아니다. 그리스도는 그분을 개별적으로 따르는 자들을 '제자'라고 하셨고, 그러한 제자가

---

[2] 필자는 당시 서청주교회의 일원으로서 송찬호의 교회사 강의(역사의 거울과 미래의 전망)를 수강했고, 그의 교회사적 입장을 들을 수 있었다.

[3] J. M. Carrol, 『피 흘린 발자취』, 박상훈 역 (서울: 꿈꾸는 사람들, 2018), 8-9.

둘 셋 이상 모인 그룹을 장소에 상관없이 교회라고 하셨다.[4]

한국 형제단 초기 세대의 주된 정서는 캐롤이 주장한 내용과 같은 개념으로 그들은 사도행전 2장의 예루살렘 교회가 형제단이었고, 그 이후에 다양한 명칭으로 불린 분파들이 모두 형제단이며, 19세기 브리튼제도에서 일어난 형제운동의 주역들에 의해 생겨난 형제단이 그 계승자들이라고 믿는다.

2) 신약성경적 교회들의 영적 계승설(The Spiritual Succession of the New Testament Churches)

이 기원론은 신약성경에 나타난 교회의 가치를 실현하려고 했던 무리를 한 계보로 연결할 수는 없지만, 교회사 가운데 계속해서 유사한 무리가 나타났고, 19세기의 형제단은 그 가운데 하나라는 논리다. 이 관점이 '초대 교회 계승설'과 다른 점은 최초의 교회였던 사도행전 2장의 예루살렘 교회 이후 동질성을 가진 순수한 교회들이 실질적인 계승 관계에 있었다고 보지 않는다는 점에 있다.

이 기원론을 주장하는 이들은 그들이 각 시대에 별도로 존재한 무리였지만, 그들의 사상과 행습이 공통된 영성에 기반 한다고 이해한다. 이 견해는 현재 한국 형제단에서 가장 많은 사람이 수용하고 있는 기원론이다. 이러한 입장을 취한 이들로서 영미권에서는 브로우드벤트(Edmund Hamer Broadbent)가 있고 그의 책으로부터 영향을 받은 한국의 김홍연과 유인관이 있다.[5]

---

4 Ibid., 21.
5 브로우드벤트의 교회사책인 *The Pilgrim Church*는 『순례하는 교회』로 번역 출간되었다. Edmund Hamer Broadbent, 『순례하는 교회』, 편집부 역 (서울: 전도출판사, 1992). 형제

1920년대에 영국에서 개방 형제단과 비개방 형제단 중 온건한 그룹 사이에 상당한 교류가 생겼고, 다수의 비개방 형제단 중 온건한 교회들이 개방 형제단과 교제하기로 결정했다. 이제 형제단은 자기들이 어떠한 사람들인지 역사적으로도 규정할 필요를 느꼈다. 형제단 역사학자 팀 그래스(Tim Grass)에 따르면, 이러한 상황에서 형제단은 다른 '복음주의 집단'(evangelical group)[6] 그리고 기관들과 관련해 그들의 구별된 특성을 명확히 함과 동시에 기독교 역사의 범위 안에 그들 자기를 위치시키고자 하였다.[7]

단의 조직신학 책인 『성경교리연구』에서 김홍열은 교회사에 관해 자기 견해를 언급하였는데 그는 브로우드벤트의 견해를 수용해 재가공하였다. 김홍열, 『성경교리연구』 제3판 (청주: 도서출판 새벽별, 2012). 유인관 또한 브로우드벤트의 견해를 수용하였고, 다양한 강의를 통해 형제단의 기원이 초대 교회로부터 영적으로 이어진 계보 가운데 있다고 주장했으며, 자기 주장을 도표로 정리한 것을 한국 형제단 교회들에 홍보해 예배당에 비치할 수 있도록 하였다.

6 그래스(Tim Grass)뿐만 아니라 엠블리(Embley)와 코드(Coad) 등 대부분의 형제단 인사들은 'evangelical'이나 'evangelism', 또는 'evangelist'라는 표현을 자기들의 정체성을 나타낼 때 그리고 그러한 입장을 따르는 다른 무리를 표현할 때 사용한다. 이러한 용어는 한국어로 '복음주의의', '복음주의', 또는 '복음주의자'로 번역할 수 있다. 그러나 '복음주의'라는 용어는 형제단 인사들이 의도하는 것처럼 형제단의 정체성을 대변할 수 있는 것이라고 보기 어렵다. 그 이유는 '복음주의'라는 표현은 다양한 유형의 기독교 전통 혹은 교파가 자기 전통과 교파를 지칭할 때 쓰고 싶어 하는 용어이지만, 16세기 종교개혁의 기수 마틴 루터(Martin Luther)가 가장 확고하게 자기 정체성을 지칭하는 용어로 사용함으로써 종교개혁 진영을 프로테스탄트와 다른 표현으로 '복음주의자'라고 지칭한 데서 비롯되었다. 이재근, 『세계 복음주의 지형도』(서울: 도서출판 복 있는 사람, 2015), 19-20. 그 후에 영국의 웨슬리부흥운동과 미국의 대각성운동의 주역들에 대해 다시 복음주의라는 용어가 사용되었는데, 종교개혁 신앙에 기반을 두되 각성을 통한 신앙 체험과 실제적인 삶을 강조하는 의미로 사용된다. 박명수, 『근대사회와 복음주의』(서울: 한들출판사, 2008), 5-6. 이런 이유로 필자는 형제단을 비롯한 학자들이 사용하는 '복음주의'라는 표현 대신 '종교개혁 전통'이라는 용어를 사용하거나 그들의 특징을 설명하는 식으로 그들에 대해 언급하고자 한다.

7 Tim Grass, "The Quest for Identity in British Brethren Historiography: Some Reflections from an Outsider," *The Growth of the Brethren Movement*, 16-7.

형제단은 스스로 자기들이 기독교 역사 가운데 계속되어 온 운동, 즉 초대 교회의 영성과 근원적 회복을 추구하는 운동 중의 하나로 규정하고자 하였다. 그들은 사도시대 이후로 이어진 여러 운동과 형제운동 사이의 유사성을 보여줌으로써 형제운동이 교회 역사 가운데 이어진 연속적인 영적 유산으로 영국국교회에 전혀 뒤지지 않는 정통성을 가진 교회임을 증명하고자 하였다.[8]

이렇게 접근한 대표적인 인물이 형제단 역사학자 브로우드벤트다. 그는 『순례하는 교회』(The Pilgrim Church)에서 "신약성경의 가르침대로 행동하고자 했던 신자들로 이루어진 교회는 초대 교회 때부터 지금까지 끊임없이 계속되어 왔다"라고 주장하였다. 그는 또한 그러한 교회들이 계보로 연결되지 않고도 시대마다 발생할 수 있었던 이유는 모든 교회가 따라야 할 모범이 성경에 명백히 나타나 있기 때문이라고 하였다.[9]

그는 주류 교회사가들이 이단으로 분류했던, 바울파, 보고밀파, 알비파, 발도파 등에 대해 그들의 신학과 실행이 승자들에 의해 왜곡되었다고 변호하면서 그들을 초대 교회의 영성의 맥을 잇는 무리로 평가하였다. 그리고 그는 16세기의 아나뱁티스트 또한 초대 교회의 영성을 잇는 무리였다고 평가하였으며, 그들의 순수한 열정과 진실성이 주류 무리에 의해 역사적으로 왜곡되고 매도된 대표적인 무리라고 아나뱁티스트를 변호하였다.[10]

---

8   Coad, *A History of the Brethren Movement*, 91.
9   Broadbent, 『순례하는 교회』, 24-5. 이와 유사한 표현이 침례교회의 "성경적 가르침의 연속설"로 맥베스(H. Leon McBeth)가 분류하였다. Leon McBeth, *The Baptist Heritage* (Nashville, TH: Broadman Press, 1987), 56.
10 Ibid. 브로우드벤트의 주장은 침례교회의 "성경적 가르침의 연속설"과 유사한데, 강력한 초대교회주의자들이 갖게 되는 공통된 관점이라 할 것이다.

브로우드벤트의 『순례하는 교회』는 한국 형제단의 교회사에 대한 인식에 지대한 영향을 미쳤다. 한국 형제단의 많은 지도자와 성경 교사들은 브로우드벤트의 견해를 수용하고 가르쳤다. 이 가운데 대표적인 학자 김홍열은 브로우드벤트의 입장을 수용하고 가공하여 '삼선상(三線狀) 교회사관'이란 개념으로 정리하였다.[11]

그는 초대 교회의 영적인 맥을 잇는 신약성경적 교회, 콘스탄티누스의 밀라노 칙령(313년)으로 점진적 과정을 거쳐 생겨난 가톨릭교회(정교회 포함), 루터의 종교개혁을 필두로 하여 형성된 개신교회 등 전 교회를 세 계열(세 축선)로 분류하였다. 그는 이 관점에서 '초대 교회의 맥을 잇는 신약성경적 교회'에 형제단을 배치하였다. 그 선상에 선재한 무리로는 아나뱁티스트, 롤라드파, 후스파, 왈도파, 알비파, 보고밀파, 바울파 등을 배치함으로써 그들이 영적으로 하나의 맥을 잇는 무리로 보았다.[12]

또한, 한국 형제단의 목회자인 유인관은 한국 형제단 방송 GN-TV에서 형제단 정체성에 대한 시리즈 강의를 하였는데, 형제단의 역사를 설명하면서 형제단과 같은 신약성경적 교회들이 역사 가운데 영적으로 면면히 이어져 내려오고 있다고 주장하였다. 그는 브로우드벤트가 주장한 것과 같이 바울파, 보고밀파, 알비파, 발도파가 형제단과 영적으로 같은 부류의 무리이고, 형제단 이전에 출현한 가장 최근의 무리는 16세기의 아나뱁티

---

11 김홍열은 자기만의 독창적 방법으로 교회사관을 세 가지 입장으로 정리하였다. '일선상(一線狀) 교회사관'- 시대의 흐름 속에서 두드러지게 나타난 교회를 시간순으로 보는 사관, '삼선상(三線狀) 교회사관'- 초대 교회의 맥을 잇는 교회, 가톨릭교회, 개신교의 세 부류로 보는 입장, '점상(點狀) 교회사관'- 하나님이 처처에 말씀의 씨를 뿌리시고 교회를 독립적으로 세우신 것으로 보는 견해. 김홍열, 『성경교리연구』, 제3판, 967-8.
12 Ibid., 968.

스트라고 하였다. 그는 이러한 영적 계보가 19세기에 형제단으로 이어졌으며 형제단은 로마가톨릭교회와 구분될 뿐만 아니라 일반 개신교회들과도 구분되는 신약성경적 교회의 부류라고 주장했다.[13] 브로우드벤트의 책뿐만 아니라 김홍열과 유인관의 집필과 강의는 한국 형제단 내에 '신약성경적 교회들의 영적 계승설'이 확산 되고 뿌리 내리도록 하였다.

3) 19세기 형제운동 기원설(The Origin of the 19th-century Brethren Movement)

이 견해는 형제단을 직접적으로 19세기 초 브리튼제도에서 일어났던 형제운동으로 말미암아 시작된 초대 교회 지향적 공동체라고 보는 것이다. 1960년대 후반 형제단은 여러 가지 면에서 위기를 맞고 있었고, 이러한 가운데 형제단의 정체성에 대한 재정립의 필요성이 제기되었다. 이에 따라 형제단 내부에서 로우던과 코드 같은 학자들이 그러한 필요에 부응하는 연구와 출판을 하였다.

1950년대 후반, 개방 형제단의 교제권에 있던 일부 젊은 사람들이 연구 모임을 결성하였다. 그들은 무엇보다도 형제운동의 기원과 근본 원리를 조사하기 시작했다. 1963년 '기독교 형제단 연구 모임'(Christian Brethren Research Fellowship, 나중에 Partnership으로 명칭이 바뀜)의 결성은 그러한 연구를 장려하였고 그 결과를 형제단 외부의 다양한 교단에게 알리는 수단을 제공했다.[14]

---

[13] 유인관, "브레드린의 정체성-브레드린의 역사" [온라인 자료] https://www.youtube.com/watch?v=KGxFfEpHnAU&t=1511s, 2022년 9월 14일 접속.
[14] Dickson and Grass, *The Growth of the Brethren Movement*, 20.

코드는 16세기 종교개혁자 존 칼빈(John Calvin, 1509-1564)과 같은 주류 종교개혁자들은 모두 세속 권력에 호소하는 개혁을 진행함으로써 그 개혁에 한계가 있었다고 보았다. 그는 그것이 구약의 국가 공동체와 매우 닮은 것이었고, 유아세례는 그것을 유지하게 하는 제도라고 주장했다.[15] 코드는 종교개혁자들이 개인의 믿음과 헌신을 통한 구원을 주장하지만, 유아세례로 대표되는 국가 교회 체제를 고수함 때문에 그것이 그들 교회의 구성원 개인에게 실제화하는 데 한계가 있었다고 비판했다.

코드에 따르면, 이러한 모순 때문에 주류 종교개혁자들은 지역 교회의 회원권을 가진 이들이 그리스도 교회의 참 지체임을 의미한다고 인정할 수 없었다. 이런 이유로 그들은 '가시적' 교회와 '비가시적' 교회를 구별하여 설명하였다. 전자는 외적으로 교회에 속한 자들인데, 믿음을 고백한 사람들과 그 자녀들, 즉 침례(유아세례 포함)를 받은 자들로 구성되어 있다. 후자는 참으로 선택을 받은 참된 교회로서 하나님만이 아시는 교회다. 그러나 코드는 이러한 견해를 비판하면서 "신약성경에 나타난 지역 교회는 세상과 구분되고 분리된 공동체로 하나님의 부름을 받은 사람들의 모임이었다"라고 주장하였다.[16]

코드는 종교개혁 진영 가운데는 루터교회나 개혁교회와 분리된 다른 종교개혁자들이 있었는데, 그들은 국가 교회 체제를 거부하고 신앙고백을 통해 그 회심의 체험이 확인된 이들로 구성된 교회를 이루고자 했던 아나뱁티스트들이라고 주장하였다.[17]

---

15 Coad, *A History of the Brethren Movement*, 94.
16 Ibid., 95.
17 Ibid., 96.

코드는 영국의 비국교도 내에서 대륙의 아나뱁티스트의 영향을 받았기도 하고, 스스로 신약성경의 이상에 더 가깝게 돌아가려는 욕구 가운데 독립적 혹은 회중적 개념의 '모인 교회'(gathered church) 개념이 발생하였다고 보았다. 코드에 따르면, 그들 중 좀 더 근원적인 개혁자 중 일부는 신약성경에 나타난 침례는 믿는 자의 침례를 가리키며, 그리스도에 대한 믿음을 책임감 있고 자발적으로 고백한 자들만이 침례를 받을 수 있다고 믿고 그렇게 실행하였다.[18]

유아세례의 관행을 계속 유지하는 독립교회들은 현대 회중교회(Congregational Church)의 선구자들이 되었고, 유아세례를 버리고 믿는 자의 침례를 받아들인 자들은 현대 침례교회(Baptist Church)로 발전되어 갔다. 이런 관점에서 코드는 17세기 말의 영국 기독교를 영국국교회, 비국교도 중에 국가 교회 체제를 인정한 그룹 그리고 비국교도로서 국가 교회 체제를 거부한 그룹의 세 부류가 있었다고 주장하였다. 그는 영국국교회는 성례전 사상과 주교들의 사도 계승 사상을 가지고 있었고, 비국교도 중 장로교도는 성례전 사상은 거부하였지만, 국가 교회 체제를 수용하고 있었다고 보았다.[19]

그러나 비국교도 중에 독립파와 침례교도는 '모인 교회'의 개념을 고수하면서 국가 교회 체제를 거부하였다. 그들은 지역 교회가 개인의 자발적 선택에 의한(믿음에 의해) 헌신의 결정으로 그분의 소유가 된 사람들이 그리스도의 이름으로 모이는 것이라고 믿었다. 그러한 사람들은 우주적 교회의 일원이며, 지역 교회는 그러한 신자들의 모임으로 구성된다. 그들 중

18　Ibid., 97.
19　Ibid., 98-9.

침례교인들은 신자의 침례를 추가로 강조하였다.[20] 코드는 형제단이 이 세 번째 부류, 즉 '모인 교회'의 개념을 따르는 부류의 한 그룹으로 19세기에 출현한 것이라고 보았다. 그러면서도 코드는 형제단이 형제단 밖의 어떤 그룹이든지 하나님의 임재가 머문다면 하나님의 교회로 인정되어야 한다고 믿는다는 점에서 침례교회와 차이가 있다고 보았다. 코드는 형제단이 하나님이 분명히 임재하시는 모든 회중에게 교제의 손을 내밀고자 하였다고 주장했다.[21]

이어서 코드는 18세기에 영국 비국교도, 특히 장로교가 휩쓸린 이성주의의 파도가 있었음을 언급하였고, 영국국교회 내의 냉정한 이성주의에 반발하여 일어난 감리교 부흥운동의 상황을 적시하였다. 그리고 18세기에서 19세기로 넘어가는 시기에 산업혁명과 낭만주의운동이 일어났다는 사실을 언급하고 이상과 같은 역사적 상황의 산물로서 형제운동이 일어났다고 보았다.[22]

코드와 같이 형제단이 19세기의 사회적·영적 상황 가운데 일어난 형제운동으로 말미암아 시작된 그룹이라고 본 학자들은 앞서 언급한 로우던 외에 엠블리, 존 바버(John Barber) 그리고 네이단 델린 스미스(Nathan Delynn Smith)가 있다. 엠블리는 형제운동이 19세기 초 사회 변혁기에 영국국교회 저(低)교회(The Low Church)파 사람들과 비국교도들이 연합하면서 형성된 운동이라고 주장하였다.[23] 바버는 교회사 가운데 새로운 운동들이 그 시대의 필요나 상황을 반영하여 출현하였고, 그 당시의 교회와 사회에 큰 영향

---

20 Ibid., 99.
21 Ibid., 99-100.
22 Ibid., 101-2.
23 Peter L. Embley, *The Origins and Early Development of the Plymouth Brethren* (Cheltenham: St. Paul's College, 1966), 12-37.

을 미쳤다고 주장하였다. 이어서 그는 16세기의 종교개혁, 17세기의 청교도운동, 18세기의 감리교운동을 그 예로 들었다. 그는 이런 운동들은 그전에 일어났던 운동들의 통찰력과 공헌에 대해 도전하거나 혹은 반응하면서 일어났다고 보았으며, 형제운동 또한 그러한 특성을 가지고있다고 주장하였다.[24]

바버에 따르면, 형제단은 1826년이나 1827년쯤에 소수의 사람이 더블린에 위치한 가정집에서 새로운 교단을 만들기 위함이 아닌, 그리스도인 사이의 교제와 성경공부 및 주의 만찬을 나누기 위한 목적으로 모이면서 시작되었다.[25] 바버는 형제단이 영국국교회 내의 저교회파 사람들 그리고 경건주의, 낭만주의 등 사조의 영향을 받고 관념주의와 회의주의에 대해 반발하는 이들에 의해 발생했다고 보았다.[26]

로우던은 형제단이 19세기 초 더블린에서 시작되었음을 분명히 하였다.

> 플리머스 형제단이라는 이름으로 자주 불렸는데도 형제운동은 플리머스가 아니라 더블린에서 시작되었다 … 더블린에서 형제운동의 뿌리는 독립적으로 존재하던 여러 소그룹이 합쳐진 것으로 확인된다. 세 집단에 대한 증거가 있는데, 하나는 불만을 품고 있던 반대파(dissenters)로 구성되었고, 다른 하나는 그들이 소속한 교회(영국국교회)에서 영적 열망이 채워지지 않은 이들로 구성되었으며, 다른 하나는 반대파(dissenters)와 국교도(churchmen) 모두를 포함하고 있었다.[27]

24　Barber, *Who are the Brethren*, 1.
25　Ibid., 3.
26　Ibid., 6-7.
27　Harold H. Rowdon, *The Origins of the Brethren* (London: Pickering & Inglis LTD., 1967), 37.

한국 형제단 목회자로서 형제단과 관련해 최초의 학문적 연구를 진행한 정인택은 그의 박사 학위 논문 "형제운동의 기원과 발전 및 한국으로의 전래"를 통해 형제단이 19세기 초 형제운동으로 시작된 신앙 운동이었음을 밝혔다.[28] 그 연구에서 그는 형제단의 태동 그리고 발전 및 한국으로의 전래에 관해 기술하였다. 그는 여기서 형제운동이 19세기 영국의 다양한 작은 무리가 연합하여 형성되었음을 밝히고 있다.

4) 형제단 기원론에 대한 평가

형제단 내부에서 나타난 형제단 기원론의 세 가지 형태는 흥미롭게도 침례교회 기원론의 견해들과 유사하다. 침례교회 기원에 대해 당사자인 침례교회 내에서 가장 주목받는 두 학자는 로버트 톨베트(Robert G. Torbet)와 레온 맥베스(H. Leon McBeth)이다. 톨베트는 침례교의 기원을 세 가지로 분류하였다. 그것들은 '계승설'(Successionist Theory), '아나뱁티스트 영혈설'(Anabaptist Spiritual Kinship Theory), '영국 분리주의 후예설'(English Separatist Descent Therory)이다.[29]

톨베트보다 나중에 침례교 기원에 대해 고찰 정리한 맥베스는 다음의 네 가지로 분류하였다. 그것들은 '영국 분리주의 결과설'(The Outgrowth of English Separatism), '성경적 아나뱁티스트의 영향설'(The Influence of biblical Anabaptists), '성경적 가르침의 연속설'(The Continuation of biblical teaching through the ages), '조직화된 침례교회의 계승설'(The Succession of organized Bap-

---

28 정인택, "형제운동의 기원과 발전 및 한국으로의 전래", 1-3.
29 Robert G. Torbet, *A History of the Baptists*, 3rd ed. (Valley Forge: Judson Press, 1963), 18-21.

tist churches through the ages)이다.³⁰

한국침례신학대학교의 역사 신학자 남병두는 톨베트와 맥베스의 차이는 기원에 대한 분류상 숫자에 있을 뿐이며, 용어 차이 때문에 불필요한 오해의 원인을 제공하였다고 주장하며, 그 기원설을 새롭게 정리하였다. 그에 따르면, 톨베트의 '계승설'은 맥베스의 '조직화된 침례교회의 계승설'과 같은 의미로서 침례교회가 1세기 침례 요한이 요단강에서 침례 사역을 한 이후로 지금까지 끊이지 않고 존속해 왔다는 주장이다. 이 주장은 현재 역사적 객관성이 결여된 주장으로 평가되고 있다.

다음으로 톨베트의 '아나뱁티스트 영혈설'은 맥베스의 '성경적 가르침의 연속설'과 같은 개념이다. 여기서 남병두는 "톨베트의 '아나뱁티스트 영혈설'과 맥베스의 '아나뱁티스트 영향설'을 혼동하는 경우가 있다"라고 지적했다. 톨베트가 사용한 '아나뱁티스트'라는 용어는 16세기의 아나뱁티스트만을 의미하지 않는 데 반해 맥베스는 16세기의 아나뱁티스트만을 지칭한다는 것이다. 따라서 톨베트가 말하는 '아나뱁티스트 영혈설'은 역사에 나타난 다양한 분파를 침례교회와 영적인 혈연(유대)관계에 있다고 보는 논리다.³¹ 그러나 맥베스는 이 주장이 신약성경에서 비롯된 침례교회 가르침을 추종한 분파들이 역사 가운데 존재했다는 취지이므로 '성경적 가르침의 연속설'로 표현하였다.³²

오늘날 대다수 학자는 이러한 분파들이 침례교회와 영적 혈연관계에 있다고 평가할 만큼 유사한 입장을 취했는가 하는 면에서 검증하기 어렵다

---

30 H. Leon McBeth, *The Baptist Heritage: Four Centuries of Baptist Witness* (Nashville, TN: Broadman Press, 1987), 49.
31 남병두, "침례교 기원에 관한 소고," 127-8.
32 McBeth, *The Baptist Heritage*, 56.

는 견해를 가지고 있다. 남병두는 맥베스가 분류한 '아나뱁티스트 영향설'은 톨베트의 '아나뱁티스트 영혈설'이 아니라, '영국 분리주의 후예설'에 해당한다고 주장하였다.[33] 그 이유는 맥베스가 말하는 아나뱁티스트는 16세기 종교개혁 시대에 등장한 일단의 다양한 개혁가를 지칭하는 것이며, 이 기원론을 주장하는 이들은 침례교회가 영국 분리주의를 통해 등장했다는 사실을 제대로 인정한다고 전제하기 때문이다.[34]

남병두에 따르면, 맥베스의 주장은 침례교회가 영국의 분리주의 전통에서 나왔다고 하는 사실을 전제로 하면서도 첫 침례교인들이 또 다른 분리를 감행해 실질적인 신자의 교회를 설립하게 된 배경을 말하고자 하는 것이었다.[35] 윌리엄 에스텝(William R. Estep)은 영국의 침례교는 대륙의 아나뱁티스트의 영향 아래 영국 분리주의에서 나왔다고 주장하며, 침례교가 이중혈통(double parentage)을 가지고 출현했다고 보았다.[36] 필자는 다양한 방식으로 영국의 분리주의 가운데 아나뱁티스트 사상이 들어와 있었고, 그러한 영향으로 영국에서 자유교회운동이 발생하였는데, 그것이 침례교 운동이었다고 보는 견해가 타당하다고 본다.[37]

형제단의 '초대 교회 계승설'은 침례교회의 '조직화된 침례교회들의 계승설' 혹은 '계승설'과 비슷한 개념이며, 형제단의 '신약성경적 교회들의 영적 계승설'은 침례교회의 '성경적 가르침의 연속설'과 유사한 주장이다. 그리고 형제단의 '19세기 형제운동 기원설'은 17세기 '영국 분리주의 후예

---

33   남병두, "침례교 기원에 관한 소고," 131.
34   McBeth, *The Baptist Heritage*, 52.
35   남병두, "침례교 기원에 관한 소고," 132.
36   William R. Estep, "On the Origins of English Baptists," *Baptist History and Heritage*, vol. 22 (April 1987): 24.
37   이러한 견해를 피력한 침례교 역사 신학자들은 에스텝(Estep)과 남병두가 대표적이다.

설'에 준하는 견해다. 기원론에 있어 형제단과 침례교회 간에 유사한 문제를 가지게 된 것은 그들이 모두 자유교회 전통 가운데, 강한 초대교회주의를 지향했기 때문일 것이다. 그들이 목표로 하는 교리와 행습을 초대 교회에 초점을 맞춘 나머지 그들의 기원에 대해서도 자연스럽게 초대 교회에 있다는 견해를 가지게 되었을 것이다. 침례교회와 형제단에서 초대 교회에 대한 열망의 순수성을 잃지 않으면서도 역사적 사실에 근거해 자기들의 기원에 대한 접근을 시도하는 견해가 동일하게 생겨난 점도 흥미롭다.

침례교회가 자기들의 기원에 대한 견해를 학문적 논증을 통해 어느 정도 정리해 온 것처럼 형제단도 그들의 기원에 대해 균형 잡힌 시각으로 재정립할 필요가 있다. 침례교 역사 신학자들은 '조직화된 침례교회의 계승설'이 실증할 수 있는 침례교회 기원론이 아니라고 비판하였고 그 기원론은 침례교회 다수의 학자에 의해 결국 부정되었다.[38]

이와 마찬가지로 형제단의 '초대 교회 계승설'은 그것의 역사적 사실성을 입증할 수 없다는 문제가 있다. 예루살렘에서 출현한 최초의 교회는 사실 그 이후 출현한 모든 교회의 기원이라고 주장할 수 있다. 그러나 교회사 가운데 출현한 모든 무리가 자기들을 한 계보의 연속선으로 이어서 예루살렘 교회와 연결하는 것은 역사적 사실을 간과한 논리다. 따라서 입증 불가능한 것을 역사적 사실로 주장할 수는 없다.

---

[38] 맥베스(H. Leon Mcbeth)는 현재 있는 증거는 침례교회 사상의 끊어짐 없는 연속성을 확립해 주지 못한다고 말하면서 신앙적 추정과 역사적 증거는 구별되어야 한다고 주장했다. Mcbeth, *The Baptist Heritage*, 61-2. 톨베트(Robert G. Torbet) 또한 계승설을 거부하였다. Torbet, *A History of the Baptists*, 21-9. 남병두는 침례교회는 초대 교회로부터 계승 되었다기보다 대륙의 아나뱁티스트 전통에서 비롯되었다고 할 수 있는데, 자유교회 전통의 사상적 뿌리가 아나뱁티스트에 있기 때문이라고 주장하였다. 남병두, "침례교 기원에 대한 소고," 154.

'신약성경적 교회들의 영적 계승설'은 형제단과 영적 혈연관계에 있다고 분류한 과거의 분파들이 과연 영적 혈연관계에 있다고 할 만큼 유사성이 있는가에 대한 의문을 갖게 한다. 실제로 형제단 학자들이 초대 교회의 영적 맥을 잇는 신약성경적 교회로 분류해 형제단과 같은 계보로 인정하는 무리는 핵심 교리에 있어 형제단과 다른 견해를 가지고 있었다.

바울파(Paulicianism)는 주후 650년부터 872년까지 아르메니아와 비잔틴 제국(A.D. 330-1453)의 동부에서 번성한 분파로 예수에 대해 양자론(養子論, Adoptionism)을 주장하였고 이원론자로 비난받았다.[39] 보고밀파(Bobomils)는 10세기 중반에 불가리아에서 발생한 영지주의 분파로 가시적인 세계가 악의 세력에 붙잡혀 있으며, 물질은 그 자체가 악하다고 믿었다.[40] 12세기 후반에 출현한 카타리파(Cathars)는 남부 프랑스에 있는 그들의 주요한 근거지인 알비라는 도시의 이름을 따서 알비파(Albigenses)라고도 불리기도 하였는데[41] 그들은 가현설적 기독론을 주장하였다.[42] 이상과 같은 교리는 형제단이 성경의 가르침이라고 믿는 내용과 큰 차이를 보인다.

브로우드벤트는 이러한 무리가 당시 소수파로서 주류로부터 박해받았고, 그들에 대한 왜곡적 보도와 기록으로 인해 매도되었다고 주장하였다. 그러나 어느 쪽 주장이 더 분명한 역사적 사실인지에 대해서는 여전히 분분하다. 따라서 그들이 추구한 핵심 가치가 형제단과 영적인 맥으로 연결된다는 주장은 그 근거를 특정하기 어렵다.

---

39 Robert Andrew Baker, *A Summary of Christian History* (Nashville: Broadman & Holman publishers, 1994), 113.
40 Williston Walker, 『기독교회사』, 송인설 역 (파주: CH 북스, 1993), 296.
41 Ibid., 340.
42 Baker, *A Summary of Christian History*, 187.

위에 언급한 무리가 신약성경의 가르침을 순수하고 단순하게 따르며 교회가 그렇게 되어야 할 것을 추구한 점에서는 형제단과 그 입장을 같이한다고 할 수 있다. 그러나 형제단이 종교개혁 전통의 핵심 교리를 모두 인정하는 무리이기 때문에 위의 무리와 형제단이 같은 무리라고 분류할 수 없다. 형제단의 기원에 대한 주된 정서에서 그들의 계보에 16세기의 아나뱁티스트를 넣고 있는데, 이것은 형제단이 아나뱁티스트들의 신학과 실행에 대한 강한 동질감을 느끼고 있기 때문일 것이다.

이 책의 서론에서 언급한 것처럼 형제단은 신학적으로 아나뱁티스트로 대변되는 자유교회 전통과 공통분모가 많다. 그런데 아나뱁티스트는 16세기 종교개혁 진영의 다양한 그룹 중 한 부류로서 주류 종교개혁 진영과 차별화되면서 종교개혁에 있어 중요한 한 축을 이루었던 사람들이었다. 이런 점에서 그들은 주류는 아니었을지라도 종교개혁의 전통에 속한 그룹으로 인정해야 한다. 아나뱁티스트들이 추진한 자유교회운동은 종교개혁의 한 흐름이며, 형제단이 이러한 계열에 속해 있다면, 그들 역시 종교개혁의 전통 가운데 있는 자들이라고 할 것이다.

'19세기 형제운동 기원설'은 현재 한국 형제단 내에서는 주된 기원론은 아니지만, 영미권의 형제단에서 연구 및 출판을 통해 가장 최근에 대두되어 수용되고 있는 관점이다. 이 기원론은 확실한 역사적 근거를 토대로 확인할 수 있는 증거들이 있다는 점에서 가장 실증적인 기원론이라 할 수 있다.

그런데 이 기원론을 주장하는 학자 중 독특한 개념을 추가한 경우들이 있다. 먼저, 코드와 스미스는 형제단의 기원이 19세기의 형제운동에 있다는 점을 인정하면서도, 그들과 유사한 선대의 무리로서 존 위클리프(John Wycliff, 1330-1384)와 그의 사후 추종자들인 롤라드를 언급하였다. 그들은 위클리프가 "그리스도만이 교회의 머리이시며 성직자와 평신도의 구별은 없다"라고 주장했고, 화체설을 배격했으며, 믿음과 삶의 문제에 대한 모든 것의 최종 결정은 오직 성경에 의한 것이어야 한다고 주장한 것을 근거로 그들이 형제단과 같은 신학적 입장을 취한 것으로 평가하였다.[43]

그러나 위클리프가 당시의 가톨릭교회의 교리와 행습을 비판한 것은 종교개혁 전통의 선대 형태라고 봐야지 종교 개혁기에 태동한 자유교회 전통과 맥을 같이 한다고 볼 수는 없다. 왜냐하면, 위클리프는 국가 교회 체제를 수용하면서 로마가톨릭교회의 교리와 행습을 비판한 인물이었기 때문이다. 그는 교권과 세속 권세의 충돌의 지점에서 세속 권세를 지지하는 가운데 로마가톨릭교회를 비판하는 입장이었다.

이런 측면에서 위클리프는 종교개혁 전통 가운데 국가 교회 체제를 수용한 주류진영의 교회론과 유사한 입장이었지, 국가 교회 체제를 거부한 비주류 종교개혁 진영인 자유교회 전통과는 교회론적 입장이 달랐다. 따라서 위클리프와 그의 추종자들을 자유교회 전통을 지향하는 형제단과 유사한 무리라고 보기는 어렵다.

19세기 형제운동 기원설의 범주에 포함되지만, 독특한 입장을 견지한 또 다른 학자는 밀러다. 밀러는 형제단의 분열 이후 비개방 형제단에서 활동하였고, 그 후 비개방 형제단에서 다시 1차 분열이 일어났을 때 윌리엄 켈리(William Kelly, 1820-1906)의 그룹에 속했다. 그는 『형제단: 그들의 기원, 발전 그리고 증거의 간략한 스케치』(*The Brethren: A Brief Sketch of their Origin, Progress and Testimony*)[44]를 통해 형제운동에 대해 최초로 역사적으로 정

---

[43] Coad, *A History of the Brethren Movement*, 93, Nathan Delynn Smith, *Roots, Renewal and the Brethren* (Pesadena: Hope Publishing House, 1986), 20.

[44] Andrew Miller, *The Brethren: ('Commonly So-called'). A Brief Sketch of their Origin, Prog-

리하였다. 이 책에서 그의 초점은 비개방 형제단이 형제단의 원래 입장이라는 점을 부각하는 데 있었고, 형제단의 신학을 정리하는 데 많은 지면을 할애하였다.

교회사 속의 형제단의 위치와 기원에 대한 밀러의 견해를 알 수 있는 책은 그가 전체 교회사를 기술한 『교회 역사에 대한 논문들』(*Papers on Chuch History*[45])이다. 이 책의 한국어 번역판의 제목은 『성경의 예언적 관점에서 본 교회사』다. 번역자가 그렇게 제목을 붙인 이유는 밀러가 교회사를 요한계시록의 2-3장에 나오는 일곱 교회를 통해 설명하였기 때문일 것이다. 그는 "일곱 교회에 보낸 편지는 처음부터 끝까지 모든 것을 아시는 주님께서 역사적 적용뿐만 아니라 예언적 의미를 담도록 의도했음이 분명하다"라고 주장했다.[46]

밀러에 따르면, 에베소교회는 사도 시대부터 주후 2세기 말까지의 교회를 나타낸다. 서머나교회는 2세기 후반부터 콘스탄티누스 황제 때까지의 교회로서 박해받는 교회를 의미한다. 버가모교회는 콘스탄티누스에 의해 국가 종교화된 기독교 체제로 4세기 초부터 교황제도가 등장하는 7세기까지의 교회를 보여 준다. 두아디라교회는 중세 교황 시대부터 주의 재림 때까지의 교회를 지칭한다. 사데교회는 종교개혁으로 시작된 개신교회를 대변한다. 그들은 교황제도의 잘못된 모습을 제거하였으나, 그 체제 자체는 생명력이 없다. 빌라델피아교회는 연약한 남은 자이지만, 주 예수의 이름과 하나님의 말씀에 충성하는 이들로서 19세기 초에 시작되었다. 밀러는

---

ress and Testimony (London, n.d.).

45 한국어로는 『성경의 예언적 관점에서 본 교회사』라는 제목으로 번역되었다. Andrew Miller, 『성경의 예언적 관점에서 본 교회사』(1), 정형모 역 (서울: 전도출판사, 2002).

46 Ibid., 14-5.

빌라델피아교회가 어느 교회라고 특정하진 않지만, 19세기에 시작된 형제단을 의미하는 것으로 보인다. 라오디게아교회는 마지막 때의 교회를 나타내며, 빌라델비아교회 후에 시작된 교회로서 주의 재림 직전의 교회를 지칭한다.[47]

밀러의 견해는 일차적으로 성경해석 상 논란이 될만한 것이다. 과연 요한계시록에 언급한 일곱 교회를 교회사에 걸쳐 나타난 무리와 교회사의 흐름으로 연결하는 것이 가능한 해석학적 결론인가 하는 것이다. 또한, 빌라델피아교회가 형제단이라는 논지 전개는 형제단 외의 다른 무리도 빌라델피아교회를 자기들에게 연결하여 주장할 수 있다는 점에서 타당성을 확보하기 어렵다. 이러한 주장은 균형 잡힌 성경 해석적 결론이나 역사적 고증을 통한 결과라기보다는 본인의 신념에 속한 것이라고 해야 할 것이다.

형제단 학자인 어네스트 윌슨(T. Ernest Wilson)도 밀러와 유사하게 요한계시록의 일곱 교회를 교회사에 대한 예언적 기술로 보았다. 그는 빌라델피아교회가 웨슬리와 교회 부흥 시대를 예시적으로 보여 주는 것이라고 보았다.[48] 필자는 '19세기 형제운동 기원설'을 역사적으로 실증할 수 있는 명확한 근거가 있기 때문에 가장 타당한 견해라고 생각한다. 물론 밀러나 윌슨의 신념에는 동의할 수 없다.

필자는 이제 19세기에 어떤 배경을 가진 사람들이 형제단을 형성했는지 확인하고자 한다. 이러한 고찰을 통해 형제단 기원에 대해 밝히고자 한다.

47　Ibid., 17-20.
48　T. Ernest Wilson, 『신약에 감추어진 교리적인 비밀들』, 김병희 역 (고양: 전도출판사, 1992), 57-8.

2. 16-17세기의 자유교회

이제 19세기 형제단의 시작 배경을 확인하기 위해 필자는 16세기 종교개혁의 한 부류로서 자유교회 전통을 시작한 아나뱁티스트운동과 17세기 영국에서 일어난 자유교회운동의 두 사례인 침례교회운동과 퀘이커운동에 대해 살펴보고자 한다. 특별히 형제운동에 앞서 같은 지역인 영국에서 일어난 자유교회운동들을 확인하는 것은 형제단 출현의 맥락을 이해하는 데 있어 중요하다.

과연 형제단은 초대 교회로부터 이어져 내려온 계보를 이은 무리 중의 하나인지, 아니면 종교개혁 전통 가운데서 한 축을 담당한 아나뱁티스트로부터 비롯되는 자유교회운동의 부류에 속하는 무리인지를 확인할 것이다.

1) 16세기 아나뱁티스트운동

16세기 종교개혁자들은 로마가톨릭교회와 다른 성경해석의 입장을 가지고 있었고, 이것이 그들이 종교개혁을 진행하게 한 주된 동력 중 하나였다. 중세 후기 로마가톨릭교회의 성경해석 방법은 교회 전통과 교황권 같은 성경 이외의 다른 권위의 맥락에서 성경을 이해하고자 하는 것이었다. 그들은 자기들의 신학을 뒷받침하는 방식으로 성경을 해석하였다. 그렇기에 그들은 교회 전통에 의해 인정된 것들만을 성경의 가르침으로 수용하게 되었다.[49] 이러한 로마교회의 입장은 공의회(councils) 등을 통해 합의하

49　Clark H. Pinnock, "Catholic, Protestant, and Anabaptist: Principles of Biblical Interpre-

고 결정한 것들이 교리적 기준이 되고 그러한 기준에 맞게 성경을 해석하는 우(愚)를 범하였다.

종교개혁자들은 이러한 로마가톨릭의 성경해석 입장에 반대해 성경에 최고의 권위를 두고자 하였으며, 다른 권위가 성경해석을 좌우해서는 안 된다고 믿었다. 루터는 오직 성경만이 그리스도인들에게 신적인 권위를 갖고 있다고 확언했다. 그는 종교개혁의 기초 전제인 '오직 성경으로'(sola scriptura)의 원리를 세움으로써 성경 자체가 해석자라는 원리를 천명하고 독자들이 더 이상 교부들의 주석이나 교회의 결정에 종속될 필요가 없게 하였다. 루터는 또한 풍유적 해석 방법론을 배격해 성경은 하나의 단순한 의미, 즉 역사적 의미만 가지고 있다고 확언했다. 따라서 종교개혁운동은 이전에 시행되었던 성경해석의 원리들을 재정립하고자 한 것이었다. 종교개혁자들은 성경의 평이하고도 단순한 문자적 의미를 선호했다.[50] 이러한 성경해석을 통해 성경으로부터 도출된 결론을 따라 종교개혁자들은 종교개혁의 깃발을 들었다.

루터와 에라스무스는 당시의 로마가톨릭교회가 개혁되어야 한다는 큰 전제에서 동의하였지만, 개혁의 방식과 방향에 있어 의견이 달랐다. 그런데 그들의 이러한 차이는 두 사람의 성경해석에 대한 입장 차이에서 비롯되었다고 할 수 있다. 에라스무스와 루터의 논쟁은 자유의지와 관련된 성경의 구절들에 대한 해석의 차이에 있었다.[51]

---

tation in Selected Communities," *Brethren in Christ History & Life*, 9 no. 3 (Dec 1986), 265.
50 William Klein, et al., 『성경해석학 총론』, 류호영 역 (서울: 생명의말씀사, 1997), 103-5.
51 임형권, "루터-에라스무스논쟁에 대한 성경 해석학적 조명," 『역사신학 논총』 28권 (2015년 06월), 302.

에라스무스는 1524년 9월에 루터의 견해에 반대하는 『자유의지론』을 발표했고, 이듬해에 루터는 『노예의지론』으로 에라스무스에 반박했다. 이에 대해 에라스무스는 『방어하는 지식』(Hyperaspistes)를 통해 재차 반박했다.[52] 인간의 자유 선택에 대한 루터와 에라스무스의 견해 차이는 두 사람이 각자의 신학적 노선과 개혁 방향의 차이를 낳게 한 중요한 요인 중 하나였다. 우리가 아는 것처럼 에라스무스는 로마가톨릭교회 안에서 개혁을 진행하였고, 루터는 로마가톨릭교회를 벗어나 종교개혁을 진행하였다.

루터와 츠빙글리는 둘 다 로마가톨릭교회를 이탈해 종교개혁을 진행하였으나, 그들 간에 이견이 존재하였다. 1529년 마르부르크(Marburg)에서 두 사람의 만남이 이루어졌는데, 다른 부분에서 그들은 이견이 적었지만, 주의 만찬에서 큰 이견이 발생하였다.[53] 루터와 츠빙글리 사이의 주의 만찬에 대한 견해 차이는 성육신에 대한 다른 견해로 말미암은 것이었다. 루터는 성육신하신 그리스도가 하나님과 만날 수 있는 유일한 통로임을 강조했기 때문에 그리스도의 인성이 성찬 요소(the Eucharistic elements)에 진정으로 존재한다고 생각했다.

그러나 츠빙글리는 그리스도의 신성과 인성의 일치가 하나님의 은혜가 임하는 주요한 지점이라고 생각했기에 성찬의 요소 안에서 그리스도의 인성을 거론할 필요가 없었다. 그에게 주의 만찬은 신자들 사이에서 그리스도를 기념하고 그리스도 안에서 하나라는 것에 대한 기념이자 표현이었다.[54]

---

52 김용복, "Martin Luther와 Desiderius Erasmus의 자유의지 논생섬과 그 방법," 『종교개혁의 풍경』 (대전: 침례신학대학교출판부, 2017), 66.
53 Gottfried Wilhelm Locher, "The Shape of Zwingli's Theology: a Comparison with Luther and Calvin," *Pittsburgh Perspective* 8 no. 2 (Jun 1967), 12.
54 Reuben Ishaya Chuga, "The Divided Communion: Luther versus Zwingli," *BTSK Insight*, 14 (Oct 2017), 3.

루터와 츠빙글리는 화상에 대해서도 견해의 차이가 있었다. 루터는 성서의 내용을 비유해서 그리는 종교 미술의 유용성과 그 교육적 가치를 인정하였다.[55] 그는 우상 숭배를 목적으로 제작된 예술품이 아니라면 허용해야 한다고 주장했다.[56] 루터는 하나님을 중심에 둔 예배라면 음악은 물론, 시각 이미지들을 봉헌하고 이 행위를 하나님에게 예배하고 선행을 한 것이라고 상상하는 것이라고 했다.[57]

반면에 츠빙글리는 성서만이 신앙의 기반이 될 수 있다고 주장하면서, 화상을 혐오했으며, 화상 숭배를 금지할 뿐만 아니라 교회 음악도 교회 안에서 축출해야 한다고까지 했다.[58] 이처럼 츠빙글리는 성서에 언급되거나 명령 된 것 외에 허용하는 것을 반대하였다.

루터와 츠빙글리는 종교개혁이라는 공통 분모를 가지고 있었고, 거대한 로마가톨릭 세력에 함께 대항할 필요가 있었지만, 성경해석 및 적용에 대한 입장차이 때문에 각자의 길을 가게 되었다. 이처럼 개혁자들의 신학적 노선과 개혁의 방향은 그들 간의 성경해석에 대한 입장 차이로 말미암았는데, 그것은 츠빙글리의 개혁 그룹 내에서도 발생하였다.

츠빙글리의 동료였으나, 분리된 스위스 형제단(Swiss Brethren) 사람들은 역시 성경해석과 그 적용의 입장 때문에 츠빙글리와 갈라서게 되었다. 스위스 형제단은 아나뱁티스트로 분류되는 이들의 대표적 그룹이다. 그들

---

55   Hans Beltin, *Bild und Kult, Eine Geschichte des Bildes vor dem Zeitalter der Kunst* (Muenchen: Verlag C. H. Beck, 1993), 608, 이정구, "성 화상에 대한 종교 개혁가들의 태도," 『한국 교회사학회지』 30권 0호(2011), 74에서 재인용.
56   Jeroslav Pelikan, ed., *Luther's Works*, vol. 1(St. Louis: Fortress Press, 1955), 316.
57   Carl C. Christian, *Art and the Reformation in Germany* (Athen: Ohio University Press, 1979), 47, 이정구, "성 화상에 대한 종교 개혁가들의 태도," 74에서 재인용.
58   Hans Küng, 『그리스도교: 본질과 역사』, 이종한 역 (칠곡: 분도출판사, 2002), 704.

은 콘스탄티누스에 의한 기독교 공인 이후 성경해석은 '콘스탄티누스의 구도'[59], 즉 로마 제국의 종교로서의 기독교 그리고 그 체제 안에서 결정된 교리들이라는 전제조건 안에서 해석되어 왔다고 믿었다. 그들은 또한 구약과 신약의 관계, 성경해석에서의 성령의 역할, 교회의 위치, 순종의 중요성 그리고 어떤 성경이 더 명료한가에 대한 범위의 문제를 제기하였다.

아나뱁티스트들은 구약성경과 신약성경 사이의 불연속성을 강조하였다. 그들이 강조한 구약과 신약의 불연속성이라 함은 구약의 이스라엘과 신약의 교회가 같은 의미의 공동체가 아니라는 점이었다. 그들은 16세기 당시에 로마가톨릭교회뿐만 아니라 종교개혁자들도 유아세례를 시행하는 측면에서 구약의 신정일치(神政一致) 개념을 신약 교회에 적용해 벌어진 현상이라고 보았다. 실제로 국가 교회 체제와 유아세례를 옹호한 종교개혁자들은 자기들의 신학을 뒷받침하기 위해 구약성경 구절을 끌어왔다.[60]

아나뱁티스트들은 다른 종교개혁자들과 마찬가지로 성경을 그리스도인의 최종 권위로 여겼지만, 교회와 그리스도인의 삶에서는 신약성경이 구약성경에 대해 해석적 우선성을 가진다는 관점을 가지고 있었다. 그들은 구약성경이 신약성경의 관점에 의해 해석되어야 하며, 성경을 고찰하는 목적은 예수 그리스도의 제자로서 겸손히 순종하기 위한 것임을 강조하였다.[61]

아나뱁티스트운동은 종교개혁 진영에서 더욱더 근원적인 개혁을 원했던 이들이 행한 초대교회회복운동이었다. 그들은 당시의 로마가톨릭교회

---

59 Stuart Murray, 『아나뱁티스트 성서해석학』, 문선주 역 (대전: 대장간, 2013), 19.
60 Ibid., 21-2, 119.
61 John E. Colwell, "A Radical Church: A Reappraisal of Anabaptist Ecclesiology," *Tyndale Bulletin* 38 (1987): 123.

를 개혁하는 것이 아니라 초대 교회로의 온전한 회복을 지향했는데, 그들이 처음부터 별도의 무리를 형성한 것이 아니라 종교개혁 진영 가운데서 그들의 요구가 받아들여지지 않음으로 인하여 자연스럽게 분리의 길을 가게 되었다.

(1) 스위스 형제단의 출현

취리히에서 종교개혁을 주도한 츠빙글리는 성경의 해석이 단지 학자나 성직자만을 위한 것이 아니라 겸손하고 교육받지 못한 사람들을 포함해 영적으로 말씀을 들을 준비가 되어 있는 모든 사람을 위한 것이라고 믿었기에 평신도 성경 연구를 지지했으며, 성경 연구를 통해 도출된 결론에 따라 행해야 한다고 주장했다. 취리히에 도착한 직후부터 츠빙글리는 성경과 원어 연구에 집중했는데, 인문주의 영향을 받은 이들이 그 연구에 참여했다.[62]

츠빙글리의 성경 연구 모임에 합류한 이들 중에는 파리대학교에서 고전학을 공부한 귀족의 아들 콘라드 그레벨(Konrad Grebel, 1498?‒1526)과[63] 펠릭스 만츠(Felix Mantz) 그리고 인문주의 성직자 시몬 스툼프(Simon Stumpf)가 있었다.[64]

1522년 3월 츠빙글리는 사순절(四旬節) '소시지 사건'으로 인해 로마가톨릭교회와의 갈등으로 성경을 가르치고 설교하는 것에 어려움을 겪게 되었다. 이때 취리히 시의회는 츠빙글리가 로마가톨릭교회의 성직자 직위를

---

62 C. Arnold Snyder, "Swiss Anabaptism : The Beginnings, 1523‒1525," *A Companioin to Anabaptism and Spiritualism*, 1521‒1700, (Leiden: Koninklijke Brill, NV. 2007): 49‒50.
63 벤더(Harold S. Bender)는 그레벨이 스위스 인문주의의 영향을 받은 사람이었음을 밝혔다. Harold S. Bender, *Conrad Grebel* (Eugene: Herald Press, 1998), 67.
64 Snyder, "Swiss Anabaptism," 49.

사임하고 설교할 수 있도록 하였다.⁶⁵ 시의회가 츠빙글리의 신학적 토론회 개최 요청을 수락함으로써 츠빙글리와 시의회는 피차 밀접한 관계를 형성하게 되었다.⁶⁶

1523년 1월 19일에 개최된 제1차 공중토론회⁶⁷에서 츠빙글리는 모든 공동체가 성경에 관한 독자적인 가르침을 확립할 수 있다고 설명했고, 시의원들이 공동체를 합법적으로 대표해야 한다고 주장하였다. 이러한 요구는 결국 취리히의 종교개혁에 있어 시 당국의 역할이 커질 수밖에 없게 하였다.⁶⁸

츠빙글리는 1523년 6월에 발간된 『하나님의 정의와 사람의 정의』(Göttliche und menschliche Gerechtigkeit)를 발간해 그가 스위스 종교개혁의 거점 도시로 삼고자 했던 베른(Bern)의 귀족들에게 헌정하였다. 그는 이 책에서 복음이 정치 권력을 더욱 강하게 만들 것이라고 천명하였다.⁶⁹

1523년 10월 26-28일에 열린 제2차 취리히 공중토론회는 화상 파괴 문제로 소집되었는데,⁷⁰ 로마가톨릭교회가 참여하지 않음으로써 종교개혁자

65　J. Denny Weaver, *Becoming Ananbaptist* (Scottdale: Herald Press, 1987), 33-5.
66　남병두, "16세기의 가장 '근원적인' 논쟁: 취리히 종교개혁에 나타난 교회와 국가의 관계 논쟁," 『종교개혁의 풍경』, 102.
67　콘스탄츠의 주교 대신 가톨릭 측을 대표해 존 파브르(Johann Faber, 1478-1541)가 참석하였다.
68　John Howard Yoder, *Anabaptism and Reformation in Switzerland* (Kitchener: Pandora Press, 2004), 7.
69　Huldrych Zwingli, "하나님의 정의와 사람의 정의", 『츠빙글리 저작 선집 3』, 공성철 역 (서울: 연세대학교출판문화원, 2017), 203.
70　1523년 7월 말에 취리히 영토에서 최초의 화상 파괴가 일어났다. 1523년 9월 1일 레오 주드(Leo Jud)가 화상에 반대하는 설교를 함으로써 화상 숭배가 대중들의 논쟁거리가 되었다. 9월 9일 주드의 교회에서 보조 사제 중 한 명인 로렌츠 마이어(Lorenz Meyer)와 한두 명의 미사를 돕는 사람들이 성인들의 그림과 조각상 몇 점을 철거했다. 그리고 9월 13일, 비슷한 사건이 프라우뮌스터(Fraumünster)에서 발생했는데, 화상에 대한 팸플릿을 읽고 목수인 볼프강 잉거(Wolfgang Ininger)는 제단 근처에 걸려있

들 간의 견해 차이 논쟁으로 발전했다.[71] 그 토론회 중에 취리히 시장이 미사에 대해서는 시의회 의원들에게 최종 결정을 내리도록 맡기자고 결정하고 토론회 종료를 선언하였다. 이에 대해 그레벨과 스툼프 등은 분명한 결론을 요구하였다.[72]

그런 다음 콘라드 그레벨이 일어나서 그들이 아직 함께 있는 동안 이후에 미사를 진행할 방법을 사제들이 지침을 받아야 한다는 의견을 표명했다. 왜냐하면, 그들이 미사를 바꾸기 시작하지 않았다면 그것은 무익할 것이기 때문이다. 미사에 대해 많은 말이 있었지만, 하나님의 진노를 기꺼이 막을 사람은 없을 것이다. 이러한 [기타 남용]도 논의해야 한다.[73]

이에 츠빙글리는 다음과 같이 대답하였다.

> 귀족들(Milords)은 미사가 앞으로 어떻게 적절하게 수행되어야 하는지 분별할 것이다.[74]

던 기름 램프를 파괴했다. Leland Harder ed., *The Sources of Swiss Anabaptism* (Scottdale: Herald Press, 1985), 232-3.

71 Werner Enninger, "The second Zurich Disputation in 1523: a Discourse- analytical Approach," *The Mennonite Quarterly Review* 65 no 4 (Oct 1991): 410-2.

72 Glen J. Clary, "Ulrich Zwingli and the Swiss Anabaptists: sola scriptura and the reformation of Christian worship," 116; Werner Enninger, "The Second Zurich Disputation in 1523: A Discourse-analytical Approach," *The Mennonite Quarterly Review* 65 no. 4 (Oct 1991): 416.

73 Leland Harder, ed., *The Sources of Swiss Anabaptism* (Scottdale, Pa.: Herald Press, 1985), 242.

74 Ibid.

그러자 그레벨을 비롯한 츠빙글리의 성경 연구 모임의 일원들은 츠빙글리의 태도에 실망하였고, 토론은 제대로 이어지지 못하고 끝났다. 결국, 이 사건이 그레벨을 비롯한 이들이 독자적인 길을 가도록 하는 중요한 시작점이 되었다.[75]

1525년 1월 17일, 유아세례 문제를 중심으로 제3차 공중토론회가 개최되었다. 그레벨과 만츠 등은 침례는 신앙고백을 하는 신자들에게만 베풀어야 하며, 자발적으로 신앙고백을 할 수도 없고 하지도 못하는 유아들에게 침례를 베푸는 것은 성경적이지 않다고 주장했다. 반면에 츠빙글리는 유아세례의 정당성을 주장하면서, 그들을 "Wiedertäufer"(Rebaptizers; Anabaptists, 다시 침례를 베푸는 자)라고 비난하였다. 시의회는 그레벨 무리의 이의를 수용하지 않고 츠빙글리의 주장을 받아들였다.[76] 그레벨을 비롯한 이들, 즉 스위스 형제단은 시의회의 결정을 결코 하나님에게서 온 구속력이 있는 권위로 받아들이지 않으며 반발하였다. 그러자 시의회는 그들 중 외부인에 대해서는 강제 추방 결정을 내렸다.

강제 추방일인 1월 21일 저녁에, 스위스 형제단은 그들의 결단을 행동으로 옮겼다. 그레벨은 게오르게 블라우록(George Blaurock)에게 신앙고백을 근거로 침례를 주었다. 이어서 블라우록은 그 자리에 있던 다른 모든

---

[75] 남병두는 요더(Yoder)의 논문 "The Turning Point in the Zwinglian Reformation"을 토대로 츠빙글리의 개혁은 시의회의 주도권에 밀리고, 그 과정에서 그레벨 그룹과의 결별을 경험한 이후 종교개혁에 있어 정치권력의 역할과 필요성을 절감하게 되었다고 평가했다. 그의 평가에 따르면, 츠빙글리는 "신학적 필요"(theological necessity)와 "신앙의 문제"로 반대자들을 박해하고 억압하는 것을 정당화하기 시작했다. 남병두, "16세기의 가장 '근원적인' 논쟁: 취리히 종교개혁에 나타난 교회와 국가의 관계 논쟁," 『종교개혁의 풍경』(대전: 침례교신학연구소, 2017), 123-4.

[76] 김승진, 『근원적 종교개혁』, 75. 이후 "아나뱁티스트"(Wiedertäufer)는 유아세례를 반대하는 자들을 부르는 명칭이 되었다.

사람에게 침례를 주었다. 1월 21일 토요일 저녁 침례식으로 시작된 아나뱁티스트운동은 취리히 남쪽의 졸리콘(Zolikon) 마을로 빠르게 확산하였다. 그다음 주 동안 1월 21일 시의회의 법령에 대한 다양한 회의가 열렸다. 그 주말까지 적어도 35명이 침례를 받았다.[77]

1525년 3월 16일, 시의회는 앞으로 침례를 받는 모든 사람이 추방되어야 한다는 명령을 발표했다. 많은 사람이 수감되었고, 그중에는 그레벨, 만츠, 블라우록도 포함되어 있었다. 그들은 츠빙글리와 3월 20일부터 22일까지 3일간 토론했다. 그들은 청문회를 거쳤고, 츠빙글리와 그의 동료들 앞에 하나씩 불려 갔다. 1524년 11월과 1525년 6월 사이에, 츠빙글리는 그레벨 무리를 비판하는 세 권의 책을 출판했고, 1525년 11월 초에 또 다른 책을 출판했는데, 이 책에서 그는 국가 교회 체제를 옹호하고 그것을 거부하는 이들을 정죄하였다.[78]

이후 그레벨 무리가 주장하고, 행한 신자의 침례와 같은 입장을 취한 이들이 유럽 곳곳에서 일어났는데, 그들은 로마가톨릭 진영뿐만 아니라, 개신교 진영에서도 아나뱁티스트라는 죄목으로 박해의 대상이 되었다. 혹독한 박해와 소속 사회로부터의 퇴출 등으로 그들의 명맥은 거의 사라지다시피 하였으나, 비교적 종교 관용이 있었던 네덜란드 지역에서 메노 시몬스(Meno Simons)의 인도하에 형성된 메노파(Mennonites)가 그 명맥을 이어갔다. 그들은 북미로 건너가 유럽에서보다 나은 성장을 이루었다.

---

[77] Yoder, *Anabaptism and Reformation in Switzerland*, 27; Harder ed., *The Sources of Swiss Anabaptism*, 343.
[78] John Horsch, "The Struggle between Zwingli and the Swiss Brethren in Zurich," *The Mennonite Quarterly Review* 7 no. 3 (Jul 1933): 142-3.

(2) 아나뱁티스트의 신학과 행습

아나뱁티스트의 기본적인 사상을 엿볼 수 있는 초기 자료는 '슐라이트하임 신앙고백'(Schleitheim Confessions)이다. 스위스와 독일의 국경도시 슐라이트하임에서 열린 아나뱁티스트 회의에서 미카엘 자틀러(Michael Sattler, 1490-1527)가 대표로 작성한 '슐라이트하임 신앙고백'은 교리적인 선언서는 아니었지만, 아나뱁티스트의 교회론적 입장을 보여 주는 자료다.[79]

어떤 학자들은 이 신앙 고백서가 율법 폐기론의 경향을 보였던 아나뱁티스트 내의 '잘못된 형제들'의 가르침에 대한 방어였으며 총회에 모인 회중들을 위한 지침서였다고 본다.[80] 이러한 견해에서 말하는 '잘못된 형제들'은 남부 독일 아나뱁티스트들로서 중세의 신비주의에 상당히 심취되어 있었던 토마스 뮌쩌(Thomas Müntzer)의 영향을 받은 이들을 말한다.[81]

그런데 필자는 아나뱁티스트들이 이 신앙 고백서를 작성한 이유가 이상의 주장들에 더해 당시에 주류 종교개혁 진영으로부터 배척받았던 아나뱁티스트들이 자기들의 정체성을 분명히 하고자 하는 의도도 반영되었을 것이라고 생각한다.

그 목적이 어찌 되었든지 '슐라이트하임 신앙 고백서'는 아나뱁티스트가 루터나 츠빙글리와 같은 개혁자들과 어떤 신학적 차이가 있는지 확인할 수 있는 자료다. 슐라이트하임 신앙 고백서는 회개와 삶의 변화를 경험하고 그리스도에 의해 자기들의 죄가 도말 된 사실을 진정으로 믿고 스스로 침례받기를 요구하는 자들에게 침례가 주어져야 함을 분명히 하였다.

---

79 John H. Leith, ed., "The Schleitheim Confession," *Creeds of the Churches* (Louisville: John Knox Press, 1982), 287.
80 William Lumpkin, *Baptist confessions of Faith*, Revised Edition (Valley Forge: Judson Press, 1969), 22.
81 Cornelius J. Dyck, 『아나뱁티스트 역사』, 김복기 역 (대전: 대장간, 2013), 58.

그리고 그 고백서는 침례를 받아 공동체의 일원이 된 자 중 죄를 범한 자들을 징계해야 하며, 그것을 출교로 명시하였다. 또한, 공개적 권징을 받은 이들은 주의 만찬 참여를 배제하도록 하였다.[82]

이 고백서는 또한 세속 정치 권력에 대한 아나뱁티스트의 입장을 확인시켜 준다. 검(劍)은 그리스도 밖의 세상에 대해 하나님이 제정하신 것으로서 악한 자를 벌하고 처형하며 선한 자를 지키고 보호하는 일을 하지만, 신앙의 문제에 있어서는 검이 아니라 출교만이 사용될 수 있다. 아울러 그 신앙고백은 "정부의 공직은 육에 따른 것이지만, 그리스도인들의 할 일은 영에 따른 것이다"[83]라고 정리함으로써 그리스도인이 공직에 몸담을 수 없다는 입장을 취했다. 아울러 아나뱁티스트는 그 고백서를 통해 그리스도인이 하는 어떤 맹세도 지키거나 이행할 것을 담보할 수 없기 때문에 맹세해서는 안 된다고 주장하였다.[84]

이처럼 아나뱁티스트는 구원론에서는 루터나 츠빙글리와 유사한 입장이었지만, 교회론에 있어 차이를 드러냈는데, 특히 교회의 치리나 복음 전파에 있어 국가 권력과 거리를 두고자 하였다. 아나뱁티스트운동을 통합하는 가장 분명한 특징은 신자 침례의 실천이었지만, 그것은 주류 종교개혁자들에 대해 차별화된 그들 교회론을 표현해 주는 지표였을 뿐이지 그들의 교회론을 다 보여 주는 것은 아니었다.

주류 종교개혁자들은 당시의 로마가톨릭교회를 개혁하고자 하였지만, 아나뱁티스트들은 한 단계 더 나아가 로마가톨릭교회의 개선이 아닌 신약성경에 나타난 초대 교회로의 회복을 추구하였다. 아나뱁티스트가 보기에

---

82 Lumpkin, *Baptist Confessions of Faith*, 25-6.
83 Ibid., 28.
84 Ibid., 29.

교회가 국가와 연합하는 것은 타락한 상태의 세계와 연합하는 것이었으며, 당시의 로마가톨릭교회가 그러한 상황에 있었다. 뮌스터에서 유아세례를 처음 비난했던 루터교 사제 베른하르트 로스만(Bernhard Rothmann) 또한, 교회가 실패한 이유로 국가와의 연합을 통해 세속적 요소를 받아들인 것으로 규정했다.[85]

이처럼 당시의 교회 타락의 문제 원인을 어디에 두는가 하는 것은 아나뱁티스트들 만의 이의 제기는 아니었다. 따라서 유아세례 거부자들로 알려진 아나뱁티스트들 사이의 공통된 연결 고리는 당시 존재하던 교회가 개혁 이상의 것, 즉 초대 교회로의 회복이나 회귀가 필요하다는 인식이었다.

아나뱁티스트는 교회와 국가가 하나 된 체제, 즉 국가 교회 체제를 거부하였는데, 그들은 당시의 로마가톨릭교회뿐만 아니라 주류 종교개혁자들 역시 구약적 개념의 신정일치 체제를 따르고 있다고 비판하였다.[86] 아나뱁티스트가 국가 교회 체제를 거부한 근본적인 요인 중 하나는 신약성경적 교회가 신자들의 교회라고 보았기 때문이었다. 아나뱁티스트는 일반적으로 성경을 교훈과 교회 질서를 위한 모델을 제공하는 그리스도인의 최종 권위로 여겼다. 다만 구약과 신약의 교리적 우선순위에 있어 신약성경

---

85 John E. Colwell, "A Radical Church: A Reappraisal of Anabaptist Ecclesiology," *Tyndale Bulletin* 38 (1987): 119.

86 『종교 개혁가들과 그들의 의붓자식들』(*The Reformers and their Stepchildren*)에서 레너드 버듀인(Leonard Verduin)은 구약 사회와 모든 기독교 이전 사회가 '성례적 사회'(sacral society, 즉, '그 사회의 모든 구성원이 헌신하는 종교에 의해 함께 묶인 사회') 의 흔적이라고 주장하며, 그러한 '성례적 사회'에 대한 거부로서 아나뱁티스트운동의 각 측면을 추적하였다. 이를 통해 확인 할 수 있는 것은 아나뱁티스트들이 지향한 신앙은 '성례적 사회'라는 개념을 거부하는 것이었다. 그들은 관료 의존적 종교개혁자들 뿐만 아니라 뮌스터 사건의 무리도 '성례적 사회' 개념을 따랐다고 보았다. Colwell, "A Radical Church: A Reappraisal of Anabaptist Ecclesiology," 122.

에 나타난 교회 가르침을 따르는 그리스도인들은 신약성경에 우선권을 두어야 한다고 믿었다. 그들은 구약성경을 '그리스도를 선포함 그리고 예표함'으로 받아들였고 '그리스도를 밝히고 드러내는 선'에서 그 타당성을 인정했지만, 교회 행습의 실제적인 측면에서는 직접 적용할 수 없다고 보았다.[87] 예를 들어 구약성경에 나타난 '사형에 처하는 형벌'은 신약성경의 교회에 적용될 수 없으며, 신약성경에 실행된 유일한 징계 형태는 '그리스도인 금지'(the Christian ban, 즉, 회중에서 제외)라고 하였다.[88]

아나뱁티스트가 국가 교회 체제를 거부한 또 다른 논거는 종말론에 대한 그들의 견해에 있었다. 아나뱁티스트는 그리스도의 왕국이 이 세상에 실현될 때야 비로소 신정일치의 사회가 이루어질 수 있다고 보았다. 국가 교회 체제는 신정일치의 체제와 같은 개념인데, 그것이 이루어지려면 그 구성원들이 모두 참된 신자이어야 하는데 그것은 아직 현실적으로 불가능하였다. 아나뱁티스트가 보기에 당시의 교회들, 즉 로마가톨릭과 종교개혁 진영의 교회 모두는 그 영지에 태어나는 모든 이가 유아세례를 통해 회심의 경험 없이 교회의 일원이 되기 때문에 사실상 진정한 교회가 아니었다. 따라서 아나뱁티스트는 자기들이 교회를 떠난 것이 아니라, 단지 참 교회에 참여했을 뿐이라고 여겼다.[89]

구약성경과 신약성경의 불연속성을 인정하는(정확히 표현하자면, 연속성의 측면과 불연속성의 측면을 모두 인정하는) 16세기 아나뱁티스트들의 견해와 그들의 교회론 그리고 그들이 분리해 별도의 교회를 형성한 것에 대한 당위

87　Murray, 『아나뱁티스트 성서해석학』, 21-2.
88　Colwell, "A Radical Church: A Reappraisal of Anabaptist Ecclesiology," 123.
89　Ibid., 133.

성은 19세기 영국에서 출현한 형제단의 입장과 매우 유사하다.[90]

2) 영국에서의 자유교회운동

영국 교회가 로마가톨릭교회와 분리되어 형태상으로 개신교회가 된 것은 16세기 유럽대륙에서 종교개혁이 일어난 지 얼마 되지 않아 헨리 8세의 결혼 문제로 인해 촉발된 갈등이 원인이었다. 로마교회와의 분리 이후 영국 교회는 영국 왕이 수장이 된 국가 교회가 되었다. 이후 영국에서는 종교개혁 전통과 로마가톨릭 전통과의 경쟁 그리고 국가가 주도하는 교회 체제와 그에 반대하는 이들의 저항의 역사가 이어졌다.

17세기에 주목할 만한 운동이 영국에서 일어났는데, 그 운동은 종교 개혁기에 유럽대륙에서 일어났던 아나뱁티스트운동과 흡사한 자유교회 전통을 추구하는 운동이었다. 그것은 침례교회운동과 퀘이커운동이었다. 이 두 운동 역시 19세기에 일어난 형제운동과 밀접한 관련이 있다.

(1) 침례교회운동

16세기 영국국교회에 대한 한계를 느끼고 국교회의 개혁을 시도하였던 이들이 있었다. 이들 중 영국국교회에서 개혁을 진행하기를 포기하고 그 교회를 떠난 사람들이 발생하였다. 그들은 독립된 자기 교회들을 형성하고 성경적 관례들을 세우고자 하였는데, 이들을 국교회로부터 분리된 자들이라 하여 분리주의자들(Separatists)이라 불리었다. 이러한 자들 가운데서 17세기 자유교회운동이 일어나게 되었다.

90　Coad, *A History of the Brethren Movement*, 116-7.

① 분리주의자들의 등장

1550년대에 영국에서 분리주의자들이 나타나기 시작했다. 분리주의자들이 발생하게 된 직접적인 원인은 매리 튜더(Mary Tudor) 통치 아래 진행된 영국국교회의 로마가톨릭화였다. 에드워드 6세 통치 시절 예배의 자유를 누리던 이들은 매리 튜더의 통제를 벗어나기 원했고, 예배, 성경 읽기, 기도의 자유를 위해 분리된 모임을 시작했다. 분리주의자들은 매리를 이어 엘리자베스가 즉위한 후에도 계속해서 발생하였는데, 1581년 4월, 놀위치(Norwich)에서 분리주의 교회를 형성한 분리주의 지도자 로버트 브라운(Robert Browne, 1550-1633)은 분리주의자들의 생각을 대표하는 한 사례라고 할 수 있다.[91]

브라운은 "교회는 언약을 통해 그리스도와 결속된 신자들의 단체"라고 정의하여, 그리스도의 권위를 통해 회중은 그 지도자들을 선출하고 그 사역을 설립해야 한다고 주장하였다. 이 주장은 당시 영국국교회의 감독체제에 반(反)하는 것이었다.[92]

법적 제제를 염려해 하나는 존 스마이스(John Smyth)의 지도 아래 게인스보로(Gainsborough)에, 다른 하나는 존 로빈슨(John Robinson, 1572-1625)을 목회자로 세워 스크루비(Scrooby)에서 모였던 분리주의 교회는 침례교회운동과 직접적인 관련이 있다. 캠브리지대학교를 졸업하고 영국국교회 사제가 된 스마이스는 유아세례를 거부함으로써 그 직위에서 해임당했다.[93] 그

91　McBeth, *The Baptist Heritage*, 27.
92　이러한 주장은 그의 『아니를 위한 지체 없는 개혁을 위한 논문』(*A Treatise for Reformation without Tarrying for Anie*)에서 제기되었다. Bill J. Leonard, *Baptist Ways: A History* (Valley Forge: Judson Press), 2003, 23.
93　스마이스는 캠브리지대학의 그리스도 대학(Christ's College)에서 1593년에 문학 석사 학위를 받았고, 1594년에 국교회의 성직자로 안수받았다. 그는 1600년 9월 27일 링컨

후에 그는 글을 통해 계속해서 국교회를 비판하였다.[94]

1606년에 스마이스는 미들랜즈(Midlands)의 게인스보로에 거주했는데, 교구 교회의 목회자가 없는 경우 스마이스가 설교하곤 하였다. 그러나 교회 당국이 이를 알고 그의 설교를 금지하였다. 그 직후 스마이스는 영국국교회와 완전히 결별하고 게인스보로에 있는 존 로빈슨의 분리주의 교회에 합류하였으며, 결국 그 교회의 목회자가 되었다. 게인스보로교회의 또 다른 목회자는 토마스 헬위스(Thomas Helwys)였다.

로빈슨에 의해 세워진 게인스보로교회는 영국 왕 제임스 1세의 분리주의자 박해 정책으로 당국자들의 눈에 띄지 않기 위해 그들은 스크루비에 '로빈슨-브루스터-브래드포드'(Robinson-Brewster-Bradford)를 지도자로 하는 무리와 게인스보로에 '스마이스-헬위스'(Smyth-Helwys)를 지도자로 하는 무리로 분리해 모였다. 그리고 두 무리는 비슷한 시기에 박해를 피해 네덜란드로 이주하였다.[95]

② 일반 침례교회의 시작

스마이스와 헬위스의 무리가 암스테르담으로 이주한 것은 1607년이었다. 그 무리는 암스텔(Amstel)강 근처에 있는 메노파(Mennonites) 교인 얀 문터(Jan Munter)가 소유했던 '동인도 빵집'(East India Bakehouse)에 고용되어 기

    (Lincoln) 시의 설교자로 선출되었고, 그곳에서 1602년 10월 13일까지 섬겼다. John T. Christian, *A History of the Baptists* (New Orleans: Bogard Press, 1922), 222-3.
94 그는 『밝은 새벽별』(*The Bright Morning Stare*, 1603)과 『참 기도의 본보기』(*A Pattern of True Prayer*, 1605)를 통해 국가 교회에 대한 비판을 계속했다. McBeth, *The Baptist Heritage*, 33.
95 Ibid., 33-4.

거하였다. 이런 과정에서 스마이스의 사상의 변화가 진전되었다.[96]

스마이스는 1609년 '야수의 장'(The Chapter of the Beast) 또는 "교회의 잘못된 법"(The False Constitution of the Church)이라는 제목의 논문에서 두 가지 명제를 제시했다.

첫째, 유아는 침례를 받지 않아야 한다.
둘째, 회심한 이들은 침례를 통해 참된 교회에 들어가야 한다.[97]

스마이스는 교회란 침례로 그들의 믿음을 나타내는 신자들의 공동체라고 규정하였다. 또한, 그는 유아는 회개하고 믿음을 소유할 능력이 없기 때문에 침례 후보자가 되지 못하며, 유아세례는 성경적 가르침이 아니기에, 그것을 시행하는 모든 교회는 타락했다고 선언하였다. 스마이스는 자기에게 스스로 침례를 행했고, 그다음 헬위스와 40명가량의 다른 사람에게 침례를 베풀었다.[98] 이 일은 역사적으로 중요한 의미를 갖는데, 영국의 분리주의자로서 최초로 신자의 침례를 행한 것이었기 때문이다. 따라서 침례교회는 이 시점을 침례교회의 기원으로 삼는다.

스마이스는 '20개 조항으로 된 짧은 신앙 고백서'(Short Confession of Faith in XX Articles by John Smyth, 1609)를 통해 그가 이끄는 무리의 신학적 입장을 제시하였는데, 구원론에 있어서는 알미니안주의 입장을 취했으며, 교

---

[96] Ibid., 34-5.
[97] John Smyth, *The Differences of the Churches of the Separation* (London, 1608), in *The Works of John Smyth*, ed. W. T. Whitely, 2 vols. Cambridge: Cambridge University Press, 1915), 1:20(citing 2:565), Leonard, *Baptist Ways: A History*, 24에서 재인용.
[98] Glenwood Clayton, "Thomas Helwys: a Baptist founding father," *Baptist History and Heritage* vol. 8, no. 1 (Jan 1973): 5.

회에 대해서는 "죄와 믿음을 고백한 후 침례를 받고 그리스도의 능력을 입은 믿는 자들의 모임"이라고 규정하였다(제12항). 또한, 침례에 대해(제14항) "유아들에는 속하지 않는다"라고 명시함으로써 유아세례에 대한 반대를 분명히 하였다.[99]

그러나 스마이스는 참 침례는 그것을 받은 사람에 의해서만 주어질 수 있다는 계승 개념에 사로잡혀 자기 스스로 행한 침례와 그런 자기가 또 다른 사람들에게 베푼 침례의 효용성에 의문을 품었다. 이 때문에 헬위스와 약 12명의 다른 사람은 그들이 행한 침례가 유효하고 그들의 교회가 적절하게 구성되었다고 주장하면서 스마이스와 분리되었다. 그들이 갈라선 이후, 헬위스는 스마이스 무리와 분리한 자기의 행동에 대한 입장을 글로 변증하였다. 헬위스가 작성한 신앙 고백서는 『네덜란드의 암스테르담에 남아있는 영국인들의 신앙 선언서』(A Declaration of Faith of English People Remaining at Amsterdam in Holland, 1611)라는 제목이 붙여졌다.[100]

이 고백서를 통해 헬위스는 스마이스의 오류들을 지적하면서 메노파의 기독론을 거부했고, 사도 전승을 통해 진정한 침례와 진정한 교회가 이어져 왔다는 메노파의 주장에도 이의를 제기했으며, 그리스도인은 세속정부의 공직에 참여할 수 없다는 메노파의 가르침에 반론을 제기했다.[101] 침례에 대해서는 "신앙과 죄의 고백에 근거하여 침례를 베풀고 모든 교인을 받아들여야 한다"고 함으로써 신자의 침례와 신자의 교회 회원권에 대해 분명히 하였으며(제13항), 유아세례를 단호하게 부정하였다(제14항).[102]

---

99 Lumpkin, *Baptist confessions of Faith*, 101.
100 Ibid., 115.
101 Torbet, *A History of the Baptists*, 65-6.
102 Ibid., 120.

이처럼 헬위스 무리는 유아세례를 반대하고 신자의 침례를 인정하는 면에서 메노파와 같은 의견을 취하면서도 여러 가지 면에서 그들과 다른 견해를 밝혔다.

1611년 헬위스는 그의 무리를 이끌고 영국으로 돌아와 런던의 스피탈필드(Spitalfield)에 교회를 세웠는데, 1609년에 네덜란드에서 시작된 침례교회가 영국 땅에 비로소 설립된 것이었다. 그들은 각 교회가 스스로 교직자들을 세우도록 하였다. 맥베스는 헬위스의 교회가 메노파의 영향으로 교회 간의 온건한 연대적 관계를 갖추었다고 평가했다.[103] 헬위스는 영국 국교회와 로마가톨릭교회의 교권제도를 비판했으며, 1612년, 『불법의 신비에 대한 간략한 선언』(*A Short Declaration of the Mystery of Iniquity*)에서 양심의 자유를 항변했는데, 이것이 빌미가 되어 제임스 1세의 명령으로 뉴 게이트 감옥에 수감 되었다.[104]

헬위스의 투옥 이후 스피탈필드 교회는 존 멀톤(John Murton)에 의해 지도되었고, 그는 헬위스의 신학과 교회론을 계승하였다. 헬위스 무리로 말미암아 시작된 침례교회는 일반 침례교회라 불리는데 일반 속죄를 믿었기 때문이었다. 그들은 종교의 자유가 보장된 가운데서의 신자의 침례와 신자의 교회를 이루고자 하는 자유교회운동을 펼쳐나갔다.

③ 특수 침례교회의 시작

특수 침례교회 역시 일반 침례교회와 마찬가지로 개혁적인 분리주의 운동에서 비롯되었지만, 여러 가지 차이점이 있었다. 스마이스와 헬위스의

---

103 McBeth, *The Baptist Heritage*, 37-8.
104 Brackney, *A Genetic History of Baptist Thought: With Special Reference to Baptists in Britain and North America* (Macon, Ga. : Mercer University Press, 2004), 17.

분리주의는 엄정했던 반면, 특수 침례교회 무리는 그보다 온건한 반(半)분리주의(semi- Separatism) 회중에서 비롯되었다. 특수 침례교회의 뿌리가 된 JLJ교회는 스마이스와 달리 영국국교회가 많은 문제점이 있고 불완전하긴 하지만 어느 정도 참 교회라고 여겼다.[105]

특수 침례교회는 이른바 JLJ교회에서 파생되어 발생하였는데, JLJ교회라는 명칭은 그 교회의 첫 세 목회자의 이름의 이니셜을 붙인 것이다. JLJ교회를 처음 설립한 헨리 제이콥(Henry Jacob, 1563-1624)은 1586년 옥스퍼드대학교에서 학사 학위를 취득하였고, 1603년, 영국국교회의 개혁을 요구하는 "천인의 청원"(Millenary Petition)에 서명했던 사람이었다. 그는 온건한 개혁 입장이었음에도 1604년 그의 출판물 때문에 클링크(Clink) 감옥에 수감되는 고초를 겪었다.[106]

출옥 후 제이콥은 네덜란드로 망명해 라이덴(Leyden) 근처의 독립교회에서 목회했고, 비분리주의(non-Separatism) 원칙을 고수했다. 제이콥은 영국국교회를 전적으로 거부하지는 않았지만, 다른 형태의 교회를 세우고, 대안적 형태의 예배를 추구하였다. 그는 감독들 대신에 목사들, 장로들, 집사들의 지도 아래 있는 독립교회를 원했다.[107]

1616년에 제이콥은 영국으로 돌아와서 런던의 서더크(Southwark) 지역에서 교회를 설립하였는데, 존 래스롭(John Lathrop), 헨리 제시(Henry Jessy)가 그 교회의 목회자로 일하게 되었다. 따라서 그 교회는 'JLJ'교회로 불리었다. 제이콥은 수년간 목회한 후 1622년 미국 버지니아로 가서 1624년 생

---

[105] McBeth, *The Baptist Heritage*, 39.
[106] Walter R. Goehring, "Life and death of Henry Jacob," *Hartford Quarterly* 7, no. 1 (Fall 1966): 37-8.
[107] McBeth, *The Baptist Heritage*, 42.

을 마감하였다. 제이콥이 떠난 후 그가 세운 교회에서는 신학적 이유로 분리가 계속되었다. 여러 분리가 발생한 후 1633년에는 사무엘 이튼(Samuel Eaton)을 중심으로 17명의 교인들이 온전한 교회를 지향한다며 분리되었다. 1638년, 투옥된 이튼을 이어 스필스베리(Mr. Spilsbury)가 목회할 때 이튼의 견해를 따르는 윌리엄 키핀(William Kiffin)과 다른 5명이 스필스베리의 교회에 합류했다.[108]

그 교회는 '제한 속죄' 입장을 취했기에 특수 침례교회(Particular Baptist)라 불렸다. 역사가들은 1638년경이나 1633년경에, 런던에 특수 침례교회가 세워졌다고 추정한다. 1644년경에는 런던과 그 인근 지역에 있는 7개의 특수 침례교회가 공동 신앙 고백서를 발표하였다. 이 신앙 고백서를 『런던 신앙 고백서』(The London Confession, 1644)라 한다.[109]

이 신앙 고백서를 통해 그들은 자기들을 일반 침례교인들이나 아나뱁티스트들과 구분하고자 하였다. 이 신앙 고백서에는 칼빈주의 특징이 잘 드러나는데, 침례교인들이 개혁주의 전통을 벗어나 있다는 의심에 대한 항변을 위한 것이기도 하였다.[110]

그러나 그들의 칼빈주의는 온건한 형태였다. 선택의 교리는 유기(reprobation)에 대한 가르침이 없이 복음이 모든 사람에게 선포되어야 한다는 진술과 균형을 이루고 있었다. 교회가 그리스도의 왕국이며, 눈에 보이는 교회는 세상으로부터 하나님의 영과 말씀에 의해 부름을 받고 구별되어 나온, 눈에 보이는 성도들의 모임이라고 정의하였다. 또한, 교회의 구성원은 복음에 대해 가시적으로 믿음을 고백하고, 침례를 받은 사람들이라고 설

---

[108] Christian, *A History of the Baptists*, 270.
[109] Lumpkin, *Baptist Confessions of Faith*, 144.
[110] Brackney, *A Genetic History of Baptist Thought*, 28.

명하였다(제33항). 이처럼 그들의 신학적 정체성은 자유교회 전통 가운데 있었다.

특수 침례교회는 공화정 통치 아래 주도권을 확보한 장로교 집단이 중심이 되어 정리한 '웨스트민스터신앙고백서'(the Westminster Confession)에서 밝히는 신앙과 부합된 무리라는 것을 보여야 한다는 압박을 받았다. 그 결과로 특수 침례교회는 『제2차 런던 신앙 고백서』(The Second London Confession, 1677)를 작성하였다.[111] 이 신앙 고백서는 1689년 신앙의 관용법(the Act of Toleration)이 선포된 후 첫 번째 특수 침례교회 총회를 통해 정식 인준되었다.[112]

이 고백서는 "복음서의 신앙을 고백하고, 하나님께 순종하며, 자기들의 신앙고백을 파괴하지 않는 사람들이 가시적 성도들이며 모두 특정한 교회의 구성원이 되어야 한다"(제26장 제2항)라고 규정함으로써[113] '신자들의 교회' 개념을 명확히 하였다. 또한, 침례 대상자로서 하나님을 향한 회개를 실질적으로 고백하고, 우리 주 예수 그리스도에 대한 믿음과 순종함이 있는 사람들이라고 한정하며(제29장 제2항). 침례의 방법에 대해서는 침수, 즉 사람을 물속에 잠기게 하는 것은 이 의식의 올바른 집례를 위해 필수적인 것이라고 확정하였다(제4항).

따라서 이 고백서는 침례교회가 당시의 개신교 주류 신학과 이질적이지 않다는 것을 밝힐 뿐만 아니라 침례교회의 정체성, 즉 자유교회 전통을 분명하게 드러내 주었다. 19세기에 일어난 형제운동의 '브리스톨-반스테플'

111　Brackney, *A Genetic History of Baptist Thought*, 32. 제1차 런던 신앙 고백서는 사용하지 않게 되었고 1670년대 중반까지 사본이 거의 없었다.
112　Lumpkin, *Baptist confessions of Faith*, 238.
113　Ibid., 285.

계열의 지도자들은 모두 특수 침례교회의 목회자들이었다. 그들은 하나님의 주권과 은혜를 강조하는 구원관을 가지고 있었으며, 침수례(immersion) 방식에 의한 신자의 침례를 행하였다. 이런 점에서 특수 침례교회는 형제단의 신학적 견해와 밀접한 관련이 있다고 할 수 있다.

④ 침수례의 회복

신자의 침례를 행할 뿐만 아니라 침수(侵水)에 의한 침례를 회복한 그룹은 영국의 특수 침례교회였다. 네덜란드의 메노파는 침수례(immersion)를 행하지 않았으나, 암스테르담의 레너드 부셔(Leonard Busher)는 1614년에 런던에서 출판한 『종교의 평화』(Religion's Peace)에서 종교의 자유와 침수례 방식의 침례를 옹호했다. JLJ교회를 설립한 헨리 제이콥은 1610년경에 '잠김'(dipping)이 침례의 성경적 방식이라고 언급했으나, 그 교회에서 그 방식을 회복하지는 못했다. 침수례의 회복은 1640년에서 1641년에 특수 침례교회들 가운데서 일어났다.[114] 그들은 신약성경을 근거로 침례의 방식은 침수례가 옳으며, 그 방식이 침례가 의미하는 장사(葬事)와 부활을 잘 드러내는 것이라고 보았다.[115]

특수 침례교회의 한 그룹은 네덜란드에 자기들의 특사를 파견함으로써 역사적 계승을 통해 침수례를 회복하고자 하였다. 그러나 스필스베리(Spilsbury)가 주도한 다른 그룹은 단순히 성경의 권위를 근거로 침수례를 행하였다.

---

114 McBeth, *The Baptist Heritage*, 45.
115 Ibid., 46.

침수례 방식은 1644년 발표된 특수 침례교회의 '제1차 런던신앙고백서'에 명시되었고, 1677년에 작성되고 1689년에 확증된 '제2차 런던신앙 고백서'에 다시 확인되었다. 일반 침례교회는 1660년의 '표준신앙고백서'(The Standard Confession)에서 침수례를 명시하였다. 그 당시 침수례에 대해 적잖은 반대와 비판이 영국에서 있었으나 침례교 회중은 침수례가 성경적인 침례의 방식이라고 확신해 계속 시행하였다.

침례의 방법에 대해서는 물속에 온몸이 잠기는 것이라고 명시하고, 그 의미는 첫째, 그리스도의 피로 온 영혼을 씻는 것 둘째, 성도가 죽고 장사되고 부활하는 일에 관심 갖게 하는 것 셋째, 육체가 물 아래 잠기고 다시 일어나는 것처럼, 그리스도의 능력으로 그리스도와 통치하기 위해 부활의 날에 성도의 몸이 분명히 일어날 것임을 믿는 믿음에 대한 우리의 확신으로 하는 것이라고 설명하였다(제40항).[116] 이처럼 그들은 침수에 의한 침례의 방식을 공식화하였다.

19세기에도 침수례 방식이 일반적이지 않았지만, 형제단 역시 신자의 침례 원칙에 따라 침수례의 방식으로 침례를 행하였다. 이것은 역사적 정황을 고려할 때 초기 형제운동 중 브리스톨-반스테플의 주역들은 모두 특수 침례교회의 목회자들이었기에 신자의 침례와 침수례 방식의 침례가 형제단 행습으로 자연스럽게 흡수되었다고 볼 수 있다.

⑤ 침례교회운동의 의의

자유교회 전통에서 말하는 진정한 교회란, 그들이 어느 곳에 있든지 담대하게 그들의 신앙을 증거 하는 하나님에 대한 계약 관계로 묶인 신자

---

[116] Lumpkin, *Baptist Confessions of Faith*, 165-7.

들의 공동체라는 점이었다. 그러므로 자유란, 교리나 개인적 생활에 있어 아무렇게 해도 된다는 의미에서의 자유가 아니라, 참여에의 자유를 의미한다.[117]

침례 교인들은 신자의 침례와 권징(Discipline)을 실시함으로써 중생한 자의 회원권의 개념을 유지하는 가운데, 모이는 교회(The Gathered Church) 개념을 주장했다. 이점에 있어 그들은 아나뱁티스트와 같은 입장을 취했다. 또한, 그들은 하나님은 복음을 선포하는 권위를 성직자들에게만 부여한 것이 아니라 신앙 공동체 전체에게 위임했다고 믿었다. 침례 교인들은 목사직이라는 개념에 대해 전통적 견해와는 상당한 차이를 보였는데, 그들은 직책을 존중하는 의미에서가 아니라 직무, 즉 그들의 역할을 존중하는 의미에서 목사직을 인정하였다.

또한, 그들은 모든 신자는 제사장으로서 언제 어디서나 하나님 앞에 자유롭게 나갈 수 있고 동등한 권리와 의무를 가진다고 보았다. 침례교회는 지역 교회를 통치하는 상부 조직이 아닌 협동 기관 혹은 협회를 만들었다. 초기 침례 교인들은 교회 간의 교제를 위해 지방회(Associations)를 구성했다. 침례교회는 지방회와의 관계에서 개교회에 대한 그리스도의 주권을 인정하기 위해 개교회의 독립성 즉 자치권을 인정하였다.[118] 침례교회의 이러한 교리와 실행은 훗날 같은 브리튼제도에서 발생한 형제단에 의해 19세기에 다시 나타나게 되었다.

---

117 Torbet, *A History of the Baptists*, 28.
118 Ibid., 28-9.

(2) 퀘이커(Quakers)운동

퀘이커에 대한 부정적 인식의 주된 이유는 그들의 신비주의적 경향에 있다. 퀘이커는 신비주의적 요소를 가지고 있는 것이 사실이다. 그러나 퀘이커운동의 주요 지향점과 후에 그들 중에 분리되어 나온 개혁적인 무리의 사상은 자유교회 전통과 연결점이 있다.

17세기에 다양한 분파(sect) 운동이 나타났는데, 그중에 주목할 만한 분파로서 그들 스스로 "친우회"(The Society of Friend)라고 부른 분파가 있다. 이들은 주로 퀘이커(Quakers)로 불리었는데, 이것은 그들이 주님 앞에 떠는 자(quaker)들로 알려졌기 때문이었다.[119] 퀘이커는 "기초 기독교"(Basic Christianity), 또는 "부활 된 원시 기독교"(Primitive Christianity Revived)를 회복하고자 했으며 그들이 추구한 것은 다른 말로 "사도적 기독교"(Apostolic Christianity)라고도 할 수 있다.[120]

① 퀘이커의 결성과 발전

영국에서 종교적 개혁을 향한 오랜 투쟁은 두 가지 발전 노선이 있었는데, 먼저는 개혁주의(장로 체제)를 지향하는 잘 정돈된 운동이 있었고, 다른 하나는 좀 더 자유로운 종교 생활을 지향하는 비정형적인, 곧 독립교회주의를 지향하는 운동이 있었다. 공화정 시기[121]에 권력을 잡은 개혁주의 세력은 일반적인 종교적 동요를 줄이기는커녕 심화시켰다. 개혁주의는 또 하나의 교회 권위 형태로 이전의 교회 권위만큼이나 융통성이 없었다. 적

119　Howard Brinton, 『퀘이커 300년』, 함석헌 역 (서울: 한길사, 1986), 105.
120　Paul N. Anderson, "Primitive Christianity revived-the Original Quaker vision," *Quaker Religious Thought* 131 (September 2018): 5.
121　영국 역사에서 공화정 시기(Commonwealth period)는 대개 1640-1660년의 기간이다.

많은 영국인들은 그것을 횡포로 느꼈다.¹²²

퀘이커는 조지 폭스(George Fox, 1624-1691)에 의해 설립되었다. 폭스는 1624년 7월에 잉글랜드 중부 레스터셔(Leicestershire)에서 직조공 크리스토퍼 폭스(Christopher Fox)의 아들로 태어났다. 폭스의 고백에 따르면 그의 부모는 경건한 신앙을 추구한 사람들이었다.¹²³ 그는 열한 살에 순결함과 의(義)를 알았다고 고백한다. 폭스에 따르면, 그의 부모는 "모든 것에 성실하라"고 가르쳤으며, 안으로는 하나님을 섬기고 밖으로는 사람들을 대할 때에 성실하라고 가르쳤고, 무슨 일에나 '예'나 '아니오'라고 대답하도록 가르쳤다.¹²⁴

폭스는 열아홉 살이 되었을 때, 브래드포드(Bradford)라는 그의 사촌과 어떤 신앙 고백자(professor; 그리스도인을 지칭함)를 만나 그들과 함께 맥주를 마시게 되었다. 그 자리에서 폭스는 신앙고백을 한 사람들이 어떻게 술 마시기 내기를 할 수 있는가 하는 생각에 불쾌한 마음으로 그 자리를 떠났다. 폭스는 집에 돌아와서도 잠을 못 이루었다. 그는 고뇌에 빠져 기도하게 되었다. 폭스는 주님이 이렇게 말씀하셨다고 기록했다.

> 젊은 사람들이 한데 어울려 얼마나 허망한 길로 가는지, 늙은이들 또한 얼마나 세속적인 것을 좇는지 보았을 것이다. 너는 모든 것을 포기하고 젊은이든 늙은이든 그러한 사람들의 일에 가담하지 말고 모든 사람 앞에 더욱 굳건한 사람이 되어야 한다.¹²⁵

122　George Fox, 『조지 폭스의 일기』, 문효미 역 (서울 : 크리스챤 다이제스트, 1994) 28.
123　Michael Mullett, "George Fox and the Origins of Quakersim," *History Today* 41, no. 5 (May 1991): 26-7.
124　Fox, 『조지 폭스의 일기』, 60.
125　Ibid., 61-2.

폭스는 영국국교회 목회자들에게 실망하였듯이 비국교도 설교자들에게도 실망을 느꼈다. 그들은 경험이 많은 사람을 높이 평가했지만, 폭스는 자기가 고민하던 문제에 대해 명쾌한 답을 해 주는 사람을 그중에서 만나지 못했다. 그런 가운데 폭스는 어떤 사람에게서가 아니라 오직 예수 그리스도로부터 답을 얻을 수 있다고 확신하게 되었다.

이러한 경험과 고민은 폭스가 자기 내면을 지향하도록 하였다. 1646년에 이르러, 폭스는 "내면의 빛"(inner light)을 추구하면 그것은 분명히 생명과 영적인 진리로 이끌어 주리라는 확고한 신념을 갖게 되었다. 그러한 확신은 책자나 다른 사람들을 통해서가 아니라, 하나님이 직접 그에게 말씀하셨다는 믿음에서 비롯되었다.[126]

이제 폭스는 그 시대의 일반적인 종교 형태들이 내면의 빛을 추구하는 데 방해가 된다고 여겼고, 목회는 하나님이 사용하고자 계획한 모든 이들의 사역이며, 직업적인 목회는 거부돼야 한다고 믿게 되었다. 그는 사람들이 모이는 건물을 "교회"라고 부를 수 없으며, 봉급을 받기 위해 일하는 목사들은 참 목자들이 아니라 "삯꾼"들이라고 주장하였다. 또한, 폭스는 대부분의 교회 예식과 직제는 성령의 자유를 방해하는 인간들의 발명품이라고 평가했다.[127]

그는 교회가 살아있는 돌, 곧 살아있는 사람들로 구성된 영적인 집으로 진리의 기둥과 초석이 되는 곳이며 그리스도께서 머리가 되는 곳이지만 그리스도께서는 섞여 있는 군중의 머리도 아니시며, 석회나 돌이나 나무로 만든 오래된 집의 머리가 되시는 분이 아니라고 말하였다. 곧 폭스를

---

[126] Ibid., 71.
[127] Walker, 『기독교회사』, 624; Justo L. Gonzalez, 『현대교회사』, 엄성옥 역 (서울: 은성출판사, 2012), 123-4.

따르는 무리가 생겼는데, 그들은 제도적 종교(institutional religion)보다 십자가의 길에 참여해야 한다고 믿었다.[128]

초기 퀘이커의 문헌에 의하면, 그들은 구원받은 회중으로서의 교회를 지향했다.[129] 스데반 크리스프(Stephen Crisp)는 퀘이커가 추구한 교회관에 대해 예수 그리스도가 머리 되신, 한 몸으로서의 같은 믿음을 소유한 사람들의 공동체로 설명하였다.[130] 퀘이커 교도는 조직화된 기독교의 제도적 함정들을 지적하고 거부했다. 그들은 명시적으로 공식화된 믿음, 즉 신앙을 형식화하는 것을 피하고자 하였다. 따라서 그들의 예배에는 특정한 형식이나 순서가 없었으며, 침묵 속에서 누구든지 성령의 감동을 느끼면 자유롭게 말하거나 소리 내어 기도할 수 있었다. 그들은 모두 공 예배에서 '회중 침묵'(gathered silence)을 통해 개인적으로 그 마음에 감동하시는 방법으로 성령의 인도하심을 추구하였다.[131]

그들은 침례가 그리스도의 죽음이라는 의미로 들어가 그분과 더불어 생명의 새로워지는 상태로 나타남이라고 보았다. 따라서 그들은 형식으로서의 침례식이나 침례탕이 필요 없다고 여겼다. 주의 만찬에 대해서도 참된 교제가 영혼의 영적인 떡, 즉 살아계시는 그리스도에 직접 참여하는 데 있다고 믿었기에 만찬 예식이 필요치 않다고 여겼다. 또한, 참된 교회의 각

---

128 Lewis Benson, *Catholic Quakerism* (London: Friends Home Service Committee, 1966), 90-6, *William Penn's No Cross, No Crown: Modern English Edition Revised and Edited by Ron Selleck* (Richmond, IN: Friends United Press, 1981), Paul N. Anderson, "Primitive Christianity Revived-the Original Quaker vision," *Quaker Religious Thought* 131 (Sep. 2018): 8에서 재인용.
129 Anderson, "Primitive Christianity revived-the Original Quaker vision," 9.
130 Stephen Crisp, *An Epistle of Tender Love and Brotherly Advice to all the Churches of Christ Thought the World* (Shoreditch: Andrew Sowle, 1690), 13.
131 Keith R. Maddock, "The Religious Society of Friends(Quakers) Doing Doctrine in the World," *Ecumenism* No. 179-180, (Fall/Winter 2010): 27, 29.

지체는 하나님에게 제사장이 될 수 있기 때문에 따로 성직자도 필요 없다고 주장하였다. 그들은 누구나 하나님의 은사를 받게 되면 사역자가 될 수 있으며 교회가 하는 유일한 일은 이 은사를 인정하는 것이라고 보았다. 이 개념 안에서 퀘이커는 누구나 회중에게 주는 메시지를 선포할 자유가 있다고 믿었다. 따라서 퀘이커 모임에서는 성직자와 평신도의 구분이 전혀 없었다. 그들은 신자가 실제로 제사장이 되어야 하고 교회의 일반적 종교 활동이 회중을 통해 자기를 드러내시는 성령의 지도하고 통제하시는 힘의 다스림을 받아야 한다고 믿었다.[132] 이러한 인식하에서 퀘이커는 당시 일반적으로 행해지던 유아세례를 거부하였다.

퀘이커는 '사도적 계승'이란 주교들의 제도적이고 가시적인 계승이 아니라 사도들에게 영감을 주고, 능력을 주셨던 성령의 역사를 통해 이루어진다고 보았다. 또한, 그들은 성령께서는 개인의 삶 속에 그리스도의 빛을 비추어 주시며, 그리스도의 빛을 통해 성경을 읽고 이해할 수 있다고 믿었다. 이것은 그들이 하나님의 영으로 말미암는 비췸(illumination)을 각 개인이 내면에서 경험할 수 있다고 믿었기 때문이다. 그들은 그리스도께서 인간 매개자 없이 직접 당신의 백성들을 가르치신다는 사실을 전제로 그들의 신약성경적 교회를 형성하고자 하였다.[133]

미국으로 이주한 퀘이커를 이끈 지도자였던 윌리엄 펜(William Penn)[134]은 자기 저작인 『퀘이커라 불린 사람들의 그 원리와 실행 안에서 부활 된

---

[132] Fox, 『조지 폭스의 일기』, 41-2.
[133] Anderson, "Primitive Christianity Revived-the Original Quaker Vision," 13-5; Maddock, "The Religious Society of Friends(Quakers) Doing Doctrine in the World," *Ecumenism*, 29.
[134] 해군 제독 윌리엄 펜 경(Admiral Sir William Penn)의 아들 윌리엄 펜(William Penn, 1644-1718)이 1661년 퀘이커 신앙에 관심을 갖기 시작하였고, 1666년 퀘이커 교도

원시 기독교』(*Primitive Christianity Revived in the Principles and Practices of the People Called Quakers*, 1669)를 통해 퀘이커 교도는 사도적 기독교에 대한 근원적 이해로 사도적 기독교의 교회론적 회복을 지향하였다고 밝혔다. 펜에 따르면, 신자는 정치적 강요에 반대함을 통해, 즉 종교의 자유 가운데서 진정한 교회를 이룰 수 있다.[135] 실제로 퀘이커는 원시 기독교를 이루기 위해 필요한 요소 중에 '정부에 의해 강제된 십일조'를 거부할 것을 주장하였다. 이러한 측면을 고려할 때, 퀘이커는 국가 교회로부터의 자유를 지향한 공동체였다.

퀘이커는 4세기 이후 지속되어 온 유아세례를 거부했으며, 국가의 후원을 받고 국가가 지지하는, 위계적이고, 고도로 전례(典禮)적이며, 교리적으로 정의된 교회 체계에 도전한 종교적 근원주의자들로 평가받는다.[136] 17세기 영국의 청교도는 성경적 기독교를 회복하고자 하였기 때문에, 그런 면에서 퀘이커는 원론적으로는 청교도에 동의하는 부분이 있었다. 그러나 퀘이커는 크롬웰과 청교도 지도자들이 세속적 왕국을 위한 권력에 참여하고 기독교 신앙을 위해 그것을 사용하는 것에 대해 반대하였다.[137] 이런 이유로 퀘이커는 당대의 주류 기독교 체계로부터 이탈하길 원했고, 개혁자의 길을 걷고자 하였다.

가 되었다. 펜은 1677년과 1678년에 걸쳐 약 800명의 퀘이커 교도가 뉴저지로 이주하도록 도왔으며, 1681년에 찰스 2세로부터 왕이 그의 부친에게 진 빚의 대금으로 현재의 펜실베니아 지역을 받아 퀘이커 교도의 안식처로 삼았다. Walker, 『기독교회사』, 625-6.

[135] Frederick B. Tolles and E. Gordon Alderfer, *The Witness of William Penn* (New York: Macmillan, 1957), x xvii.
[136] Michael Birkel, "George Fox and Augustine of Hippo," *Quaker Studies*, vol. 22/2 (2017), 198.
[137] Anderson, "Primitive Christianity revived-the Original Quaker vision," 16-7.

② 퀘이커의 의의

이상의 내용을 고려할 때, 퀘이커는 기존 체제와 기성 교회에 대한 반대 및 대안을 찾고자 한 무리였음을 알 수 있다. 또한, 그들은 제도화된 신앙의 체계를 거부하고 하나님과 친밀한 내적 교제를 추구한 사람들이었다. 그들의 이러한 추구는 그들이 신비주의의 형태로 나아가도록 하였으나, 교회사에서 교회의 형식화와 제도화의 폐해로부터 건전한 신앙으로 나아가고자 했던 운동들과 맥을 같이하는 것이기도 하였다.

그들은 아나뱁티스트와 침례교회가 추구한 '신자들의 교회'를 이루고자 하였고 국가 교회 체제 내에서 제도화된 교회 체제를 거부하였다. 그들은 다양한 자유교회운동의 한 부류라는 측면에서 존재의 의의가 있다고 할 수 있다.

후일 퀘이커 중에 지나치게 신비주의로 경도되는 현상에 문제의식을 가지고 개인의 체험보다 성서의 권위를 우선으로 인정하는 이들이 퀘이커를 이탈하였다. 이탈한 사람 중 적잖은 사람들이 형제단에 합류함으로써 형제단의 신학과 행습에 영향을 미쳤다. 실제로 그들이 추구한 은사의 자유로운 활용과 성직자와 평신도의 구분을 없애는 전통은 형제단에서 그대로 재현되었다.

이 부분에 대해서는 제4장에서 구체적으로 확인해 볼 것이다.

제3장

기독교 형제단 태동의 직접적 배경

19세기는 18세기로부터 시작된 변화의 물결이 흘러와서 다양한 형태의 사상적, 문화적 그리고 종교적 결과물을 낳은 시기였다. 형제단은 이러한 배경 가운데서 출현하게 되었기 때문에 그 시대의 배경을 살펴보는 것은 형제단이 어떠한 상황과 영향 가운데서 태동하게 되었는지에 대한 통찰을 제공할 것이다. 먼저, 19세기의 시대적 상황을 살펴보고, 이어서 당시의 종교적 상황을 고찰하고자 한다.

1. 19세기의 시대적 상황

1) 낭만주의의 등장

18세기 후반은 역사의 일대 전환기였다. 대서양 건너 식민지였던 미국은 영국으로부터 독립해 유럽의 국가들과는 또 다른 과정을 거쳐 새로운 국가로 태어났다. 유럽 본토에서는 프랑스 혁명(The French Revolution, 1789)으로 공화정이 탄생했으나, 쿠데타로 정권을 얻은 나폴레옹은 전 유럽을 전쟁의 포화 속으로 몰아넣었고, 스스로 황제가 되었다. 또한, 계몽사상에 대한 실망으로 낭만주의 풍조가 절정에 달했다.[1] 영국에서는 산업혁명으로 도시 인구의 폭증과 슬럼가의 발생 등으로 많은 사회적 변화와 문제가 발생하였다.[2]

대서양 건너 영국의 식민지였던 미국의 독립은 영국에도 적잖은 영향을 미쳤다. 1776년 7월 4일 제3회 대륙회의는 미합중국의 독립을 선언하였고, 1783년에는 파리조약(Treaties of Paris)에 의하여 독립이 승인되었으며, 신흥 독립국 미국은 프랑스령(領)이었던 미시시피강(江) 동쪽의 영토를 공식적으로 획득하였다. 미국의 독립은 대각성운동과 계몽주의의 독특한 혼합을 통해 이루어진 것이었는데, 결과적으로 유럽과는 전혀 다른 새로운 형태의 나라를 출현시켰다. 새롭게 태어난 나라 미국의 헌법에는 종교의 자유 원칙이 명시되었다.[3] 이러한 미국의 독립은 영국과 유럽에서 종교의 자유에 대한 인식이 확산하게 하였다.

영국에 미국의 독립만큼이나 큰 영향을 미친 것은 프랑스 혁명과 나폴레옹 전쟁이었다. 프랑스 혁명은 계몽주의에 그 사상적 바탕을 두었던 세계사적 사건이었다. 18세기의 유럽은 이성(理性)을 인식의 주요 수단으로 삼은 계몽주의의 영향을 받았다. 사람들은 이성적 성찰로 비합리적인 모든 것을 바꾸고자 하였다. 이러한 생각과 당시 프랑스의 고질적인 빈부격차와 기득권 세력의 무사안일주의에 대한 대중의 반발이 맞물리며 혁명으로 파급되었다. 프랑스 혁명은 '교회, 왕정'으로 대표되는 기존 질서를 붕

---

1 Claude Welch, *Protestant thought in the Nineteenth Century Vol. 1, 1799-1870* (New Haven: Yale University Press, 1972), 2-4.
2 John R. H. Moorman, *A History of The Church in England* (London: Adam & Charles Black publishers, 1980), 293-4.
3 Bill R. Austin, *Austin's Topical History of Christianity* (Wheaton: Tyndale House Publishers, INC., 1983), 355.

괴시키는 방향으로 나아가서 프랑스의 정치 체제뿐만 아니라, 유럽 사회를 오랫동안 지배해 왔던 교회의 권위와 기독교적 체제에 치명적 손상을 주었다. 로마가톨릭교회로 대표되는 교회의 권위에 회의적 인식이 프랑스를 넘어 유럽 전역에 파급되었고, 이러한 생각은 가치 판단에 있어 전통적인 기독교적 관점이 아니라 인간 이성을 통한 성찰을 더욱더 의지하는 물결을 일으켰다.[4]

프랑스 혁명이 유럽 사회, 특히 유럽의 군주들을 비롯한 기득권 세력에게 충격을 준 것은 혁명가들이 왕을 단두대에서 처형한 일 때문이었다. 그 혁명의 파급을 두려워한 영국, 오스트리아, 러시아 등의 왕정국가들은 반(反)프랑스 연합을 형성했다. 이런 혼란을 틈타 1799년 프랑스에서는 엠마누엘 시에이스(Emmanuel Sieyes)와 나폴레옹(Napoleon)이 혁명을 일으켜 정권을 획득하였다. 나폴레옹은 프랑스에서 군사 독재를 시행하였고, 1804년 12월 황제로 등극하였다.

초기 나폴레옹은 반(反)프랑스 연합군으로부터 프랑스를 방어하는 전쟁을 하였으나, 점차 타국을 침략하는 방향으로 전환해 약 60차례에 걸친 전쟁으로 유럽을 전화 속으로 몰고 갔다. 그러나 나폴레옹의 군대는 1812년 러시아 원정에서 러시아의 혹독한 겨울 날씨 가운데 참담한 패배를 당했다. 결국, 1814년 1월에 러시아, 프러시아, 오스트리아 그리고 영국의 연합군은 나약해진 나폴레옹의 프랑스를 침공했고, 나폴레옹은 프랑스의 원로원에 의해 황제직에서 내려오게 되었다.[5]

---

4   Ibid., 364-6; Moorman, *A History of The Church in England*, 327.
5   Austin, *Austin's Topical History of Christianity*, 368-70.

프랑스 혁명과 이어진 나폴레옹 전쟁은 당시 유럽인들에게 계몽사상을 확산시키기도 하였고, 또한, 계몽사상에 대한 기대와 신뢰가 무너지게도 하였다. 그것은 계몽사상에 의해 구시대의 권위와 가치를 무너뜨리고 새로운 질서를 세우는 경험을 함으로써 기대하게 한 측면이 있었는가 하면, 이어 일어난 전쟁의 참화는 유럽인들에게 실망을 안겨주는 측면도 있었기 때문이다. 전화(戰火) 속에 유럽인들은 인간이 얼마나 연약하고 이기적인 존재인지 알게 되었다. 결국, 사람들은 이성보다는 자연 그대로 느껴지는 감성 그리고 과거의 아름다움과 고요함을 갈망하게 되었다. 그 결과 낭만주의운동이 발생하였다. 낭만주의는 형식과 구조 체계에 대항하며 자유와 역동성을 추구하는 사상적·문화적 경향이 있다. 이 운동은 개성을 강조하고 독창성을 중시하였다.[6]

또한, 이 시대에는 인쇄술의 발달로, 자국어로 된 출판물의 붐(boom)이 일었으며, 프랑스 혁명의 결과로 시행된 의무교육으로 많은 사람들이 글을 읽고 쓸 수 있게 되었다. 이에 따라 활자 매체가 소통의 수단이 되었다. 당시까지 문학 작품에 대한 독자(소비자)가 특정 계층이었으나, 이제 대중이라는 다수가 독자가 되었다.

이제 유럽인들은 계몽주의적 가치 판단 기준이었던 분석적 추론과 과학적 실험보다 경험과 감정을 더 중시하게 되었다. 수학 공식은 누구나 인정할 수 있으나 슬픔의 정도와 형태는 개인에 따라 다른 것처럼, 사람들은 모든 인간의 보편성과 단일성의 개념에서 벗어나, 인간의 다양성과 개별성을 강조하기 시작하였다. 이러한 낭만주의적 기조(基調) 아래에서 사람들은 하나님에 대한 구체적 지식이나 신학보다는 개인의 영적 체험이나

---

6   Welch, *Protestant thought in the Nineteenth Century. Vol. 1, 1799-1870*, 52-3.

영적 역동성에 관심을 두게 되었다.[7]

독일의 낭만주의와 관념주의(idealism) 철학을 영국에 소개한 사람은 새뮤얼 테일러 콜리지(Samuel Taylor Coleridge)다.[8] 콜리지는 1798년 윌리엄 워즈워스(William Wordsworth)와 공동 시집을 출판하였는데, 이 시집은 고전주의로부터 독립한 낭만주의의 선언문으로 간주 되기도 한다. 낭만주의는 영국에서 기성체제인 영국국교회와 그 체계에 대한 반발이라는 공통점을 가진 옥스퍼드운동과 형제운동 양측에 영향을 주었다.

그러나 그 두 운동은 그 지향점이 너무나도 달랐다. 교회사가 데이비드 베빙턴(David W. Bebbington)은 낭만주의가 19세기의 종교개혁 전통 추종 운동에 영향을 미쳤다고 평가했다. 그는 19세기 초에 초월적 은사와 종말론을 중심으로 한 신앙 운동을 주도했고 형제단의 초기 인물들에게 영향을 주었던 에드워드 어빙(Edward Irving)이 콜리지를 개인적으로 알았고, 그로부터 낭만주의 영향을 받았다고 보았으며, 형제단 내에 큰 영향을 미쳤던 존 넬슨 다비(John Nelson Darby, 1800-1882)도 낭만주의 사조의 영향 가운데서 형제운동을 주도하였다고 평가했다.[9]

형제단이 설립한 엠마오성경대학(Emmaus Bible College)[10] 교수를 역임한 마크 스티븐슨(Mark R. Stevenson)은 낭만주의적 기조가 형제단에 미친 영향

---

7   Austin, *Austin's Topical History of Christianity*, 374.
8   Ibid., 376.
9   David W. Bebbington, 『복음주의 전성기』, 채천석 역 (서울: 기독교문서선교회, 2012), 196-7.
10 엠마오성경대학(Emmaus Bible College)은 기독교 형제단(Christian Brethren)이 기원이 되어 1941년 캐나다에서 엠마오성경학교(Emmaus Bible School)로 시작되었다. 1947년 미국 시카고에 제2 캠퍼스를 확장하여 발전하였으며, 1984년 학교 정식 명칭을 엠마오성경대학(Emmaus Bible College)으로 변경하고, 아이오와(Iowa) 듀브크(Dubuque)로 캠퍼스를 이전하였다. 이후 성경·신학을 포함한 일반 전공 과목의 개설과 확대를 통해 현재 35개 이상의 전문 과정과 프로그램을 제공하고 있다. 『그리스도

은 다음의 네 가지 성향으로 나타났다고 보았다.

첫째, 신앙을 이성보다 더 높이 여기도록 하였다.
둘째, 성경의 권위와 충분성에 대한 확신을 낳았는데, 이와 관련해서 다소 신비적 경향이 있었다.
셋째, 하나님 백성을 불러내시는 성령의 초자연적 역사에 초점을 맞추도록 하였다.
넷째, 교회의 파멸 개념을 토대로 한 비관적 염세주의로 나타났다.[11]

실제로 형제단은 제도적 교회, 형식화된 교회 예전, 사람이 세운 질서와 계획을 벗어나 자연스럽고 자유로운 교회 그리고 성령의 즉흥적 감동과 인도하심을 추구하였는데, 이러한 경향성은 다분히 낭만주의적 경향과 그 맥을 같이 하는 것이다. 이로 미루어 볼 때, 형제운동은 낭만주의 사조에서 많은 양분을 얻었음이 분명하다.

2) 산업혁명

형제운동이 발생한 19세기 초 영국은 18세기부터 이어진 산업혁명(The Industrial Revolution)과 그로 인한 사회적 격변이 일고 있었다. 산업혁명이라는 용어는 1760년부터 1840년까지 영국의 경제 발전을 설명하기 위해 영

중심의 교육, 신실한 성경적 가르침, 가치있는 전문 학위」, 2022년 엠마오 성경대학 소개용 팜프렛, 5.

[11] Mark R. Stevenson, *The Doctrine of Grace in An Unexpected Place: Calvinistic Soteriology in Nineteenth-Century Brethren Thought* (Eugene: Wipf and Stock Publishers, 2017), 2-3.

국 경제사학자 아놀드 토인비 (Arnold Toynbee, 1852-1883)에 의해 처음으로 대중화되었다. 이 변혁은 많은 사람을 농촌에서 도시로 이끌어서 그들에게 새로운 일과 삶의 방식을 수용하도록 하였다.[12]

산업혁명으로 생산 주체와 소비 주체가 겹치게 되었다. 이전까지 생산은 노예나 농노들의 몫이었고, 소비는 귀족이나 상류층 사람들의 몫이었다. 그러나 산업혁명으로 대량생산이 가능해짐으로 말미암아 생산과 소비의 주체가 겹쳐지게 되었다. 하류층 사람들도 소비에 참여할 수 있게 되었기 때문이다. 이에 따라 물질에 대한 욕구와 추구가 심화하였고, 소비의 시대가 열렸다.

다른 한편으로 도시 인구가 폭발적으로 증가하게 되었다. 이로써 익명의 개인들 역할이 발생하였는데, 이것이 곧 대중의 발생이다. 새롭게 형성된 사회 구조는 생존경쟁과 무자비한 이기주의 그리고 효율성을 앞세운 비인격적이고 기계적인 경제 체제 속에 인간을 부품화하는 현상을 부추겼다. 이처럼 산업혁명은 물질과 경제 구조의 혁명을 초래하였다.

이러한 과정에서 자본주의가 본격적으로 발전하기 시작했고, 자본주의의 발전은 부의 양극화를 심화시켰다.[13] 수공업 사회에서는 각자가 가진 기술과 노동력으로 상품을 생산하였지만, 이제는 자본을 가진 사람들이 그 자본으로 공장을 짓고 대량 생산하여 막대한 부를 창출하였다. 반면에 자기 기술로 생계를 이뤘던 사람들이 공장의 생산 라인에서 한 부분의 단순한 일을 반복하는 단순 노동자로 전락하였고, 언제든지 다른 사람으로 쉽게 대체할 수 있었다. 따라서 그들은 저임금의 열악한 근무환경을 견뎌

12　Austin, *Austin's Topical History of Christianity*, 385-6.
13　David L. Edwards, *Christianity: The First Two Thousand Years* (New York: Orbis Books, 1997), 408.

내야 했다. 가장 심각한 것은 아동 노동이 너무나 광범위하고 일반적으로 행해진 것이었다. 어린 아이들은 성인에 비해서 훨씬 낮은 임금을 받아가며 하루 십여시간의 노동을 견뎌내야 했다. 도시로 몰려든 사람들이 거주하는 주거 형태도 말할 수 없이 열악했고, 산업화된 도시마다 빈민들의 거주지인 슬럼가가 형성되었다.[14]

비참한 노동자들의 삶을 목격한 지식인 중에는 사회 개혁적 대안을 내놓은 이들이 있었다. 칼 마르크스(Karl Heinrich Marx, 1818-1883)와 그의 동료 프리드리히 엥겔스(Friedrich Engels, 맨체스터의 사업가)가 그런 인물들이었다. 마르크스는 1848년 런던에서 『공산주의 선언』(Communist Manifesto)을 출판하였는데, 기독교 복음에 매우 적대적인 유물론적 사상을 출현시켰다. 마르크스는 헤겔 철학에 매료되었지만, 헤겔의 절대 존재를 유물론으로 대체했다. 그는 실재(reality)는 움직이는 물질일 뿐이라고 주장했다. 마르크스에 따르면 자본주의는 프롤레타리아를 발생시키고, 그들을 압제하고 파괴하지만, 노동자 프롤레타리아가 일시적으로 독재하게 될 것이며, 이후 계급 없는 사회가 건설될 것이다. 마르크스와 그의 추종자들은 사람은 빵만으로 살 수 있다고 주장했다.[15]

공산주의 사상은 영적 세계와 천국 복음으로부터 사람들의 시선을 현실과 물질로 돌리게 하였다. 공산주의는 영국에서 그 힘을 제대로 발휘하지 못했지만, 당시 영국인들의 삶의 상황과 심적 상태를 짐작할 수 있게 한다. 영국인들은 사회적 격변과 가치의 혼돈 가운데 처해 있었다.

---

14 Austin, *Austin's Topical History of Christianity*, 387.
15 Earle E. Cairns, *Christianity Through the Centuries* (Grand Rapids: Zondervan Publishing House, 1996), 424.

이처럼 형제운동이 일어난 19세기 초의 영국인들은 새로운 패러다임으로의 전환, 즉 사회적·문화적·경제적 변혁을 직면하고 있었다. 이러한 격변의 상황에서 기존 권위로부터의 이탈과 사회·경제적으로 소외된 이들의 발생은 개인적이고 새로운 영성에 대한 갈증을 유발했고, 이러한 상황이 새로운 신앙 운동이 일어날 수 있는 배경을 이루었다고 볼 수 있다.

실제로 형제운동의 주역들은 소외된 고아들을 돌보고 후원하는 일에 직접 참여하였고, 성경의 미성취 예언의 사실성을 강조하였으며, 교회 전통이나 교리적 논의보다 개인적인 신앙 체험과 실제적인 신앙의 삶을 강조하는 경향을 띠었다. 또한, 그들은 현실의 암울한 측면을 넘어설 수 있는 천국의 소망을 강조하였다.

2. 형제운동 직전의 종교적 상황

형제운동의 영적(종교적) 배경을 고찰하기 위해서는 영국의 분리주의 전통과 함께 형제운동 발생 직전의 영국국교회 내의 계파들에 대해 살펴볼 필요가 있다. 형제운동의 주역들은 분리주의 전통(비국교도)의 그룹들과 영국국교회에 속했던 이들이었기 때문이다.

1) 18세기의 종교적 유산

19세기의 종교적 상황은 18세기에 독일에서 일어난 경건주의운동, 영국국교회 내의 부흥운동으로 시작된 감리교운동 그리고 모라비안과 침례교회의 윌리엄 캐리(William Carry) 등에 의해 확산 된 현대 선교 운동 등의 흐름의 연장선에 있었다. 따라서 이러한 주요 운동에 대해 살펴볼 필요가 있다.

(1) 독일 경건주의가 영국에 끼친 영향

18세기에 독일에서 시작된 경건주의운동(Pietism Movement)은 섬나라 영국에도 큰 영향을 미쳤다. 경건주의는 마틴 루터에 의해 시작된 종교개혁을 교리로서만이 아니라 실제 삶에서 실현되도록 하려는 운동이었다. 루터가 죽은 지 한두 세대 후에, 지도적인 루터교 신학자들은 종종 자연신학, 아리스토텔레스 논리학, 교리적 공식과 관련해 극단적 세부 사항들에 관한 교리적 논쟁을 포함하여 교리를 합리적으로 체계화하는 데 몰두하게 되었다. 이를 소위 개신교 스콜라주의(Protestant Scholasticism)라 한다.

루터교 정통파는 '진정한 기독교가 무엇인가'에 대한 질문에 있어 정통 교리 체계를 확립하는 데 몰두하고 있었다. 그들은 진정한 기독교를 루터교 전통 내에서 적절한 세례, 예배 및 교리와 동일시하였다. 그러나 루터교 내에서 교리적 논쟁을 거부하고, 하나님의 영에 의한 내적 변화의 진정한 체험의 관점에서 진정한 기독교를 추구하는 이들이 있었다. 그들은 올바른 믿음은 필연적으로 올바른 경험과 올바른 생활로 연결되어야 한다고 여겼다. 이들을 경건주의자들이라고 일컫는데, 경건주의의 근본은 진정한 기독교와 거짓 기독교, 또는 살아있는 기독교 신앙과 죽은 기독교 신앙 사이의 강한 구별과 가시적 차이를 인정하는 것에 있었다.[16]

---

[16] Roger E. Olson, *The Story of Christian Theology : Twenty Centuries of Tradition & Reform* (Downers Grove : InterVarsity Press, 1999), 473-7.

경건주의운동은 영국에서 웨슬리를 중심으로 한 부흥운동과 미국의 대각성운동(1740년 이후)에 영향을 미쳤다. 경건주의는 사상 체계라기보다는 신학적 분위기와 자세 그리고 진정한 종교의 마음가짐, 내적 확신과 평화, 감정의 강도, 경험을 중시하는 영성 운동으로 볼 수 있다. 경건주의운동의 추진력은 기독교 진리의 내면화였다. 필립 야곱 스페너(Philip Jakob Spener, 1635-1705)는 기독교가 전적으로 "속사람 또는 새사람"으로 구성되어 있음을 아는 것이 중요하다고 말했다. 내면에 초점을 맞추는 경향은 자연스럽게 개인에 대한 강조로 이어지게 되었다. 개인의 자아와 경험에 집중하였고, 개인에게 죄의 각성을 촉구하게 되었다.[17]

이런 초점과 함께 경건주의는 외적 권위와 제도적 장치에 대한 거부감을 가졌으며, 평신도 지향성을 나타냈고, 그리스도의 임재와 신자의 성품 변화에 중점을 두었다. 이러한 경향은 평신도 사역을 지향하고 제도를 거부하며, 그리스도인의 인격과 삶을 중시하는 형제운동의 특징과 유사하다.

일부 경건주의자들은 교회를 "살아있고 거룩하게 믿는 신자만을 포함"하는 것으로 정의했기 때문에, 영적인 생명력 없이 단지 형식적인 관계를 유지하는 사람들을 구성원으로 볼 수 없었다. 따라서 그들은 기성 교회 교제권에서 찾을 수 없다고 여긴 '예수 그리스도의 생명 안에서의 진정한 교제'를 개혁을 지향하는 '분파'에서 찾고자 하였다.

이러한 경건주의가 영국으로 유입된 결과로 "진정한 원시 교회"를 이상과 규범으로 삼는 지향성이 18세기 초 영국의 여러 기독교 계파에서 나타났다. "그리스도인의 피가 씨"라는 테르툴리아누스(Quintus Septimius Florens Tertullianus)의 말을 근거로 일단의 사람들은 박해가 고대 교회에서 순결한

---

17 Welch, *Protestant Thought in the Nineteenth Century. Vol. 1, 1799-1870*, 23, 26-8.

신앙을 나타내게 했고, 교회의 외형적 번영과 정치적 수용은 오히려 교회에 부정적 결과를 초래했다고 주장했다. 그들은 교회가 박해를 받았을 때 오히려 "하나님 앞에서 더 좋고 더 영광스러운 상태에 있었다"라고 보았다. 또한, 그들은 각 시대에 일어났던 교회의 타락이 이 마지막 시대에 다시 일어날 것이라고 경고했다. 이러한 관점은 흥미롭게도 비개방 형제단의 지도자인 다비의 "교회의 파멸" 개념과 매우 흡사하다. 이에 대해서는 이 책의 제5장에서 구체적으로 다룰 것이다.

스페너는 "더 이상 순결한 교회는 지상에 없으며 하나님의 자녀들이 여전히 바벨론에 포로로 잡혀 있다"라고 보았다. 그는 "오늘도 우리에게 바벨론이 있다"고 인정하고 "왜 우리에게는 폐허가 되어도 바벨론과 구별되는 예루살렘이 있어서는 안 되는가?"라고 물었다. 다른 경건주의자 아우구스투스 헤르만 프랑케(August Hermann Francke)는 "한 무리, 한 목자에 대한 성경의 약속이 양과 염소를 한 우리로 모으는 구실이 된다면 하나님의 교회를 바벨론으로 만드는 것"이 될 것이라고 경고했다.[18]

경건주의운동의 열정과 활력은 18세기 말에 다소 쇠퇴했지만, 몇몇 영향력 있는 사상가에게 강한 영향을 미쳤고, 19세기 초에는 부흥운동에 영향을 미쳤다. 영국에서 발생한 형제운동의 주역들이 이전 시대 독일의 경건주의자들이 추구한 바와 매우 흡사한 형태의 교회론과 신자의 삶을 지향하였다는 것은 흥미롭다. 형제단 역시 기독교 진리의 내면화를 추구하였고, 외적 권위와 제도적 장치에 대한 거부감을 가졌으며, 평신도들의 '사역의 자유'[19]를 강조하였고, 그리스도의 임재와 신자의 성품 변화에 중점

---

18 Jaroslav Pelikan, *Christian Doctrine and Modern Culture since 1700*, (Chicago: The University of Chicago Press, 1989), 14-6.
19 이 용어는 형제단 내부에서 자주 사용되는데, 그들은 모든 신자는 하나님으로부터 개

을 두었다. 구체적인 연결 고리를 확인할 수는 없지만, 영국에 소개된 경건주의 신앙은 19세기 형제운동의 주역들에게도 그 영향을 미쳤다고 할 수 있다.

(2) 감리교운동

감리교운동(Methodist Movement)은 18세기에 시작되어 정점에 올랐지만, 형제운동이 시작된 19세기 초에도 여전히 영국에서 그 영향력을 미치고 있었다. 감리교운동은 후에 존 웨슬리(John Wesley)에 의해 주도되었지만, 그 시작은 칼빈주의자 조지 횟필드(George Whitefield)와 알미니안주의자 웨슬리가 함께한 홀리클럽이 그 모체가 된 영국국교회 내의 부흥운동이었다.[20]

웨슬리는 아메리카로 항해하는 과정에서 모라비안 교도의 신앙에 깊은 감명을 받았고 1738년 헤른후트(Herrnhut)와 마리엔보른(Marienborn)의 모라비안 공동체를 방문했다.[21] 1738년 5월 런던의 엘더스게이트가(Aldersgate Street)에 있는 모라비안 모임에서 웨슬리는 한 사람이 루터의 로마서 서문을 읽고 그리스도를 믿는 믿음으로 마음에 하나님이 역사하시는 변화를 설명하는 것을 듣고 회심을 경험했다. 웨슬리는 "나는 이상하게 마음이 따

별적으로 부름받고, 하나님을 섬길 수 있는 영적 은사를 받았기 때문에 지역 교회의 활동에서 그 은사를 활용할 수 있는 자유가 주어져야 한다고 믿는다. 따라서 형제단은 교회 사역에 제도적 장치에 의한 제한을 두지 않고자 한다. 그러므로 '사역의 자유'라 함은 누구나 제한이나 차별 없이 자기가 하나님으로부터 받은 영적 재능을 발휘하도록 한다는 개념이다.

20 David Lyle Jeffrey, ed., 『웨슬레 시대 영국의 영성운동』, 김해연 역 (서울: 성지출판사, 1999), 366.
21 Welch, *Protestant thought in the Nineteenth Century. Vol. 1, 1799-1870*, 24.

뜻해지는 것을 느꼈다."라고 고백했다.[22]

웨슬리는 경건주의자 스페너와 프랑케의 영향을 받았지만, 그 정신을 실행하는 것에 있어서는 경건주의자들과 다른 길을 걸었다. 독일의 경건주의는 그 자체의 교파와 조직체를 형성하지는 않았다. 이와는 대조적으로, 웨슬리는 개인이 스스로에게만 책임을 져야 한다고 믿는 것과는 다른 방식을 채택했다. 즉 그는 '신도회'(society), '연회'(congregation) 그리고 '협회'(connexion) 등을 구성함으로써 그 운동을 조직화했다. 그는 여전히 영국국교회의 교인으로서 영국국교회의 고(高)교회적 교리와 행습을 유지하고자 하였다.[23]

웨슬리의 '신도회'는 '형태를 갖추고 경건의 능력을 구하고, 함께 기도하고, 권고를 받고, 사랑으로 서로를 지켜보며, 서로 도와 구원을 실천하는 사람들'로 정의되었다.[24] 웨슬리는 결코 별도의 교단을 창설하고자 하는 마음이 없었지만, 그는 모든 예배당과 신도회(society)에 대한 자기 영향력을 계승할 백 명의 설교자들의 체제를 만들었다(1784년).[25]

웨슬리를 따르는 무리에서는 일반적으로 독일 경건주의에서 최소화되거나 포기된 교리의 회복, 예를 들어 타락, 속죄, 은혜에 관한 교리가 강조되었다. 그리고 웨슬리가 그것을 독특한 사명으로 생각한 성령의 내적 증거와 성경적 거룩함에 관한 교리, 회복에 대한 강조가 그 교리들과 조화를 이루도록 하였다. 웨슬리는 성경의 형식적인 권위보다는 그 내용에 더 관심이 많았다. 그는 교리적 전통을 회복하기 위해서는 그 전통의 진리를 내

---

22   L. D. McIntosh, "John Wesley," *Mid-Stream* 8 no. 3 (Spring 1969): 59.
23   Edwards, *Christianity: The First two thousand years*, 398.
24   Moorman, *A History of The Church in England*, 299.
25   Edwards, *Christianity: The First two thousand years*, 398.

적으로 체험해야 하며, 모든 것이 살아있는 경험으로 변환되어야 한다고 주장했다. 그는 신학이 경험에 기초하기보다 성경에 기초하며, 경험에 따라, 즉 성령의 내적이고 직접적인 증거에 의해 확증되는 것이라고 믿었다. 따라서 웨슬리 무리에게는 진리의 내면화가 결정적 요소였다.[26]

감리교운동 자체는 영국국교회에 깊은 뿌리를 두고 있었으나 영국국교회와 차별화되었다. 현대 개혁주의 신학자 알렌 셀(Alan P. F. Sell)이 청교도의 영향으로부터 벗어나 "머리의 알미니안주의"(Arminianism of the head)[27]가 되었다고 언급할 만큼 영국국교회는 냉정한 합리주의로 흘러갔다.

웨슬리는 그 영국국교회 내에서 종교 개혁적 교리를 강조하고, 경건주의적 영성을 부흥시켰지만, 개혁주의 신학을 따르지는 않았다. 셀(Sell)은 그러한 웨슬리의 신학을 "가슴의 알미니안주의"(Arminianism of the heart)라고 언급했는데, 경건주의를 포함하고 부흥의 불로 타오르는 알미니안주의를 의미한 것이었다.[28] 실로 웨슬리가 주도한 운동은 신학적 경향이나 내용보다도 영적 활력과 내면의 영성을 강조한 것이었다. 웨슬리는 국교회의 형식적인 분위기에 실망한 사람들에게 회심과 거룩함을 설교함으로써 영적 활기를 불어넣었다.

웨슬리와 옥스퍼드의 홀리클럽에서 함께 활동했던 횟필드는 자유의지와 저항할 수 있는 은총의 가르침을 추종하는 웨슬리의 본(本) 무리와 견해를 달리하는 칼빈주의 감리교도의 작은 무리를 이끌었다. 횟필드는 그의 미국 식민지 전도 여행 중에 조나단 에드워즈(Jonathan Edwards)와 친

---

26 Welch, *Protestant thought in the Nineteenth Century. Vol. 1, 1799-1870*, 25.
27 Alan P. F. Sell, *The Great Debate: Calvinism, Arminianism and Salvation* (Grand Raids, Mich.: Baker, 1983), 6, Olson, *The Story of Christian Theology*, 510에서 재인용.
28 Olson, *The Story of Christian Theology*, 510.

구가 되었고, 칼빈주의적 감리교운동과 칼빈주의적 부흥운동의 주역이 되었다.

휫필드는 토마스 아 캠피스(Thomas a Kempis)의 글과 윌리엄 로우(William Law, 1686-1761)의 『경건하고 거룩한 삶을 위한 엄숙한 부르심』(*A Serious Call to a Devout and Holy Life*, 1729)을 읽으면서 그의 영적 자각이 이루어졌다.[29] 그는 또한, 메튜 헨리(Matthew Henry)의 주석들을 참고하였고, 청교도인 리차드 백스터(Richard Baxter)의 『회개치 않은 자를 부르심』(*Call to the Unconverted*) 등의 영향을 받았다. 휫필드는 1735년에 '홀리클럽'(Holy Club)에 가입하여 웨슬리 형제(존과 찰스)와 교제하였다.[30]

휫필드는 페터 레인(Fetter Lane) 공동체의 모라비안 회합에 참석하였으며 아이작 왓츠(Issac Watts)와 친밀한 관계를 유지하였다. 하우엘 해리스(Howell Harris)를 비롯한 웨일즈의 부흥 설교자들의 본보기를 따라 휫필드는 1739년 2월 17일에 브리스톨 근처의 킹스우드(Kingswood)에서 자기 첫 야외 설교를 하였고, 대중 복음화에 열정을 쏟았다.[31]

1739년 8월 이후 휫필드와 웨슬리 사이에는 균열이 발생하였다. 웨슬리는 휫필드와 신학적으로 반대입장을 공개적으로 설파하였고, 휫필드가 미국에 체류하는 동안 감리교운동의 대다수 회중은 웨슬리의 영향권 아래로 넘어갔다. 이제 감리교운동은 웨슬리가 주도하는 운동이 되었고, 웨슬리는 부흥의 물결을 일으켰던 측면에서는 종교개혁 전통과 부흥운동 측면이 강했으나, 그의 회중을 감독하고 이끄는 데는 조직적 체계를 선호하

29　Jeffrey, ed., 『웨슬레 시대 영국의 영성운동』, 367.
30　Ibid., 368.
31　Arnold A. Dallimore, *George Whitefield*, 1권, 340, 381, Jeffrey, ed., 『웨슬레 시대 영국의 영성운동』, 370에서 재인용.

였으며, 유아세례를 옹호하였다. 다만 그가 유아세례를 중생의 성사라기보다는 선행(그리고 저항할 수 있는) 은총의 수단으로 더 많이 해석하는 경향이 있었으며, 그의 저작과 설교 중 일부에서 그는 유아세례를 헌아 의식 (a dedicatory ceremony)으로 축소하였다. 그리고 구원론에 대한 웨슬리의 주요 강조점은 예수 그리스도에 대한 의식적인 믿음을 통해 하나님의 영으로 거듭남을 포함하는 회심에 있었다.[32]

그러나 웨슬리의 부흥운동은 그가 영국국교회 체제의 많은 면을 수용하고 유지함으로써 그 한계가 처음부터 설정되어 있었다고 할 수 있다. 아마도 그가 세상을 떠날 때까지 영국국교회의 일원이었던 것과 그 교회 목사로서의 정체성이 그가 감독 정치와 유아세례라는 영국국교회 체계를 유지하도록 했을 것이다. 이러한 요소들 때문에 엄밀히 말하면 그가 이루어 낸 회중은 '신자들의 교회'를 실제화하는 일과는 거리가 있을 수밖에 없었다.

1791년 웨슬리의 사후, 토론과 협상이 시작되어 1836년 영국국교회에서 감리교도가 완전히 분리되었다. 새로 출현한 감리교회는 빠르게 성장해서 그들의 지역 교회들, 학교들, 대학들 그리고 보육원들이 영국 전역에 생겨났다. 이후 감리교회는 분립과 통합이 이어졌는데, 1811년 원시감리교회(the Primitive Methodist Church)가 형성되었고, 1857년에는 웨슬리개혁파(the Wesleyan Reformers)와 웨슬리감리교협회(the Wesleyan Methodist association)가 연합감리교자유교회(the United Methodist Free Churches)로 통합되었다. 1907년에 성경그리스도인파(the Bible Christians), 감리교신연합(the Methodist New Connection) 그리고 연합감리교자유교회들(the United Methodist Free Churches)이 연합감리교회(the

---

32 Olson, *The Story of Christian Theology*, 513-4.

United Methodist Church)로부터 분립되었다.[33]

19세기로 이어진 종교개혁 전통의 부흥운동은 휫필드와 에드워즈의 칼빈주의적 부류와 웨슬리파 감리교도의 유산이었다고 할 수 있다. 그 유산의 첫째 요소는 전통 기독교 교리들을 지키고자 하는 입장이었다. 그들은 모두 합리주의에 저항했으며, 세속 문화에 대해 부정적이었다. 그 유산의 두 번째 요소는 경험을 강조한 것이었다. 그들은 교리에 대한 단순한 명목상의 동의가 자동으로 진정한 그리스도인이 되게 하지 않으며, 중생의 경험이 사람을 진정한 그리스도인으로 만드는 것이며 그것이 복음의 핵심이라고 보았다.[34]

이러한 요소들은 초기 형제운동의 지향점과 상당히 일치하는데, 그들 역시 합리주의에 저항하고, 세속 문화를 거부하는 가운데 전통 교리를 지키고자 했고, 하나님과의 일대일의 관계에서 회심함으로 참 신자가 된 사람들의 공동체를 이루는 데 있었기 때문이다. 따라서 형제운동을 일으킨 사람들이 생각하고 의도했던 것들은 그 이전 역사 가운데 이미 존재했던 개혁자들의 사상과 유사한 것이었고, 지향점이 같은 또 하나의 도전이었음을 확인할 수 있다.

(3) 개신교 선교의 시작

개신교 선교는 신학적 이유와 주류 종교개혁 진영의 관심과 체제적 한계 때문에 이루어지지 않다가 18세기 초가 되어서야 광범위한 선교 활동이 시작되었다. 먼저, 개신교 선교가 지체된 신학적 이유는 지상명령이 초

---

[33] Austin, *Austin's Topical History of Christianity*, 440.
[34] Olson, *The Story of Christian Theology*, 516.

기 사도들에게만 주어졌다고 이해하였기 때문이었다. 그들은 사도들이 초대 교회 시기에 복음을 세상 끝까지 전함으로써 그리스도의 지상명령을 완수했다고 가르쳤다.[35]

그리고 주류 종교개혁 진영은 국가 교회 체제를 형성하고 있었기 때문에 특정한 정치체제가 관장하는 영역 내에서 그 지역민 모두가 그들의 교인이 될 수 있었다. 따라서 선교 자체가 그들에게는 다분히 추상적인 것이 될 수밖에 없었다. 만약 그들의 지역에서 벗어나 다른 정치적 영역으로 교회의 지경을 넓히고자 하였다면, 그것은 정치권력의 이해관계에 따라 이뤄질 수밖에 없었다.[36]

그러나 비주류 종교개혁자들이었던 아나뱁티스트들은 국가 교회 체제를 거부하는 가운데 신자들의 교회를 추구하였기에 자연스럽게 선교를 지향하였다. 그들은 당시 기독교 사회의 구성원들이 진정한 의미에서 신자라고 보지 않았고, 회심이 필요한 선교 대상이라고 여겼다. 그들은 유아세례라는 의식으로 교인이 되는 것이 아니라, 구체적인 말씀의 전파와 가르침이 선행되어야 하고 그 복음을 듣고 믿는 자들에게 침례를 베풀며 그들을 교회의 일원으로 받아들여야 한다고 믿었다.[37]

따라서 아나뱁티스트들의 초기 활동은 이러한 선교적 관점에서 활발하게 이루어졌다. 그러나 그들은 종교개혁의 주류가 되지 못했고, 결국 개신교 선교는 그들의 시대에 파급되지 못하였다.

---

35 J. Herbert Kane, 『세계 선교역사』, 신서균, 이영주 역 (서울: 기독교문서선교회, 1993), 97.
36 남병두, "기독교 선교와 16세기 아나뱁티스트운동의 역사적 의의," 『선교신학』 제62집 (2021): 138.
37 Ibid., 142-3.

개신교 선교 활동은 1648년 베스트팔리아평화조약으로 30년 전쟁이 종결된 후 독일의 루터교회 일각에서 시작된 경건주의운동의 직접적인 결과였다. 경건주의자들은 할레(Halle)에 그들의 대학교를 설립하였고, 할레가 경건주의운동의 중심지가 되었다. 경건주의자들은 1705년에 할레대학교에서 최초의 개신교 선교 단체인 할레-대니쉬(Halle-Danish)선교회를 만들었다.[38]

경건주의자였던 니콜라스 루드비히 진젠돌프(Nicholaus Ludwig Zinzendorf, 1700-1760)는 1722년에 헤른후트(Herrnhut) 공동체를 설립해 종교의 자유를 얻지 못한 이들의 피난처를 제공하였다.[39] 1737년 그곳에서 모라비아 형제단(The Moravian Brethren)이 설립되었다. 모라비아 형제단은 서인도 제도 버진(Virgin) 열도에 첫 선교사를 파송(1732년)한 것을 시작으로 1740년까지 68명의 선교사를 파송했고, 진젠돌프가 사망한 1760년까지는 226명의 선교사를 파송하였다.[40] 그들은 1:60의 비율, 즉 60명의 교인 중 한 사람을 선교사로 파송하였는데, 개신교 전체 비율이 1:5,000인 것을 감안하면, 실로 모라비아 형제단이 선교적인 공동체임을 알 수 있다.[41]

영국에서의 개신교 선교 활동으로 주목할 것은 퀘이커 선교사들이 유럽, 아시아, 아프리카 그리고 아메리카에서 선교한 것이다. 또한, 광범위한 식민지를 보유한 영국의 국력을 배경으로 선교 단체들이 조직되어 그 식민

---

38   Kane, 『세계 선교역사』, 98-9; Austin, *Austin's Topical History of Christianity*, 397.
39   Anna Marie Johnson, "Ecumenist and Controversialist. The Dual Legacy of Nikolaus Ludwing von Zinzendorf," *Journal of Religious History* vol. 38, no. 2 (June 2014): 245; Kamang U. Dannat, "A Spark which Ignites the Flames of Missions : The Moravian Story," *BTSK Insight*, 5 no. 1 (May 2009): 33.
40   Dannat, "A Spark which Ignites the Flames of Missions : The Moravian Story," 35.
41   Ruth A. Tucker, 『선교사 열전』, 박해근 역 (고양: 크리스챤다이제스트, 1990), 83.

지들에 선교 활동을 추진하였다.⁴²

데이빗 브레이너드(David Brainerd, 1718-1747)의 선교에 대한 헌신의 이야기는 개신교 진영에 선교 열기를 확산시키는 데 기여했다. 브레이너드는 예일대학교에 재학 중인 1741년 2월에 대각성운동의 영향을 받았다. 그는 예일대 영성운동에 참여했고, 그것이 문제가 되어 대학을 그만두었다.⁴³ 1742년, 그는 스코틀랜드기독교지식보급협회(The Society in Scotland for the Propagation of Christian Knowledge) 소속 선교사로 임명을 받았다.⁴⁴

그는 1743년 후사토닉(Housatonic) 인디언 정착촌이 있는 카우나믹(Kaunameek)에서 인디언 선교를 시작해 1745년에 150명이 참석하는 인디언 교회를 이루도록 하였다. 그러나 브레이너드는 1747년 10월 9일, 29살의 나이에 폐렴으로 생을 마감했고, 그의 아내도 얼마 후 세상을 떠났다. 그의 장인 조나단 에드워즈(Jonathan Edwards)는 그의 일기를 모아 편집해 『브레이너드의 생애와 일기』를 1749년 출판했다.⁴⁵ 이 책은 개신교 진영에 큰 반향을 일으켰다.

윌리엄 캐리(William Carey, 1761-1834)는 『쿡 선장의 마지막 항해』를 읽으면서 바깥세상을 알게 되었고, 또한 북미 인디언 선교를 다룬 『브레이너드의 생애와 일기』를 읽으면서 선교사의 꿈을 키워나갔다.⁴⁶ 캐리는 1792년 봄에 『이방인의 회심을 위해 수단을 사용하는 그리스도인의 의무에 관

42　Austin, *Austin's Topical History of Christianity*, 397.
43　David B. Calhoun, "David Brainerd: A Constant Stream," *Presbyterion*, 13 no. 1 (Spring 1987): 45.
44　John Thornberry, 『데이비드 브레이너드』, 김기찬 역 (고양: 크리스챤다이제스트, 2005), 38-40.
45　Calhoun, "David Brainerd: A Constant Stream," 44.
46　Austin, *Austin's Topical History of Christianity*, 398.

한 연구』(*An Enquiry into the Obligation of Christians to use Means for the Conversion of the Heathen*)를 출판해 목회자들에게 나눠 주며 선교 참여를 촉구했다. 이 소책자는 루터의 "95개 조항 반박문"에 견줄 만큼 '해외 선교의 당위성'을 일목요연하게 정리해서 당시 해외 선교에 대한 부정적 견해를 해소하는 역할을 하였다. 극단적 칼빈주의(hyper-Calvinism)의 영향으로 이교도를 개종시키는 일은 하나님의 주권적 선택에 달려 있다는 생각이 팽배했던 당시 상황에서 캐리는 땅끝까지 전파되어야 할 하나님의 나라를 선포하는 일에 모든 그리스도인이 종사해야 한다고 주장하였다.[47]

캐리는 같은 해 노스햄턴 침례교협의회에서 이사야 54:2-3을 가지고 "하나님으로부터 위대한 일을 기대하고 하나님을 위해 위대한 일을 시도하라"라는 설교를 통해 이교도 선교를 역설했고, 그해 가을에 침례교선교회(Baptist Missionary Society, BMS)가 조직되었다. 캐리는 1793년 11월 19일에 인도에 도착해 선교를 시작하였다.[48]

캐리는 그 앞서 활약한 여러 개척자의 후예였지만, 그는 개신교 선교에 있어 하나의 전기(轉機)를 마련하였다. 그로 말미암아 영어권의 선교사역이 본격화되었기 때문이다.[49] 캐리의 선교 편지는 영국과 미국의 여러 개신교 교단이 해외 선교를 시작하는 자극제가 되었다. 이런 이유로 캐리는 근대 개신교 선교 운동의 아버지로 불린다.

이처럼 형제단이 시작될 때 브리튼제도에서는 선교에 대한 관심이 형성되어 있었고, 자연스럽게 형제단은 현대 선교 운동의 자극을 받았을 것이

---

47 Steven Neal, 『기독교 선교사』, 홍치모, 오만규 역 (서울: 성광문화사, 2012), 324.
48 H. Leon McBeth, "The Legacy of the Baptist Missionary Society," *Baptist History and Heritage* 27, no. 3 (July 1992): 7-9.
49 Neal, 『기독교 선교사』, 323.

다. 이러한 배경 가운데 형제단은 선교에 헌신하는 공동체가 되었는데, 그들의 선교적 열정과 헌신은 다시 선교 운동에 자극을 주었다.

형제운동의 초기 지도자로서 형제운동이 시작될 때 인도로 가서 선교한 앤서니 노리스 그로브스(Anthony Norris Groves, 1795-1853)는 평생을 선교에 헌신했다.[50] 형제단과 연관된 저명한 선교사는 중국 내지 선교로 잘 알려진 제임스 허드슨 테일러(James Hudson Taylor)다. 허드슨 테일러의 명성에 비해 그가 형제단에서 침례받고 파송된 선교사라는 사실은 잘 알려지지 않았다. 1832년 5월 21일 잉글랜드 반즐리(Barnsley)의 한 경건한 감리교 신자 가정에서 태어난 테일러는 17세에 어머니의 영향을 받아 극적으로 회심하였다.[51]

테일러는 아버지 곁에서 수년간 약제사로 일했고, 의학을 공부하고자 헐(Hull)에서 의사 로버트 하디(Robert Hardey)의 조수로 일하게 되었다.[52] 테일러는 그의 열아홉 번째 생일이 되던 날인 1851년 3월 21일에 첫 출근을 하였고, 주일에는 형제단 목회자 앤드류 주크스(Andrew Jukes)가 인도하는 교회에 나가 예배를 드리게 되었다.[53]

주크스는 토마스 다익스(Thomas Dikes)가 시무하던 세인트 존스(St. John's) 교회의 부사제였으나 국교회를 탈퇴해 헐(Hull)교회를 설립하였다. 그는 트리니티대학(Trinity College)을 다녔고, '선지서 해석 원리'(Principles of Pro-

---

50 그로브스는 인도 선교 사역 중 앞서 인도에서 선교하고 있던 캐리와 교제하였다. Mrs. Groves, *Memoir of Anthony Norris Groves*, 3rd ed., (Bristol: Sold at The Bible and Tract Warehouse, 1869), 294-5.
51 John Piper, 『확신의 영웅들』, 황의무 역 (서울: 부흥과개혁사, 2017), 112-3.
52 Howard Taylor, 『허드슨 테일러의 생애』, 오진관 역 (서울: 생명의 말씀사, 2011), 26. 1850년대의 헐은 어업을 주로 하는 지역이었다.
53 Roger Steer, 『허드슨 테일러』 상, 윤종석 역 (서울: 도서출판 두란노, 1990), 33-4.

phetic Interpretation)라는 글로 1840년 헐신(Hulsean) 상을 받았으며, 1842년 6월 12일 26세의 나이로 요크(York) 대성당 부제로 임명되었다. 1842년 9월 주크스는 유아세례를 집례하던 중 아이의 대부모가 없자, 그 부모가 생전 처음 보는 사람을 설득해 대부모 역할을 하게 하는 것을 보고 유아세례에 대한 의구심을 갖게 되었다. 11월 20일 그 교회에서 주크스는 요한복음 17장 22절을 본문으로 한 설교를 통해 유아세례를 비판하였다. 그의 설교는 즉시 출판되었고, 이를 문제 삼은 대주교는 1843년 주크스의 직무를 정지시켰다.

주크스는 1843년 8월 31일, 헐의 조지가(George Street) 침례교회의 다니엘(C. Daniell) 목사로부터 침례받았고, 세인트 존스가(St. Johns Street)의 윌버포스 룸(Wilberforce Room)에 새로운 교회를 설립했다. 1844년 그 교회는 베이커가(Baker Street)의 뉴룸(New Room)으로 옮겼고, 후에 베이커가 채플(Baker Street chaple)로 알려지게 되었다. 1843년 초기 형제단 지도자 다비는 헐에 있는 주크스를 찾아왔고, 그 결과로 주크스와 그의 교회는 형제단에 합류하였다.[54]

테일러는 헐교회에서 주크스에게 침례를 받았다.[55] 그리고 그 교회에서 테일러는 자기의 사고와 성장에 아주 깊은 영향을 미치게 되는 브리스톨의 뮐러를 만났다.[56] 테일러는 헐교회에서 뮐러의 보육원 사역과 선교 후

---

54 Embley, *The Origins and Early Development of the Plymouth Brethren*, 88.
55 파이퍼(Piper)는 어스틴(Austin)의 글을 인용해 헐교회가 플리머스 형제단 교회임을 밝히고 있다. Alvyn Austin, *China's Millions: The China Inland Mission and Late Qing Society, 1832-1905* (Grand Rapids, Mich: Eerdmans, 2007), 47, Piper, 『확신의 영웅들』, 116에서 재인용.
56 Steer, 『허드슨 테일러』 상, 33-4.

원 사역을 보고하는 서신을 낭독하는 것을 종종 들었다.[57] 뮐러는 테일러의 선교에 영감을 주었는데,[58] 특히 테일러의 믿음선교(Faith Mission)는 뮐러로부터 영향받은 결과였다고 할 수 있다.

1852년 3월 22일 테일러는 중국 선교에의 부르심에 대해 어머니를 비롯해 헐교회 성도들에게 간증하였고, 성도들도 그것이 하나님의 부르심으로 믿게 되었다.[59] 1853년 9월 19일, 덤프리즈호를 타고 영국을 떠난 테일러 일행은 1854년 3월 1일, 우성(Wusong)에 닿았고, 황푸(Huangpu)강을 따라 상해까지 갔다.[60]

정리하면, 테일러가 주크스가 목회하던 교회에 출석한 것은 1851년이었고, 주크스와 그의 교회가 형제단에 합류한 것은 1843년이었다. 따라서 테일러는 헐의 형제단 교회에 출석해 다시 침례받았고, 그 교회에서 자기를 하나님이 선교에 부르셨음을 간증하고 중국으로 떠났으므로 형제단의 일원으로 파송된 선교사임을 확인할 수 있다.

테일러는 중국전도협회(Chines Evangelization Society)의 소속으로 중국에 왔지만, 얼마 후 무기력화된 그 단체에서 탈퇴하고 모든 일에 오직 하나님 한 분을 의지하게 되었다. 1865년 그는 어떤 교단에도 알리지 않고 또 그들의 지원도 없이 한때 세계의 최대 선교회의 위치를 차지하게 된 '중국내지선교회'(China Inland Mission)를 창설하였다.[61]

---

57 Ibid., 35.
58 Arthur T. Pierson, *George Muller of Bristol: His Life of Prayer and Faith* (Grand Rapids, MI: Kregel, 1999), 354, Piper, 『확신의 영웅들』, 79에서 재인용.
59 Steer, 『허드슨 테일러』 상, 36-7.
60 Ibid., 65-74.
61 Neal, 『기독교 선교사』, 414-5.

테일러가 중국 내륙 깊숙한 곳에서 선교사역을 진행한 것은 믿음선교(Faith Mission)의 전형을 보여 주는 것이었다. 외부로부터의 후원의 용이성을 위해서는 해안에 거점을 두고 선교사역을 진행해야 좋은데, 테일러는 인간적인 후원을 기대하지 않고 하나님의 도우심을 전적으로 의지하는 선교를 지향했기에 내륙 깊은 곳에서 선교 사역을 진행하였다. 그리고 무엇보다도 그는 복음이 전해지기 어려운 내륙의 사람들에게 다가가고자 하는 열망이 컸다. 테일러를 비롯한 형제단의 선교사들과 지도자들의 사역과 삶에 공통적으로 나타나는 하나님에 대한 전적인 의뢰는 형제단의 선교와 사역의 중대한 동력이 되었다.

이러한 그들의 사역 방식은 오늘날에도 전세계 형제단과 한국의 형제단이 고수하고 있다. 이러한 이유로 형제단은 그 규모에 비해 많은 선교사를 파송하였고, 교회를 설립하였다. 그들은 어떤 보장이나 후원의 준비나 기대 없이 지상명령을 수행하기 위해 오지와 험지로 나아갔다.

2) 19세기 영국국교회의 동향

형제단의 초기 구성원 중 다수는 영국국교회의 사람들이었다. 1828년부터 1832년까지 개혁의 바람이 영국국교회 정통파의 아성을 공격하면서 중요한 교회 변화를 초래했다.[62] 1828년 2월 26일, 존 러셀 경(Sir John Russell)은 영국국교회에서 먼저 성찬을 받지 않고 지방 자치 단체나 관직에서 봉사하는 것에 대한 법적 금지로부터 비국교도를 구제하기 위해

62　Walter H. Conser, Jr. *Church and Confession, Conservative Theologians in Germany, England, and America, 1815-1866* (Macon: Mercer University Press, 1984), 100.

'심사및지자체법'(Test and Corporation Acts)을 폐지하는 법안을 상원에 제출했다. 이 법안의 성공적인 통과는 리처드 후커(Richard Hooker)의 '교회정치법'(Laws of Ecclesiastical Polity) 시대 이후 영국국교회를 감독해 온 통치 체제의 종말을 고했다.[63] 1832년의 '개혁법'(Reformation Act)은 영국의 사회적, 정치적 환경에 새로운 시대를 열었다.[64]

이러한 사건들은 종교적 다양성에 대한 인식을 고취하였고, 이것은 영국에서 종교적 통제가 완화되도록 하였다. 이 시기는 영국이 관용의 시대에서 종교적 평등의 시대로 전환하는 중요한 단계였다. 종교적 다양성 증대, 폭발하는 인구로 인해 발생하는 문제들을 위한 기관들의 설립, 교회와 국가의 관계에 대한 재평가의 요구가 발생하였다.[65]

이런 과정에서 19세기에 영국을 휩쓴 회의적인 지적 흐름은 영국국교회에 세 개의 계파들을 발전시켰다. 그것들은 고(高)교회(The High Church), 저(低)교회(The Low Church) 그리고 광(廣)교회(The Broad Church)였다.

(1) 고(高)교회(The High Church)

형제운동의 주역이자, 후에 비개방 형제단을 이끌게 된 다비는 옥스퍼드대학교와 관련이 깊고 옥스퍼드운동에서 일정 부분 영감을 받은 것으로 보인다. 19세기 중반 영국에서 종교에 활력을 불어넣기 위한 운동이었던 옥스퍼드운동은 그 최초 지도자들의 대부분이 옥스퍼드대학교와 연관되어 있었기 때문에 그렇게 불렸다. 그 운동은 또한 "소책자파 부흥"(Tracterian Revival)으로 불리기도 하는데, 영국국교회 내에서 가톨릭 신학의 부흥

---

63 R. W. Franklin, *Nineteenth Century Churches* (New York : Garland, 1987), 231.
64 Moorman, *A History of The Church in England*, 338.
65 Conser, Jr., *Church and Confession*, 100-1.

을 이끄는 소책자들(tracts)을 출판해 강력한 영향을 미쳤기 때문이었다. 그리고 E. B. 푸시(Pusey) 박사가 그 운동의 가장 영향력 있는 지도자였기 때문에 "푸시주의"(Puseyism)라고도 불리었다.[66] 옥스퍼드운동(1833-1845)은 그리스도인의 신앙생활에 있어 교회와 교회 의식의 중요성을 강조했다. 그 운동은 부분적으로 국가에 의한 교회 지배에 대한 항의였으며, 로마가톨릭적인 성례주의 회복을 도모한 것이었다.[67]

1827년에 존 케블(John Keble, 1792-1866)은 『그리스도인의 해』(The Christian Year)를 통해, 교회와 주의 만찬의 가치를 찬양하였다. 1833년 7월 14일에 옥스퍼드에서 "국가적 배도"(National Apostasy)라는 제목으로 행한 설교에서 케블은 주의 만찬에 그리스도의 몸과 피의 진정한 실제적 임재(real presence)를 강조했고, 주의 만찬은 사도적 계승 안에서 서임 된 사역자들에 의해 관리되어야 한다고 주장했으며,[68] 국가가 교회의 동의 없이 감독의 권위, 심지어는 감독의 임명을 결정하는 일을 비판했다. 이렇게 케블은 영국 교회의 사도적 계승 개념을 주장하면서 국가가 주도하는 체제에 이의를 제기하였다.[69]

케블의 글과 설교가 적잖은 이들을 감화시킨 가운데 존 헨리 뉴먼(John Henry Newman, 1801-1890)이 1833년 『시대를 위한 소책자』(Tracts for the Times)를 발행함으로써 옥스퍼드운동이 촉발되었다. 뉴먼은 첫 번째 소책자를 시작으로 전체 소책자 중 24편을 집필함으로써 옥스퍼드운동에 영감을 주는 지도자가 되었다. 첫 번째 소책자에서 그는 교회가 금식, 금욕, 고

66　Austin, *Austin's Topical History of Christianity*, 409.
67　Cairns, *Christianity Through the Centuries*, 404.
68　Ibid., 404-5.
69　Franklin, *Nineteenth Century Churches*, 239.

백, 성인들에 대한 숭배 등 16세기 종교개혁자들이 거부한 고대 관습을 회복해야 한다고 주장했으며, 영국국교회 사제가 더 이상 세속 정부에 예속되지 말고 자기를 서품한 주교를 통해 사도로부터의 계승에 속해야 한다고 선언했다. 뉴먼은 1841년에 쓴 마지막 소책자에서 한때 영국국교회 제도 중 개신교적인 부분으로 여겨졌던 "39개 조항"이 실제로 로마가톨릭적 신학을 나타내는 것임을 보여 주고자 하였다.[70] 그러나 그 운동을 주도하던 뉴먼은 영국국교회를 떠나 로마가톨릭으로 전향하였다.

뉴먼이 로마가톨릭으로 전향한 후 푸시(Pusey)가 옥스퍼드운동의 주도적인 지도자가 되었다. 푸시는 이른바 고(高)교회적 영국국교회를 옹호하는 데 앞장섰다. 고교회는 영국국교회 내의 전례주의적 경향을 일컫는 말인데, 푸시는 종교개혁 사상이 개인의 주관적인 느낌을 강조한 나머지 은총의 통로인 성사를 배제하는 오류를 범했다고 비판하였다.

또한, 푸시는 '트렌트 공의회 로마가톨릭주의'(Tridentine Roman Catholicism) 또한 현대 주관주의와 개인주의의 산물로 분류했다. 그러나 그는 이것이 로마가톨릭교회에 남아있는 가르침을 가리는 기형적 관습의 외형이라고 보았다. 그런가 하면 푸시는 18세기 합리주의자들의 순전히 이성적인 성경 비판을 천박하고 가치 없는 것으로 거부했다. 푸시는 성사의 위대함을 주장하면서, 사제는 단지 도구일 뿐이며, 성사의 행위는 하나님의 행위요, 선물이라고 말했다.[71]

---

70 Cairns, *Christianity Through the Centuries*, 405; Austin, *Austin's Topical History of Christianity*, 410; Edwards, *Christianity: The First two thousand years*, 406; Robert Andrew Baker, *A Summary of Christian History*, 355-6.

71 Austin, *Austin's Topical History of Christianity*, 413; Franklin, *Nineteenth Century Churches*, 236-48, 251.

옥스퍼드운동은 오랫동안 교회가 국가의 한 부서에 불과한 것으로 여겨 왔던 사람들이 점차 교회가 그리스도에게서 말미암는 신성한 기관이며, 그 권위가 국가에 의해 부여된 것이 아니라 사도의 계승을 통해 대대로 전해 내려왔다는 개념을 강조하고 유포하였다. 옥스퍼드운동의 주창자들은 교회가 그 자체로 생명이 있으므로 책임을 수행하려면 외부 통제로부터 자유로워야 한다고 주장했다.[72]

다비를 비롯해 그로브스와 헨리 크레이크(Henry Craik, 1805-1866) 그리고 밀러와 같은 형제단의 초기 지도자들은 한결같이 국가 교회 체제에 대한 강한 반대 입장을 견지하였다. 다비는 옥스퍼드대학교와 인연이 깊었고, 형제단의 초기 인사였던 프란시스 뉴먼(Francis Newman)은 옥스퍼드운동의 주요 인사인 헨리 뉴먼과 육신의 형제간이었다.

그러나 그는 그의 형제와 달리 종교개혁 전통의 사상을 가진 인물이었다. 다비는 형제단 중에서 주의 만찬을 특히 강조한 사람이었다. 형제운동은 종교개혁 전통의 지향점을 가졌는데도 사도 시대의 교회에 대한 탐구뿐만 아니라 당대에 사도적 교회를 재현하고자 한 측면에서 옥스퍼드운동의 주창자들이 영국국교회가 사도 계승을 이뤄내야 한다고 주장한 것과 일정 부분 맞물려 있는 것처럼 보이는 것이 흥미롭다.

그러나 옥스퍼드운동의 주창자들이 생각한 것처럼 형제단이 사도 계승의 개념에서 주의 만찬을 강조한 것은 아니다. 그들은 단지 신약성경에 나타난 초대 교회로의 회복을 원했고, 여러 분파로 갈라져서 대립하고 있는 당시 교회의 모습에서 벗어나 그리스도 안에서 연합을 추구하였다. 그리고 그들은 그것을 가시화 할 수 있는 것이 교파를 초월해 주의 만찬을

---

[72] Moorman, *A History of The Church in England*, 335-6.

함께하는 것이라고 생각했다.

(2) 저(低)교회(The Low Church)

고교회가 전례적인 지향점을 갖고 있었다면, 교회 예식보다 성경 내용과 복음에 초점을 맞춘 계파가 있었다. 그것은 바로 저(低)교회(The Low Church) 계파였다. 영국국교회의 종교개혁 전통 주창자들은 저(低)교회로 불린다. 프랑스 대혁명으로 영국에서 유사한 혁명이 일어날 것에 대한 두려움과 반작용으로 토리(Tory)당이 집권하게 되었다. 보수적 입장의 토리당은 종교적 다양성을 허용할 것에 대한 요구를 거부하였다. 이런 이유로 1790년부터 1820년까지 영국국교회 내 개혁의 물결은 중단되었다.[73] 그런데도 감리교운동은 영국국교회 내뿐만 아니라 영국 사회에 신앙부흥의 물결을 일으켰다.

초기 종교개혁 전통 지지자들은 영국 전역에 흩어져 있는 교구들에서 활발한 목회 활동을 했다. 그들은 케임브리지대학교를 종교개혁 전통 지지 세력의 중심지로 만들었는데, 존 뉴턴(John Newton, 1725-1807)은 칼빈주의 신학으로 그들을 이끌었다. 클레팜에서 결집한 종교개혁 전통 지지자들은 소위 클레팜 분파(Clapham Sect)를 이루었는데, 존 벤(John Venn, 1759-1833)의 지도력 아래 1792년부터 1813년까지 사회개혁에 많은 평신도 지도자를 공급하였다.[74]

종교개혁 전통 지지자들은 개인에 초점을 맞추어서 개인이 회개하고 그리스도를 믿음으로 의롭다 함을 받아들이도록 호소했다. 그것은 죄의 각

---

[73] Cairns, *Christianity Through the Centuries*, 398-400.
[74] Ibid., 400.

성과 그리스도의 속죄 사역을 수용하는 회심의 경험이었다. 그들은 교회적 권위나 성례전에 별로 관심이 없었다. 그보다도 그들은 사회적 책임 의식을 갖고 세상의 악과 약하고 무지하고 착취당하는 자들의 필요에 관심을 가졌다.[75]

종교개혁 전통 지지자들은 인간이 하나님의 소중한 영적 존재라고 믿었기 때문에 사람을 소중히 여기는 측면에서 사회개혁을 추진했다. 따라서 1787년과 1850년 사이 종교개혁 전통 지지자들에 의해 주도된 대부분의 사회개혁은 가난한 자들에 대한 복음적 표출이었다.[76] 대표적 종교개혁 전통 지지자인 윌리엄 윌버포스(William Wilberforce)는 노예 해방을 위한 법안이 의회에 제출되고 통과되도록 하는 일에 기여했다. 그는 1797년에 출판한 『실용적 관점』(Practical View)에서 정치와 개혁에 성경적 원칙을 적용할 것을 호소하였다.[77]

영국에서 비국교도의 수가 증가해 1820년까지 잉글랜드와 웨일스의 개신교 인구 가운데 30퍼센트를 차지했다. 19세기 중반까지 그들의 예배당과 건물의 수는 기존 교회의 수와 비슷했다. 개신교 비국교도 의원들은 교회와 국가가 분리 되어야 한다는 주장을 옹호했으며 런던 센터에서 이를 촉구하였다.[78] 이처럼 종교개혁 전통 지지자들은 그들의 종교적 신념을 위해서도 힘을 모았다.

초기 종교개혁 전통 지지자가 전통적인 영국국교도와 달랐던 부분은 감리교도를 중심으로 영국국교회의 교구 제도를 벗어나서 순회설교를 지향

---

75 Moorman, *A History of The Church in England*, 319.
76 Cairns, *Christianity Through the Centuries*, 402.
77 Ibid., 402.
78 Conser, Jr. *Church and Confession*, 114.

한 것이었다. 세기가 바뀔 무렵, 영국 종교개혁 전통 지지자의 2세대라고 할 수 있는 시기에 몇 가지 발전이 있었다.

첫째, 열렬한 설교 스타일은 여전히 종교개혁 전통 지지자들의 특징이었지만, 야외에서 설교하고 희열에 넘친 부흥회를 진행하는 특징이 없어졌다. 그들은 중산층과 상류층에 집중하게 되었고 도시와 농촌의 하층민은 감리교도의 몫이 되었다.

둘째, 종교개혁 전통의 목회자들은 계속해서 영국 전역에 복음을 전했지만, 런던, 클레팜(Clapham) 지역 그리고 케임브리지대학교가 그들의 중요한 거점이 되었다.[79]

1832년 6월의 개혁법(Reformation Act) 여파로 비국교도를 비롯한 다양한 분파 모두가 변화를 요구하는 가운데 교회 개혁이 추진될 수 있었다. 많은 종교개혁 전통 지지자가 감리교운동과 함께 영국국교회를 떠났지만, 영국국교회 내에 머문 이들도 다수였다. 영국국교회 내 종교개혁 전통 지지자들, 즉 저교회가 힘을 발휘하게 된 사건은 G. C. 고르탐(Gortham)의 성직 임용 논란이었다. 1847년, 고교회파 감독은 종교개혁 전통의 견해를 가진 고르탐의 성직 임용을 거부했다. 그 사건은 법정으로 옮겨졌고, 최종적으로 고르탐은 임용되었으며, 종교개혁 전통 지지자들이 영국국교회 성찬식(communion)을 집례하는 것이 합법하다고 결정한 셈이 되었다.[80]

이로써 영국국교회 내 저교회 세력이 힘을 발휘할 수 있게 되었다.

---

79 Ibid., 118-20.
80 Ibid., 142; Baker, *A Summary of Christian History*, 356.

그러나 그것은 전체적인 영국국교회 내의 분위기에 비하면 미미할 수밖에 없었다. 1830년, 총선승리로 50년 만에 휘그당이 정권에 복귀하였다. 휘그당 성직자들은 종종 국교회, 개신교 비국교도, 로마카톨릭교도 모두 믿음의 형제들이라고 부르는 기독교에 대한 열린 견해를 불러일으켰다. 그러나 1834년 아일랜드 교회법이 거의 완성되지 않은 상태에서 휘그당은 권력을 잃었고, 각료 교체로 토리당이 다시 집권했다.[81]

이로써 종교개혁 전통 지지자들은 영국국교회 내에서 위축되었다. 따라서 그들은 영국국교회 밖에서 그 대안을 찾고자 하였으며, 그러한 경향이 형제단의 출현에 일부 동력을 제공했다고 볼 수 있다. 형제운동의 지도자들 중에 그로브스나 다비와 같이 영국국교회 출신의 사람들이 많은 것은 이러한 맥락의 개연성을 증명해 준다.

(3) 광(廣)교회(Broad Church)

영국국교회 내의 세 번째 부류는 영국국교회 교리의 기준에서 볼 때 가장 폭넓은 유연성을 가진 계파였다. 그들은 폭넓은 유연성을 지향했기에 광(廣)교회라 일컫는다. 1860년에 일단의 영국국교회 성직자들이 그 교회의 전통을 벗어난 급진적인 수필 모음을 출판했는데, 그중 두 명의 저자는 교회 법정에서 이단으로 기소되었다. 그러나 재판 결과 그들은 무죄 선고를 받았다. 이 사건은 "39개 조항"과 "공동 기도서"로 대변되는 영국국교회의 '일치'와 관련해 신학적 사고와 저술에서 자유를 허용한 선례를 남겼다.[82]

81　Conser, Jr. *Church and Confession*, 144.
82　Baker, *A Summary of Christian History*, 356.

대략 1830년에 시작된 광교회운동(Broad Church movement)은 영국국교회에서 사회적, 개방적 또는 현대적 요소를 대표한다. 이 광교회주의자들은 하나님에 대한 직관적인 의식과 사람 안에 있는 그리스도의 내재성을 강조했다. 반면 인간의 타락과 속죄는 무시하거나 최소화하였다.[83] 그들은 새로운 형태의 종교를 추구하였는데, 모든 현상 아래에서 종교의 동일성을 찾는 것에 그 초점을 맞추었는데, 그 대상은 동양 종교까지 포함하였다. 따라서 전통적인 기독교 교리와 체제를 거부하는 방향으로 나아갔다.[84]

휘그당은 종교자유에 대해 관용적이었고, 차별이 없었기에 그 집권 아래 합리적인 경향이 성행하였다. 광교회운동은 당시의 보수주의자들과 종교개혁 전통 지지자들에게 위기의식을 갖게 하였고, 그 위기의식은 보수적이고 종교개혁 전통을 지키려는 분파로 등장한 형제단이 출현해 성장해 가는 밑거름이 되었다고 할 수 있다. 형제단은 그 초기부터 보수적이며 종교개혁 전통을 강하게 추구하였으며, 역사적으로 그 기조를 계속 유지하였다. 이는 합리주의에 회의를 느낀 사람들에게 대안을 제시하는 측면이 있었기 때문에 형제단이 성장하고 유지되는 데 있어 주요한 요인이 될 수 있었다.

---

[83] Cairns, *Christianity Through the Centuries*, 404.
[84] 토마스 아놀드(Thomas Arnold)는 성서를 문학으로 보고, 존 모리스(John F. D. Maurice)는 그리스도가 온 인류의 머리이므로 누구도 하나님의 저주 아래 있지 않다고 주장했다. 인간은 모두 하나님의 자녀로서 하나님의 아버지되심을 인식하기만 하면 된다고 말함으로, 대속 속죄설을 거부하였다. 황성환, "영국국교회의 신학형성과정," 『성결교회와 역사』 3권 (2000년 11월): 273-4.

제4장
기독교 형제단의 시작

　기독교 형제단은 브리튼제도 내의 종교적 상황 가운데서 당시의 당면한 교회 문제를 개혁하고자 하는 신앙 운동의 결과로 발생하였다. 그 운동을 형제운동이라 부르는 것은 그들이 성직 계급을 거부하고, 모든 신자가 하나님 앞에서 평등하다는 것을 강하게 주장해 서로가 형제, 자매로만 여기길 원했기 때문이었다. 그들은 다양한 종교적 배경을 가진 사람들이었으나 그리스도인의 연합과 신자들의 모임으로서 단순한 교회라는 공감대로 통합되었다.

　여기서는 먼저 형제단이 어떻게 다양한 전통에서 형성되었는가를 살펴본 다음 초기 인물들의 신학을 중심으로 형제단 사상의 요지를 정리해 보고자 한다.

1. 브리튼제도 내 다양한 교회 전통에서 발생한 형제운동

　형제단은 대략 세 부류의 교회 전통을 경험한 이들이 각 지역에서 서로 영향을 주고받는 가운데 출현하게 되었다. 여기서는 세 부류의 교회 전통이 지역별로 어떤 과정을 거쳐 형제운동으로 결집하게 되었는가 살펴보려고 한다.

1) 영국국교회 전통 배경 가운데 발생한 형제단

대부분의 영국인이 소속한 교회 전통이 영국국교회 전통인 것과 같이 형제운동의 주역 중 적잖은 이들은 영국국교회에 속한 이들이었거나 그 교회의 목회자들이었다. 영국국교회에 속했던 이들에 의해 형성된 형제단의 중심지는 아일랜드의 더블린(Dubline)과 잉글랜드 남부의 플리머스(Plymouth)였다. 물론 그들이 모두 영국국교회 출신이며, 두 도시에만 국한되었다고 말할 수는 없다. 다만, 핵심 인물을 비롯한 주류 인사들이 형제운동을 시작하거나 합류하기 전에 몸담았던 전통이 영국국교회였으며, 더블린과 플리머스에서 주목할 만한 형제운동으로 나타난 것은 분명하다.

(1) 더블린(Dublin)

기독교 형제단이 곧잘 '플리머스 형제단'이라는 이름으로 불리었으나 그 운동은 플리머스가 아니라 더블린에서 시작되었다. 형제운동의 정신으로 주의 만찬이 처음 구체적 형태로 시작된 곳은 더블린이었기 때문이다. 더블린에서 자생적으로 형성된 복수의 무리 통합 그리고 합류의 과정을 통해 영국국교회 전통에서 형제운동이 시작되었다.[1]

---

1 로우던은 그들을 세 무리로 보았다.
    첫째, 비국교도로 구성된 무리
    둘째, 국교회 내에서 영적 열망이 채워지지 않은 국교도의 무리
    셋째, 비국교도와 국교도가 혼합된 무리.
    그러나 필자는 복수의 자생한 무리들의 연합으로 형제운동이 시작되었다는 점에는 동의하나, 그 무리를 셋으로 규정하는 부분에 있어서는 의문점이 있다. 마지막 세 번째 무리(콜링우드와 파넬의 떡을 떼는 모임)에 대한 근거 자료의 신빙성에 문제가 있기 때문이다. 이에 대해서는 파넬(콩글턴 경)에 대해 다룰 때, 보다 구체적으로 논하려고 한다. Harold H. Rowdon, *The Origins of the Brethren* (London: Pickering & Inglis LTD., 1967), 37.

첫째, 에드워드 크로닌(Edward Cronin, 1801-1882)을 중심으로 형성된 무리가 있었다.

크로닌은 1826년경 아일랜드 남부 코크(Cork)에서 더블린으로 이주했다. 그의 아버지는 로마가톨릭교도였으나, 그의 어머니는 비국교도였다. 어머니의 영향으로 크로닌은 비국교도로 전향했다.[2] 그는 더블린에 있는 비국교도 교회에서 주의 만찬에 참여하고자 하였는데, 처음에는 여러 비국교도 교회에서 문제없이 주의 만찬에 참여할 수 있었다. 그러나 그가 더블린에 계속 체류하게 되었음이 확인되자 주의 만찬 참여를 희망하는 교회의 교인으로 정식 등록해야만 주의 만찬 참여가 가능하다는 통보를 받았다. 잠시 방문하는 경우에는 가능하지만, 더블린 거주자가 된 이상 정식 등록이 필요하다는 것이었다.

이런 상황에 놓이자 크로닌은 하나님의 교회가 하나이고, 믿는 모든 사람이 그리스도의 몸(교회)의 일원인데 특정한 지역 교회의 회원으로 인정받아야 성찬에 참여할 수 있다는 것을 받아들일 수 없었고, 특정한 지역 교회에 등록하기를 거부하였다. 이 일 때문에 크로닌은 비국교도마저 경직되었다고 생각하게 되었다. 이어서 그는 더블린에 있는 비국교도 교회들이 성경의 원리를 따르는지에 대해 의문을 갖게 되어 어떤 교회의 예배에도 참여하지 않았다.

크로닌의 예배 불참 소식이 회자되자 더블린의 비국교도 교회의 W. 쿠퍼(Cooper) 목사는 크로닌이 무종교와 도덕률 폐기론(antinomianism)에 빠진 것이라고 공개석으로 비난했다. 쿠퍼 목사의 교회 집사였으며 지역 성서공회(Bible Society) 지부 보조 비서이던 에드워드 윌슨(Edward Wilson)은 쿠

---

2   Neatby, *History of the Plymouth Brethren*, 18.

퍼의 견해를 수용할 수 없었고, 이의를 제기했을 뿐만 아니라, 그 교회를 탈퇴하였다. 1827년 가을에 윌슨은 크로닌과 함께 자기 집에서 모임을 갖고 참여자들과 함께 주의 만찬을 행하고 기도하였다. 그러던 중 윌슨은 잉글랜드로 떠나게 되었고, 크로닌은 자기 집에서 주의 만찬 모임을 지속하였다.[3]

둘째, 앤서니 노리스 그로브스(Anthony Norris Groves, 1795-1853)의 영향으로 형성된 무리가 있었다.

그로브스는 1795년 한츠(Hants: 햄프셔주)의 리밍톤(Lymington)에서 부유한 사업가의 아들로 태어났다. 그는 런던에서 화학을 공부했고, 저명한 치과의사인 그의 삼촌 톰슨(Mr. Thompson)으로부터 치과 치료를 배운 뒤에 1814년부터 1816년까지 플리머스에서 치과 의원을 하였다. 1816년 그는 결혼한 후 엑서터(Exeter)로 치과 의원을 옮겼는데, 그 의원은 크게 번창하였다.[4]

엑서터에서 치과의로 일하던 중 그로브스는 귀부인이자 비국교도 교인이었던 파젯(Miss Paget)을 통해 진정한 회심을 체험하게 되었다. 회심 후 그로브스는 자기 삶을 이민족들에게 복음을 전하는 일에 드리고자 하는 열정에 사로잡혔다. 그러나 그의 아내는 그의 선교 의지에 선뜻 화답할 수 없었다. 그러다가 1825년에 이르러 그로브스의 아내는 선교에 참여할 것에 동의하게 되었고, 오히려 그로브스보다 더 열정적으로 선교 참여를 소망하였다.[5]

---

3 Embley, *The Origins and Early Development of the Plymouth Brethren*, 41; Rowdon, *The Origins of the Brethren*, 37-9.
4 Mrs. Groves, *Memoir of Anthony Norris Groves*, 3rd ed., 2, 27.
5 Ibid., 3, 23, 25.

부부가 한뜻이 되자 그들은 자기들의 수익 중 최소한의 필요 외에는 하나님의 사역에 드리기 시작했다. 그로브스는 '교회선교회'(Church Missionary Society Institution)에 선교사로 지원해 바그다드 지역 선교 후보자가 되었다. 그는 선교사가 되기 위해 안수가 필요하다고 생각했기에 더블린의 트리니티대학(Trinity College)에 진학하고자 하였다.

이런 이유로 그는 대학교 진학을 위한 공부가 필요했고, 자기 공부와 두 아들의 공부를 위해 가정교사를 두고자 하였다. 그로브스는 수소문 끝에 스코틀랜드 출신이며, 장로교 목사 아들인 크레이크를 소개받아 그를 가정교사로 채용하였다. 크레이크는 1826년 8월 21일에 그로브스의 집에 도착하였는데, 그는 가정교사로 일하면서 오히려 그로브스의 겸손한 인격과 학식에 감화를 받았다(크레이크는 후에 브리스톨에서 조지 뮐러와 함께 형제운동을 진행한다).[6]

그로브스는 1826년 10월 16일, 더블린의 트리니티대학(Trinity College)에 입학했고 시험 기간에만 출석하는 특혜를 얻어 엑서터의 치과 일을 병행할 수 있었다. 그는 또한 더블린에서의 학업이 기회가 되어 그곳에서 기도와 성경 읽기를 위한 모임에 참여하게 되었는데,[7] 그곳에서 존 기포드 벨렛(John Gifford Bellett, 1795-1864)을 만났다. 더블린 출신의 벨렛은 더블린의 트리니티 대학에서 공부한(1815-1819) 후 런던에서 법학 공부를 마쳤다. 더블린에서 그는 잠깐 변호사로 일했으나, 충분한 재력이 있었기에 신앙에 관계된 활동에 전념하였다. 그로브스는 더블린을 방문할 때면 벨렛의 집에 머물렀고, 그곳에서 기도회와 토론 모임에 참여하였다.[8]

6　Coad, *A History of the Brethren Movement*, 17-9.
7　Mrs. Groves, *Memoir of Anthony Norris Groves*, 38.
8　Coad, *A History of the Brethren Movement*, 20.

이러한 과정에서 그로브스는 그가 국교회 교인으로서 비국교도에 대해 가지고 있던 거부감을 해소할 수 있게 되었고, 사상에 있어 많은 전환을 경험했다.[9] 크로닌과 달리 그로브스는 단순 방문자로서 더블린에서 초교파적인 무리를 접했고 주의 만찬 참여도 할 수 있었다.[10]

1827년 부활절 기간에 있었던 그로브스의 제안은 후일 형제운동의 중요한 원리 중 하나가 되었다. 그로브스는 베시 파젯(Bessy Paget)과 함께 벨렛을 방문했을 때, 벨렛에게 의미심장한 제안을 하였다. 그 내용을 벨렛이 파젯에게 전했는데 다음과 같다.

> 성경에는 그리스도의 제자로서 함께 모인 신자들은 주님이 그들에게 훈계하신 대로 자유롭게 떡을 떼는 것으로 나타났습니다. 그리고 사도들의 실행이 지침이 될 수 있다면, 주님의 죽음을 기억하고 그분이 제자들과 작별하실 때 분부하신 대로 순종하기 위해 모든 주일을 구별해야 합니다.[11]

그로브스의 제안은 신자들이 자유롭게 주의 만찬을 행한다는 형제운동의 핵심적 요소를 제시한 것이었다. 형제운동은 그리스도인들의 연합과 그 안에서 이루어지는 자유로운 예배와 섬김을 지향했으며 이후 생겨난 형제단 교회들에서는 주의 만찬을 중심으로 한 예배에 신자들이 실제적으로 참여함으로써 그 정신을 가시적으로 드러낼 수 있다고 여겼다. 따라서 그들의 행습 중 가장 중요하게 여겨지는 것이 곧 주의 만찬이 되었다.[12]

---

9   Mrs. Groves, *Memoir of Anthony Norris Groves*, 38.
10 Rowdon, *The Origins of the Brethren*, 40.
11 Mrs. Groves, *Memoir of Anthony Norris Groves*, 39.
12 이후의 논거를 통해 밝히겠지만, 형제단 모임의 중심에는 '주의 만찬'이 있으며, 그들은 '주의 만찬'이 곧 예배라는 생각을 견지하였다.

그로브스의 제안을 들은 이들은 강한 공감을 표했고, 이러한 정신으로 국교회로부터 분리되어 독립적으로 떡을 떼는(주의 만찬) 새로운 모임이 이루어지게 되었다.[13]

1827년 여름에, 그로브스는 다니고 있던 트리니티대학을 그만두었는데, 선교 사역을 하기 위해 학력이 필요하지 않다고 생각하게 되었기 때문이다. 그가 이런 결론에 이른 것은 두 가지 사건이 결정적 계기가 되었다.

먼저, 엑서터를 방문한 캘커타(Calcutta) 선교사와의 만남이었다. 그 선교사는 그로브스가 선교를 위해 페르시아로 가고자 하는 계획에 대해 듣고 그에게 아시아로 가려고 하면서 왜 대학에서 시간을 낭비하느냐고 물었다. 그로브스는 그의 말에 마음이 흔들렸지만, 바로 학교를 그만두지는 않았다.

다음으로 더블린으로 공부하러 가기 이틀 전에 학비를 도둑맞은 사건이 있었는데, 그가 그 선교사를 만난 지 얼마 되지 않았던 때의 일이었다. 그는 그 일이 예사롭게 느껴지지 않았고, 하나님이 구체적인 방법으로 그가 대학에 다닐 필요가 없음을 확증해 주신 것으로 믿게 되었다.[14]

그런 가운데 그로브스는 영국국교회의 39개 조항 중 병역을 승인하는 조항이 있는 것 때문에 영국국교회의 지침 자체에 대해 거부감이 들었다. 그는 전쟁을 승인하는 영국국교회에서 안수받는 것에 마음이 내키지 않았다. 마침내 그로브스는 영국국교회에서 안수받는 것을 포기하였다. 안수를 받지 않으면 성찬에 참여할 수 없다는 '교회 선교회'의 통보를 받고 고심했던 그로브스는 복음을 전하는 데 있어 어떤 종류의 규칙도 성경의 필

---

13 엠블리와 로우던과 같은 형제단 학자들은 그로브스의 제안이 형제운동의 시발점이 되었다고 평가하였다. 이러한 주장을 참고하기 위해 Embley, *The Origins and Early Development of the Plymouth Brethren*, 38와 Rowdon, *The Origins of the Brethren*, 40을 보라.

14 Mrs. Groves, *Memoir of Anthony Norris Groves*, 41, 42; Coad, *A History of the Brethren Movement*, 21.

요조건이 아니라는 결론을 얻었다.[15]

이것은 이후 형제단 사상의 근간이 되는 개념이다. 뮐러를 비롯한 형제단의 대표적 인물들은 신자들의 '사역의 자유'를 지향함으로 루터의 전신자 사제론을 뛰어넘어 '전신자 사역자론'을 외쳤다. 그로브스는 1828년 더블린에서 벨렛과의 사적인 만남에서 형제단의 또 다른 중요한 원리와 관련된 발언을 하였다. 그는 회중석과 구별된 강단이나 목사직을 만들지 않고 모두 주의 제자들로서 소박하게 모일 때 성령의 역사하심을 경험하게 될 것이라고 하였다.[16] 그로브스가 사적인 대화에서 한 말이지만, 그 제안은 그가 새롭게 깨달은 내용이었을 뿐만 아니라 그와 그의 동료들이 공감하고 추구해 나가는 형제단의 원리가 되었다.

엠블리는 더블린에서 정기적으로 떡을 떼기 시작한 가장 확실한 무리는 크로닌의 무리였을 것으로 추정하였다.[17] 그러나 로우던은 더블린의 다양한 무리를 하나로 모으는 연결 고리 역할을 한 사람은 그로브스라고 주장하였다.[18] 앞서 언급한 것처럼 그로브스는 이후 형성될 형제단의 중요한 원리에 대해 제시하였다. 그것은 먼저 '그리스도인의 연합과 떡을 뗄 자유'였으며, 그 다음으로 '전신자 사역자론'이었다. 비록 그로브스가 1829년 6월에 선교를 위해 바그다드로 떠났을지라도 그가 제안한 내용들은 형제 운동의 핵심 가치로 자리 잡았다.

벨렛은 프란시스 허친슨(Francis Hutchinson, 1802-1833) 그리고 위클로우(Wicklow)의 영국국교회 사제였던 다비와 교제하고 있었다. 벨렛과 허친슨

---

15 Ibid., 41-2.
16 Rowdon, *The Origins of the Brethren*, 40.
17 Embley, *The Origins and Early Development of the Plymouth Brethren*, 40.
18 Rowdon, *The Origins of the Brethren*, 41.

은 1829년 11월부터 피츠윌리엄 스퀘어(Fitzwilliam Square)에 있는 허친슨의 집에서 신앙적 친교 모임을 가졌다. 다비는 영국국교회 사제로서 사역에 집중하고 있었기 때문에 이 모임에 적극적으로 참여하지는 못하였다. 그런데 별도의 떡을 떼는 모임을 이루고 있던 크로닌이 그의 무리와 함께 허친슨의 집에서 모이는 모임에 합류하였다. 이로써 벨렛과 허친슨의 무리와 크로닌의 무리가 연합하게 되었다.[19] 이 연합의 자리에 그로브스는 없었지만, 그가 제안한 원리는 이 연합 모임에 중요한 실행 지침이 되었다.

셋째, 세 사람으로 구성된 작은 무리였다.

1899년에 작성된 윌리엄 콜링우드(William Collingwood, 1819-1903)의 글에 따르면, 1825년에 국교회와 비국교도 교회에 소속된 세 명의 사람이 영적 연합을 추구하는 가운데 모임을 형성하였다. 그 세 사람은 콜링우드와 윌리엄 스토크스(William James Stokes, 1807-1881) 그리고 나중에 콩글턴(Congleton) 경이 된 존 베시 파넬(John Vesey Parnell, 1805-1883)이었는데, 그들은 서로의 집을 돌아가며 떡을 떼었다.[20]

콜링우드의 글대로라면, 그 소수의 떡을 떼는 모임은 1827년 그로브스가 형제운동의 원리를 제시했을 때보다 2년 전에 시작되었다. 다만, 그 모임이 추구한 기본적 동기는 유사하다고 할지라도, 그들은 자기들이 소속한 교회에 적을 둔 채로 함께 떡을 뗐다. 이 세 사람의 떡을 떼는 모임이 벨렛-허친슨-크로닌의 무리(형제단)와 연결된 것은 파넬의 역할 때문이었다.

---

19 Coad, *A History of the Brethren Movement*, 29.
20 William Collingwood, *'The Brethren': a Historical Sketch* (Glasgow: Pickering & Inglis, n.d.), 5-6.

파넬은 1805년 6월 16일에 콩글턴(Congleton) 남작의 장남으로 태어나 상류층 가정교육을 받고 자랐다. 그는 에든버러대학에서 공부했는데, 로마서를 읽는 중에 회심을 체험했고, 하나님을 위해 헌신하는 삶을 살고자 하는 열망을 가졌다. 파넬의 아버지는 그가 장교로 군 복무하기를 원했으나 파넬은 군인이 되는 것이 하나님의 뜻이 아니라고 믿었다. 이 일로 그의 아버지는 못마땅하게 반응했으나, 파넬의 부유한 삼촌은 그에게 연간 1,200파운드의 소득을 얻을 수 있는 목장을 줌으로써 그를 지지해 주었다.

파넬은 1827년과 1828년에 더블린에 사는 그의 삼촌 집을 자주 방문하면서 그로브스, 다비, 벨렛, 크로닌 등과 어울리게 되었다. 파넬은 그들이 추구하는 연합에 대해 공감하였고, 자기와 떡을 떼며 교제하던 친구들과 함께 벨렛과 허친슨 그리고 크로닌의 연합된 무리(즉 형제단)에 합류하게 되었다. 이로써 세 번째 무리가 기존의 연합 모임에 합류한 것이다.[21]

필자는 형제운동의 시작을 허친슨의 집에서 모이던 벨렛의 무리와 크로닌의 무리가 연합한 1829년으로 보아야 한다고 생각한다. 정인택은 형제단의 시작을 1827년으로 보았다. 그는 1827년 그로브스가 더블린에서 형제운동의 원리를 제안하였고, 같은 해에 윌슨의 집에서 크로닌의 무리가 떡을 떼는 모임을 형성한 것을 연관 지어 형제운동의 시작 기점으로 보았다.[22]

---

21 세 번째로 더해진 무리 가운데 한 사람인 파넬은 이제 막 생겨난 형제단이 모일 수 있는 첫 번째 공적인 장소를 구입하였다. 그들은 주일에만 사용하기 위해 언기어가(街)(Aungier Street)에 있는 큰 방을 임대해 사용하고 있었는데, 파넬이 장소를 구입해 영구적으로 사용할 수 있게 되었다. Andrew Miller, *The Brethren: Their Origin, Progress and Testimony* (Hong Kong: Christian Book Room, 1963), 22.
22 정인택, "형제운동의 기원과 발전 및 한국으로의 전래", 156.

그러나 그로브스가 형제운동의 원리가 되는 내용을 벨렛에게 제안한 것과 크로닌 무리의 떡을 떼는 모임과의 연관성을 특정할 수 없다. 사실 비슷한 시기에 크로닌의 무리를 비롯한 자생적 모임들이 각기 존재하였다. 그중에 핵심이 되는 두 무리가 1829년 11월부터 피츠윌리엄 스퀘어 (Fitzwilliam Square)에 있는 허친슨의 집에서 연합하게 되었다. 그 두 무리 중에 한 무리는 그로브스의 제안에 공감해 모이던 벨렛-허친슨 무리였고, 다른 한 무리는 윌슨의 집에서 모이기 시작했던 '크로닌의 무리'였다.

피츠윌리엄 스퀘어의 연합 모임은 그로브스가 새로운 모임의 원리를 제안한 이후 각기 자생하던 무리의 연합을 이룬 최초의 모임이었기 때문에 형제운동의 첫 무리로 보아야 할 것이다. 그 직후 마지막에 언급한 세 번째 무리가 더해졌는데, 그들은 그 이후 계속해서 연합과 합류를 이룬 무리들과 연장선에 있다고 할 것이다.

이상과 같이 형제단은 한 무리, 또는 한 사람에 의해 시작되었다기보다는 자생한 별도의 무리가 하나로 연합함으로써 시작되었다고 할 수 있다. 그리고 그들의 구심점은 그리스도인의 연합이라는 정신과 그것을 가시화한다고 믿은 '떡을 떼는 모임'(주의 만찬)이었다.

초기에 다비는 이제 막 형성된 형제단과 관련되긴 하였으나 적극적으로 가담하지는 않았다. 그러나 다비는 형제단에 본격적으로 합류한 후부터 지대한 영향을 미치게 되었다. 다비는 1800년 11월 18일에 웨스트민스터에서 태어났는데, 그의 부친은 해군과 관련된 일을 통해 부유해진 상인이었다.[23]

---

23 해군 제독이었던 그의 삼촌이 넬슨 경(영국의 제독(**提督**)으로, 미국 독립전쟁, 프랑스 혁명전쟁에 참전했고 코르시카 섬 점령, 세인트 빈센트 해전에서도 수훈을 세웠다. 트라팔가르 해협에서 프랑스-에스파냐 연합 함대를 격멸시켰으며 그 해전에서 전사하

그는 웨스트민스터 학교에서 공부한 후 1815년 7월 3일 더블린의 트리니티대학에 입학했다. 1819년 고전학에서 우수한 성적을 거두고 졸업한 그는 1822년에 법학 공부를 시작했다. 그러나 그는 법에 관련된 일을 하지 않고 성직 안수를 받기 원했으며, 1825년에 부제가 되었고, 1826년에는 사제로 안수받았다. 그는 위클로우(Wicklow)에 있는 칼라리(Calary)의 사제로 임명되었다. 다비의 아버지는 그가 법조인의 길을 버리고 성직자가 된 것에 화가 나서 그의 상속권을 박탈했지만, 다비의 삼촌은 그에게 상당한 재산을 상속해 주었다.[24]

형제운동의 초기 단계에서 다비가 수행한 역할은 다양하게 평가되었다. 다비는 형제단 모임의 시작에 주요한 역할을 하였고, 다른 이들은 상대적으로 역할이 미미했다는 식으로 주장하였다.[25] 다비의 추종자들은 그의 주장을 신뢰하였다. 밀러는 다비, 크로닌, 벨렛, 허친슨의 모임이 형제운동의 기원이 되었다고 설명하였다. 밀러는 크로닌의 작은 무리가 공식적으로 해체된 적이 없다는 것을 인정함으로써 크로닌의 역할을 무시하지 않았으나, 다비를 포함한 네 사람의 모임이 '형제단의 첫 모임'이었다고 주장했다. 또한, 그는 그로브스가 자기를 부인하며 헌신한 것에 대해서는 인

였다.)의 친구였고, 당시 넬슨 경이 영국인들의 존경을 받았기에 자기 아들의 이름에 '넬슨'을 넣은 듯하다. Coad, *A History of the Brethren Movement*, 26.
24 Rowdon, *The Origins of the Brethren*, 43-4; Coad, *A History of the Brethren Movement*, 26.
25 다비는 1828년에 네 명의 사람과 그의 숙소에서 그를 만났고, 그의 제안에 따라 다음 주 일요일에 떡을 떼기 위해 만났다고 주장했다. 또한, 아일랜드의 다른 도시에서도 비슷한 움직임이 뒤따랐다고 덧붙였다. 다른 설명에서 다비는 1827년의 사건을 허친슨의 집에서 일어난 것으로 말하면서 떡을 떼는 제안에 대해서는 언급하지 않았다. 그는 크로닌의 기여를 일축하고 그의 무리가 해체되었으며 당시에는 그것이 존재했는지도 몰랐다고 말했다. 그는 그로브스의 역할과 파넬과 그의 무리에 대해 침묵했다. Rowdon, *The Origins of the Brethren*, 44.

정했으나, 형제운동의 원리를 제시한 그의 공헌은 인정하지 않았다.[26]

다비가 형제운동의 초기 단계에서 그 운동과 연관성을 가지고 있다는 것은 분명하지만, 그는 칼라리(Calary)의 영국국교회 사제로서 자기 직무에 헌신하느라 초기 형제운동에 적극적으로 가담할 수 없었다. 그는 자기가 사역하는 교회 교인들과 로마가톨릭교도에 대한 사역에 전념하였다. 실제로 다비는 1827년에 낙마 사고를 당해 치유차 더블린에서 보낸 기간만이 형제운동을 일으킨 인사들과 가깝게 지낸 시간이었다.[27]

다비는 1834년까지도 영국국교회의 사제로 활동했다.[28] 다비는 1827년부터 1828년까지 더블린에 체류하면서 초기 형제단 지도자들과 접촉이 있었고, 공감대도 있었으나, 그 이후에는 가끔 방문했을 뿐이며 1829년의 결정적인 모임에는 함께하지 않았다.[29]

다른 한편, 1827년 더블린의 매기 대주교(Archbishop Magee)가 로마가톨릭교회에 대항해 국가의 보호를 주장하는 선언을 의회에 공포하였다. 매기는 개신교 성직자들이 영국 정부에 대한 충성을 공개적으로 표명하기를

---

26 Miller, *The Brethren: Their Origin*, 9-13.
27 Rowdon, *The Origins of the Brethren*, 45. 다비는 회복기의 마지막 몇 달을 그의 매형인 페네파더(Pennefather)와 함께 보냈는데, 그때 그 집의 가정교사로 일하게 된 프란시스 뉴먼(Francis W. Newman)은 다비로부터 깊은 인상을 받았다. 그는 옥스퍼드에서 일어난 고교회파 운동에 반대해 왔고, 인간이 세운 체제가 아니라 오직 성경에 권위를 두기 원했다. 이 만남으로 뉴먼은 1828년 옥스퍼드로 돌아간 후 형제운동에 잠시 연합하게 되었다. Embley, *The Origins and Early Development of the Plymouth Brethren*, 45.
28 1834년에 벨렛은 다비를 영국국교회로부터 분리되지 않은 사람으로 언급하였다. Coad, *A History of the Brethren Movement*, 31.
29 니브비, 샘블리 그리고 로우딘 등의 개방 형제단의 입장에 선 학자들은 비개방 형제단에서 형제운동의 시작을 이끈 인물이 다비라는 주장에 대해 반박하면서, 다비가 형제단이 시작된 뒤에 본격적으로 형제단에 합류하였다는 점을 밝혔다. 로우던은 다비가 형제단에 미친 영향은 크다고 할 수 있지만, 다비가 형제운동의 시작에 주도적 역할을 한 인물이라는 평가는 역사적 사실과 맞지 않다고 밝혔다. Rowdon, *The Origins of the Brethren*, 45-6.

원했다. 그것은 에라스투스주의(Erastianism)³⁰의 주장에 동조한 것이었다. 이 일로 다비는 국교회에 대해 깊이 실망했다. 다비는 매기의 행동에 항의하는 소책자를 출판하였고, 그 이듬해에 『그리스도의 교회의 본질과 연합에 대하여』(On the Nature and Unity of the Church of Christ)라는 제목의 책을 출판하였다.

다비는 기독교가 분열되어 있는 상황을 지적하고, 성서 공회, 선교 사업 등의 인위적인 연합 활동을 통해 그 분열의 문제를 해결하려는 시도에 대해서도 비판했다. 그는 연합의 중심에 그리스도의 이름이 있어야 하며, 진정한 연합은 인위적 시도가 아니라 성령에 의해 이루어질 수 있다고 보았다. 이어서 그는 참으로 영적인 사람들만이 함께 연합할 수 있기 때문에 연합을 위해 그리스도인들이 참된 영성을 배양해야 한다고 주장했다. 다비는 영국국교회와 비국교도가 긍정적인 요소를 가지고 있지만, 사도 시대의 영적 활력에 비하면 무기력함과 잠자는 상태에 있다고 보았다.³¹

1830년 프랑스에서는 '7월 혁명'³²이 일어났다. 이러한 혁명과 변혁을 목격한 다비는 그 시대가 모든 제도가 겪고 있는 보편적인 혼란의 시대이며, 제도적 교회인 기성 교회가 존속하는 것이 불가능하다는 결론에 이르렀다. 그런 가운데 다비는 종말론에 관심이 생겼고 그 연구에 심취하게 되

---

30 토마스 에라스투스(Thomas Erastus)의 이름을 따서 명명된 에라스투스주의(Erastianism)는 국가가 지배적 위치에 있는 교회와 국가의 결합을 뜻한다. Slayden A. Yarbrough, "Church and State in Baptist History," *Baptist History and Heritage*, 33 no 1 Wint 1998, 5.
31 Coad, *A History of the Brethren Movement*, 27; Rowdon, *The Origins of the Brethren*, 48-9.
32 나폴레옹 몰락 이후 복위한 루이 18세가 선거법을 개정해 의회를 왕당파로만 구성하고 일련의 사태를 거처 7월 칙령으로 의회를 해산하려고 하자 파리 시민들이 7월 27일 궐기하였다. 루이는 영국에 망명하였고, 혁명파에 의해 루이 필리프(Louis Philippe)가 왕으로 추대되었는데 부르주아가 옹립한 정권이 되었다. 남궁원, 강석규 편, 『연표와 사진으로 보는 세계사』(서울: 도서출판 일 빛, 2003), 280-1.

었다. 그런 관심 때문에 다비는 더블린의 귀부인 파워스코트(Powerscourt)가 주최한 예언 학회에 참여하였다. 파워스코트 부인은 예언 집회로 유명했던 에드워드 어빙(Edward Irving)과의 만남으로 예언에 대한 깊은 관심을 가졌고, 자기 소유지인 파워스코트성(Powerscourt Castle)에서 예언 학회를 개최하였다. 그 학회는 1831년 가을에 시작하였는데, 그곳 교구 사제인 로버트 델리(Robert Daly)가 의장을 맡았고, 다양한 교파에서 수백 명의 사람들이 참석했다. 다비는 이 학회 참석을 통해 자기 종말론적 통찰에 적지 않은 자극을 받은 것으로 보인다.

결국, 다비는 성경의 미성취 예언에 대한 연구를 통해 배도에서 물러나는 것이 진정한 그리스도인들의 의무라는 결론을 얻었다. 다비는 당시의 영국국교회가 배도의 상태에 있다고 보았다. 이제 그는 그 교회를 떠나는 것이 옳다고 생각하였으며 실제로 국교회를 탈퇴하게 되었다.[33]

한편 1831년에 개최된 파워스코트예언학회(Powerscourt Prophecy Conference)에는 다비뿐만 아니라, 형제단의 초기 지도자들인 벤자민 뉴턴(Benzamin W. Newton), 벨렛, 조지 위그램(George V. Wigram, 1805-1879)이 참석했다. 1833년의 그 학회에는 크레이크와 밀러가 초대되었다. 그 학회에 참석한 형제단 인사들과의 만남으로 파워스코트 부인은 언기어가(街)(Aungier Street) 형제단에 대한 관심이 커졌고, 초기 형제단의 여섯 명, 즉 다비, 벨렛, 캡틴 퍼시 프랜시스 홀(Captain Percy Francis Hall, 1804-1884), 뉴턴, 크레이크, 밀러에게 자기 사유지에 있는 별장에서 비공식적으로 떡을 뗄 것을 제안하기도 했지만, 실행에 옮겨지지는 않았다. 1834년부터 1836년까지 그 예언 학회는 더블린의 한 호텔에서 열렸으며, 형제단의 회합의 성격을

---

33 Rowdon, *The Origins of the Brethren*, 52.

떨만큼 형제단 일원들이 많이 참여하였다.³⁴ 파워스코트 부인이 주최한 예언 학회는 초기 형제단 인사들의 예언에 대한 이해의 발전과 그들 간의 교류의 장이 되었다는 점에서 특별한 매개체였다.

(2) 플리머스(Plymouth)

플리머스에서 형제단 교회의 첫 예배는 1832년 1월에 시작되었다.³⁵ 그 시작 당시의 주요 인물은 뉴턴, 다비, 제임스 해리스(James L. Harris, 1793-1877), 홀 그리고 위그램이었다. 홀은 1804년 명망(名望) 있는 가문에서 태어났다. 그의 아버지는 옥스퍼드 크라이스트 처치(Christ Church, Oxford) 주임사제(Dean)였다. 나중에 홀도 더럼(Durham)의 주임사제가 되었다.

홀은 플리머스에서 해안 경비대를 지휘했기에 캡틴 홀(Captain Hall)이라고 불리었다. 홀이 뉴턴과 어떻게 만나게 되었는지 확인할 수 없으나, 그가 뉴턴과 동행하여 설교하고 기도문을 낭독하는 일을 했다는 사실은 알려져 있다.³⁶ 다비는 뉴턴의 요청으로 플리머스로 오게 되었는데, 1830년 12월로 추정된다.³⁷

34　Coad, *A History of the Brethren Movement*, 59-60.
35　뉴턴(B. W. Newton)과 트레겔레스(S. P. Tregelles)는 모두 1831년에 예배당 인수와 최초의 성찬식이 이루어진 것으로 기록했다. Neatby, *History of the Plymouth Brethren*, 50. 엠블리는 뉴턴의 기록은 노년에 쓰인 것이라 날짜에 대해 기억이 희미해질 수 있음을 감안해야 하며, 예배당 인수가 1831년 12월에 되었으나, 실제 공적 예배는 1832년 1월에 시행되었음을 성탄절 등의 정황 근거로 설명하였다. Embley, *The Origins and Early Development of the Plymouth Brethren*, 51.
36　Rowdon, *The Origins of the Brethren*, 74-5.
37　엠블리는 1830년 12월 31일 금요일 자 'S. P. C. K. on the Continent'의 첫 대본서집회에 관한 보도를 인용해 당시 뉴턴, 다비, 해리스, 홀이 플리머스에 있었음을 확인하였다. Embley, *The Origins and Early Development of the Plymouth Brethren*, 50.

이 무렵, 홀은 해안 경비대 지휘관 직을 사임하고 그 이유를 담은 소책자를 발행했는데, 그의 사임이 오직 성경의 권위를 인정하고 낮아지신 예수의 본을 따르기 위한 것이었다고 했다. 홀은 세상의 권세, 탁월함, 명예, 부는 그리스도인을 위한 것이 아니라고 주장했다. 또한, 그는 전쟁에 대해서는 예수의 교훈과 모범이 무력의 사용 자체를 금하는 것이라고 여겼다. 홀은 과거 아나뱁티스트처럼 평화주의 입장을 택했는데, 율법의 완성인 사랑은 모든 사람에게 나타낼 그리스도인의 특징이기 때문에 비록 그리스도인들이 무력을 행사해야 할 가능성이 낮을 지라도 군사 분야에 종사하는 것 자체를 반대하였다.[38]

위그램은 성직자가 되기 위해 1826년부터 옥스퍼드 퀸스 학부에서 공부했는데, 이때 해리스와 뉴턴 그리고 다비를 알게 되었다. 위그램은 뉴턴과 다비의 생각에 동감했고, 아일랜드의 더블린을 방문해 파워스코트학회(Powerscourt Conference)에 참석한 이들과의 교제를 통해 예언에 관해 관심을 갖게 되었다. 그는 플리머스에서도 예언 강의가 활성화되기를 기대하였고, 1831년 말경에 강의 장소를 위해 자기 돈으로 그 당시 사용하지 않고 있던 예배당을 구입했다.[39] 12월 18일 주일에 첫 예배를 드리고자 하였으나, 여의찮아 실제 첫 주일 예배는 아마 1832년 1월에 행해졌던 것 같다.[40]

---

30 Rowdon, *The Origins of the Brethren*, 75.
39 그 예배당은 프로비던스채플(Providence Chapel)이라 불렸는데, 리치몬드가 교회(Richmond Street Chapel)의 코어컷 목사(Rev. Cawcott)에 의해 플리머스의 롤리가(Raleigh Street)에 세워졌으나 사용치 않게 된 건물이었다.
40 Rowdon, *The Origins of the Brethren*, 75-6; Embley, *The Origins and Early Development of the Plymouth Brethren*, 51.

첫 예배는 주일 저녁에 교회 부속실에서 약 여섯 명의 사람이 비공개적으로 모인 가운데 시작되었다. 소수의 사람 중 참석자로 그 이름을 추정할 수 있는 이들은 위그램, 뉴턴, 다비, 홀 그리고 해리스였다. 그 첫 모임에서 주의 만찬은 원래 예정에 없었으나, 위그램이 주도해 갑작스럽게 시행되었다. 그 모임은 사실상 예언 강의가 그 초점이었고 참석자 중 다비와 해리스는 영국국교회 사제였기 때문에 분리된 교회로서의 예배 성격을 띠지 않기 원했을 것이다. 뉴턴 또한 당시까지 영국국교회를 떠나고자 하는 결단을 내리지 않은 상황이었다. 이런 이유로 그들은 주의 만찬 시행에 있어서는 부담감을 가질 수밖에 없었다.[41]

그래서인지 형제단은 그들 스스로를 '교회'(church)라고 부르기보다는 '모임'(assembly)이라고 부르기를 선호하였고, 그러한 것이 전통이 되어 오늘날에도 형제단 내부에서는 자기 교회들을 '모임'이라는 단어와 '교회'라는 단어를 혼용하고 있다.[42] 이러한 전통은 역사적인 맥락이 가장 큰 원인이 되었겠지만, 형제단 스스로가 제도화된 기성 교회와 차별화하는 과정에서 더욱 심화하였다.

플리머스의 롤리가 예배당이 사용된 두 번째 주일부터 홀과 위그램 간에 종말론에 관해 견해 차이가 발생하였다.[43] 그들 간의 견해 차이로 인한 논쟁을 해결하기 위해 그들은 첫 예배 후에 런던으로 돌아가 있던 뉴턴을 초청하였다. 뉴턴은 탁월한 성경 교사로서 성경을 잘 해설하고 설교함으

---

41 Embley, *The Origins and Early Development of the Plymouth Brethren*, 52.
42 물론, '모임'이라는 용어를 선호한 것이 이 이유만은 아닐 것이다. 다비는 '교회의 파멸'이란 개념을 강조하고 강화해 갔는데, 그 견해 때문에 '교회'라는 용어 사용을 꺼렸다. 이에 대해서는 비개방 형제단의 신학에 대해 논할 때 구체적으로 살펴볼 것이다.
43 아침에 홀은 임박한 그리스도의 재림과 성도들의 축복을 자세히 설명하였는데, 그날 저녁에 위그램은 그것을 반박하였다.

로써 교회가 안정을 찾을 수 있게 하였고, 시간이 지나자 플리머스에서 유력한 인물이 되었다. 서로의 견해 차이가 있었는데도 위그램과 홀은 잘 동역하였으며, 플리머스의 형제단 발전에 상당한 원동력을 제공하였다.[44] 플리머스에서 형제단 모임이 생기고 나서 곧 다비는 아일랜드에서의 국교회 사제로서의 사역 때문에 더블린으로 돌아갔다.

플리머스의 형제단은 시간이 가면서 부속실이 아닌 본당에서 공개적으로 모이게 되었다. 더 많은 영국국교회와 비국교도 교회 출신의 성직자들이 합류했는데, 모두가 자유롭게 읽고, 말하고, 기도하거나 찬송을 인도할 수 있는 형식이었으며, 그리스도인 연합의 상징으로 여겨지게 되었다.[45]

영국국교회 사제 중 플리머스의 형제단에 더해진 사람들도 있었다. 그 대표적인 인물로 헨리 볼레이즈(Henry Borlase)가 있다. 그는 헬스턴(Helston) 출신으로 캠브리지(Cambridge)의 트리니티대학(Trinity College)에서 학사학위(B.A.)를 받고 콘월의 세인트 케인(St. Keyne)에서 안수를 받고 부사제가 되었다. 그는 플리머스에서 뉴턴과 교제하고 국교회를 탈퇴해 형제단에 합류했다.[46]

플리머스 롤리가의 형제단 교회는 계속 성장해 1840년에는 참여하는 사람들의 수가 약 천 명에 이르게 되어, 에브링턴가(Ebrington Street)로 모임 장소를 옮겼다. 플리머스의 교회는 형제단 교회 중 가장 큰 규모가 되었을 뿐만 아니라, 당시의 교계에서 주목할 만한 규모였기에 형제단을 지칭하는 대표적 이름이 "플리머스 형제단"이 되었다.

---

44 Embley, *The Origins and Early Development of the Plymouth Brethren*, 52.
45 Smith, *Roots, Renewal and the Brethren*, 7.
46 Rowdon, *The Origins of the Brethren*, 77.

2) 침례교회 배경의 형제단

초기 형제단의 구성원 중에 두 번째로 많은 수를 차지하였고, 형제단이 분열된 후 개방 형제단의 주축을 이룬 이들은 침례교회 출신의 사람들이었다. 브리스톨과 반스테플에 있던 침례교회 회중의 목회자들은 자기들의 교회가 더 성경적인 모습을 나타내길 기대했고, 그리스도 안에서 신자들의 연합 그리고 사역에 있어 모든 신자가 제사장으로서 차별 없이 참여할 수 있어야 할 것을 그 표지로 삼았다. 그들은 아마도 초기 침례교회의 전통에 대한 향수와 교파를 초월해 연합하고자 하는 동기 때문에 침례교회를 떠나 형제단에 연합한 것으로 보인다.[47]

---

[47] 초기 침례교인들의 행습과 초기 형제단의 행습을 비교하면 적잖은 유사성을 발견할 수 있다. 초기 침례교회는 영국국교회의 안수 기준을 거부하고, 모든 기독교인은 반드시 복음을 증거해야 하며 하나님으로부터 전도의 허락을 받았다고 주장했다. Torbet, *A History of the Baptists*, 80. 이것은 19세기의 형제단이 주장한 '사역의 자유' 개념과 유사하다. 초기 스코틀랜드의 침례교회들은 "목사의 복수제"를 시행하였는데, 이것은 형제단에서는 그 시작 단계뿐만 아니라 이후 보편적으로 지향하는 방식이다. 또한 주의 만찬에 대해 초기 침례교인들은 그 중요성을 인식하고 있었으며, 매주 또는 자주 행하고자 하였다. 그 집례에 있어서도 일부 침례교회에서는 목사가 아닌 다른 교인들에 의해서도 집례가 가능하다고 믿었다. Torbet, *A History of the Baptists*, 116-7; Mcbeth, *The Baptist Heritage*, 92. 형제단은 주의 만찬을 예배에 있어 매우 중요한 요소로 여겼으며, 매 주일 행하고자 하였고, 그 집례에서도 안수 받은 사람으로 제한하지 않고 자유롭게 행하도록 하였다. 또한, 초기 침례교 예배에서는 성경 주석을 원칙으로 한 말씀 대언자들뿐 아니라 예배 참석자들도 성경의 본문들을 다루면서 회중 앞에서 그들의 성경 이해를 제시하는 것이 허용되었다. Mcbeth, *The Baptist Heritage*, 91-2. 이 또한 19세기의 형제단이 내세운 '사역의 자유' 원칙에 부합하는 행습이다. 침례교회는 예배 참석에 있어 완전한 자율성을 요구함으로써, 각 개인이 성령께서 그들 각자를 언제든지 인도하는 대로 하나님에게 응할 수 있게 하였다. 이러한 행습은 19세기의 형제단의 자유로운 예배 행습에서 다시 나타났다. 초기 침례교회는 주의 만찬에 선행하여 교회의 교제 식사인 '애찬'(love feast)을 행했다. Mcbeth, *The Baptist Heritage*, 92. 19세기에 출현한 형제단은 매 주일 성도 간의 교제 식사인 애찬을 즐겼으며 이후 형제단의 주요한 특징이 되었다.

(1) 브리스톨(Bristol)

더블린에서의 형제운동 형성기에 어느 정도 영향력을 행사했던 그로브스는 크레이크와 뮐러에게 훨씬 더 깊은 인상을 남겼다. 특히 두 사람은 그로브스와 인간적으로 특별한 관계에 있었다. 크레이크는 그로브스 가정의 가정교사였고, 뮐러는 그로브스의 누이와 결혼했다. 크레이크와 뮐러 모두 그리스도께 헌신하는 그로브스의 삶에 감동했고 그의 사상에도 깊은 영향을 받았다.

크레이크는 1805년 8월 8일에 스코틀랜드의 이스트 로디언(East Lothian)의 프레스톤팬스(Prestonpans)에서 장로교 교구 부목사였던 윌리엄 크레이크(William Craik)의 셋째 아들로 태어났다. 1820년에 그는 성 앤드루스(St. Andrews)대학교에서 철학을 공부했는데, 헬라어와 라틴어에서 탁월함을 인정받았다. 그는 1825년 대학 친구인 존 어커트(John Urquhart)의 영향으로 회심을 체험했다. 열정에 불타던 젊은 크레이크는 1826년 여름에 학업을 위해 에딘버러(Edinburgh)에 머물렀는데, 스코틀랜드 장로교 총회에 참석할 기회가 있었다. 그는 그 총회에서 크게 실망했다.[48]

그런 마음에서 그는 목회를 해야 할지 말아야 할지 막막해져서 가정교사 일을 생각하게 되었다. 1826년 7월에, 그는 그로브스 가족의 가정교사직 제안을 받고 그 일을 시작하였다.[49] 크레이크는 1826년 8월 21일 엑서터(Exeter)에 있는 그로브스의 집에 도착했다. 가정교사 일을 하는 가운데도 크레이크는 헬라어 연구와 성경 히브리어를 통해 헬라어 신약성경을

---

48 그가 실망한 이유에 대해서는 구체적으로 확인하기 어렵다. 아마도 그는 교권적인 교회 체계에 대해 회의감을 가졌을 것이다.
49 Henry Pickering, 『형제 중에 인도자들』, 이우진 역 (고양: 전도출판사, 2007), 104-5; Rowdon, *The Origins of the Brethren*, 111-2.

분석하는 작업을 하였으며, 해비트리(Heavitree)와 폴티모어(Poltimore)의 열린 집회에서 성경을 해설하는 등 성경 연구와 가르침을 병행하였다.

그러나 그로브스가 학업을 중단하고 선교를 떠나게 되면서 크레이크는 1828년 여름, 당시 테인머스(Teignmouth) 근처의 벅리지 하우스(Buckridge House)에서 살고 있던 존 싱(John Synge)과 그의 두 아들의 가정교사로 일하게 되었다. 이 일로 크레이크는 싱과 좋은 친구가 되었고, 싱은 크레이크의 연구를 후원해 주었다.[50] 같은 해 크레이크는 앤더슨(Anderson)의 소개로 테인머스 근처에 있는 샬던(Shaldon)의 침례교회에서 목회하게 되었다. 1829년 7월 자기 건강 요양차 테인머스를 방문했던 뮐러는 그 지역의 침례교회에서 크레이크를 만나게 되었고, 이로써 두 사람의 인생에 특별한 친교와 동역이 시작되었다.

뮐러는 1805년 프러시아(Prussia)의 코르펜스테트(Korppenstaedt)에서 세금 징수원의 아들로 태어났다. 그의 아버지는 그가 루터교회 목사가 되기를 원했기 때문에, 뮐러는 노르다우센(Nordhausen)의 김나지움(Gymnasium: 독일의 대학 예비 교육 기관)인 할버슈타트 대성당 고전학교(Halberstadt Cathedral Classical School)에서 공부하고 1825년부터는 할레대학교(Halle University)에서 신학을 공부하게 되었다.[51]

신학을 공부하고 있었지만, 방탕한 삶을 살던 뮐러는 1825년 11월 그의 친구 베타(Beta)의 집에서 열린 모임에 참석해 선교 후보생인 케이저(Kayser)가 성경의 한 장을 읽기 전에 무릎을 꿇고 기도하는 모습을 보고 깊

---

50 싱은 1831년 발간된 크레이크의 『기초 히브리어』(*Principia Hebracia*) 출판에 자금을 지원했다.
51 George Müller, *A Narrative of the Lord's Dealing with George Müller, The Life of Trust: being a Narrative of the Lord's Dealing with George Müller*, H. Lincoln Wayland, ed., (Boston: Gould and Lincoln, 1861), 31, 32, 36.

이 감동 받았다. 그 일이 계기가 되어 뮐러는 회심의 경험을 하였고, 케이저처럼 선교사가 되기로 결심했다.

그러나 뮐러의 아버지는 그가 선교사가 되는 것을 반대하였다. 뮐러는 자기 신념을 따라 살기로 하고, 그것에 반대하는 아버지로부터 재정적인 도움을 받지 않는 것이 옳다고 생각하였다. 아버지로부터 재정 지원을 받지 않는 대신 뮐러는 할레대학교의 신학 교수인 톨룩 박사(Dr. Tholuck)를 통해 당시 할레대학교에 오는 몇몇 미국인에게 독일어 강의를 영어로 번역해 주는 일을 해서 얻는 수익으로 생활할 수 있었다.[52]

1827년, 뮐러는 톨룩 박사의 안내로 '종교지식보급을위한대륙협회'(Continental Society for Religious Knowledge) 산하 유대인을 위한 선교사로 부쿠레슈티(Bucharest)로 가려는 계획을 세웠으나, 러시아와 터키 사이에 전쟁이 발발해 무산되었다. 톨룩 박사는 뮐러가 런던으로 가서 '유대인의기독교진흥을위한런던협회'(London Society for Promoting Christian Society of the Jewish)에서 유대인 대상 선교사가 되기 위한 추가 훈련을 받도록 안내해 주었다.[53]

뮐러가 런던에 도착한 때는 1829년 3월 19일이었는데, 그가 런던에 도착한 지 얼마 되지 않아 그로브스가 자기 치과 의사로서의 안정된 직업을 버리고, 오직 주님의 공급하심만을 의지하고 페르시아로 선교하러 갔다는 소식을 듣고 깊은 감명을 받았다.[54]

---

[52] Ibid., 39-41.
[53] 뮐러는 병역의 의무가 남아 있었지만, 신체검사에서 병역 부적합 판정을 받음으로써 병역을 면제받아 그 런던협회에 갈 수 있게 되었다.
[54] Ibid., 47-52.

뮐러는 이슬링턴(Islington)에 있는 '교회선교회'(Church Missionary Society Institution)에서 성경 연구에 몰두한 나머지 건강을 잃었다.[55] 그는 요양하기 위해 테인머스로 갔다가 에벤에셀교회(Ebenezer Chapel)의 개관 예배에 참석하게 되었고 크레이크의 설교를 듣게 되었다. 뮐러는 크레이크의 설교에 깊은 인상을 받았고, 이어진 교제를 통해 큰 영감을 받았다. 뮐러는 성경의 최고 권위, 예정의 교리, 제한 속죄 그리고 최종적 견인 은총, 그리스도의 전천년 재림의 개념 그리고 더 높은 수준의 헌신 필요성에 대해 듣고 받아들였다.[56] 그로브스와 크레이크의 만남 그리고 크레이크와 뮐러의 만남이라는 연결 고리를 통해 뮐러는 중대한 전환점을 맞았다.

뮐러는 1829년 9월 초에 런던으로 돌아왔을 때, '유대인의 기독교 진흥을 위한 런던협회'의 요구에 대해 의문을 갖게 되었다. 그는 그리스도의 종이 오직 그리스도 한 분만을 주님으로 모시는 것이라 확신하게 되었고, 선교 사역에서 이루어지는 사람의 지시와 통제에 대한 거부감을 가졌다. 이러한 그의 생각은 영국국교회 체제와 충돌될 수밖에 없었다. 특히, 그는 유대인에게만 설교해야 한다는 그 협회의 요구를 인정할 수 없었다.[57]

1829년 12월 30일 뮐러는 런던을 떠나 엑스머스(Exmouth)에서 3주간 설교한 후 샬던(Shaldon)에 위치한 크레이크의 교회에서 가깝고 그가 전에 머물던 곳인 테인머스로 갔다.[58] 전에 뮐러가 요양 중 방문해 크레이크의 설교를

---

55 매일 12시간을 성경 연구에 매진하면서 원래 약했던 육체에 문제가 발생하였다.
56 Ibid., 53-5. 그 설교자가 누구인지에 대한 논란이 있지만, 그로브스가 그해 6월에 영국을 떠났기 때문에 1829년 8월에 뮐러에게 큰 영향을 미친 사람은 그로브스가 아닐 것이다. Rowdon, *The Origins of the Brethren*, 116. 또한 코드(Coad)는 그 당시 뮐러에게 영향을 준 인물이 크레이크였고, 그가 그로브스의 견해를 뮐러에게 다시 소개해 주었을 것이라고 주장했다. Coad, *A History of the Brethren Movement*, 37.
57 Müller, *A Narrative of the Lord's Dealing with George Müller*, 56-7.
58 Ibid., 58.

들었던 테인머스의 에벤에셀교회에는 당시에 목사가 없었다. 뮐러는 에벤에셀 회중의 요청으로 1830년 1월 27일부터 12주 동안 계속 머물며 설교했고 나중에, 교인 18명의 만장일치로 그 교회 목회자로 섬기게 되었다.[59]

같은 해 4월 초순경 시드머스(Sidmouth)를 방문하는 동안 뮐러는 세 명의 여성과 신자의 침례에 관해 대화를 나누게 되었다. 그것이 계기다 되어 뮐러는 "믿는 자들만이 침례의 합당한 대상이며, 침례의 방식에 있어 침수가 유일한 참된 성경적 양식이다"라는 결론에 도달하였고, 비로소 그 자기가 침수에 의한 침례를 받았다.[60] 이로 보건대 당시 침례교회에서는 교인으로 입교할 때 침수례를 엄격하게 요구하지 않은 듯하다.[61] 뮐러는 침례교회에서 목회를 시작한 직후에 침수례를 받았기 때문이다.

그 후 얼마 동안, 뮐러는 침례교 목사직을 유지했지만, 그의 관점들이 형제단과 점점 더 가까워졌다. 1830년 여름에 뮐러는 사도행전 20장 7절에서 매 주일 떡을 떼는 사도들의 사례를 발견하였다. 뮐러는 형제 중 누구라도 그들이 청중에게 유익한 말을 할 수 있다면, 다른 성도를 권면하거나 가르칠 기회를 주어야 한다고 확신했을 뿐만 아니라 즉시 그 교회에서 그 생각을 실행에 옮겼다. 같은 시기에 그는 에베소서 4장과 로마서 12장 같은 성경 본문으로부터 교회의 공적 예배에서 참여자들이 제한이나 정해진 규칙 없이 자유롭게 기도나 발언을 할 수 있어야 한다는 결론을 얻었다.[62]

59　Rowdon, *The Origins of the Brethren*, 116-7.
60　Müller, *A Narrative of the Lord's Dealing with George Müller*, 65.
61　당시에 침례교회는 새로운 회원으로 받아들이는 과정에서 그들의 신앙을 확인하되 침수례의 여부가 조건이 되지 않았던 것으로 보인다.
62　Rowdon, *The Origins of the Brethren*, 117.

이러한 그의 관점과 실행은 당시 침례교회의 행습보다는 침례교회 역사의 초기 형태와 가까워지는 것이었으며, 당대에는 형제단의 견해에 가까워지는 것이었다.

1830년 8월 말에 뮐러는 규정된 사례비를 포기하고 예배당에 비치된 헌금함을 통해 공급되는 자율 헌금에 의존하겠다고 발표했다. 당시에는 오늘날의 극장의 좌석마다 요금이 차등적으로 책정되듯이 예배당의 좌석에 요금이 책정되어 있었는데, 그것이 좌석료(pew rents)였다. 좌석료는 목회자들의 사례비의 공급원이기도 하였다. 뮐러는 그 좌석료를 폐지하였고, 전 좌석이 무료라는 안내문을 게시하였다. 뮐러가 좌석료에 반대한 이유는 그것이 일으키는 사회적 차별과 수입이 적은 교인들에게 재정적 부담을 지우는 것이었기 때문이었다. 그는 또한 목회자가 교회로부터 고정 급여를 받게 되면 그 목회 사역의 자유에 제약을 가하게 한다고 느꼈다.[63]

이러한 뮐러의 개혁적 조치 중 목회자의 고정된 사례비를 거부한 것은 이후 형제단 내에서 주요 관행으로 자리 잡으면서 긍정과 부정의 양면의 결과를 낳았다. 긍정적인 것은 뮐러가 생각한 것처럼 목회자들이 자유로운 가운데 사역할 수 있었고, 새로운 교회를 개척해 설립하는 데 있어 재정적 여건에 얽매이지 않고 적극적으로 추진할 수 있었다는 점이다.

그러나 초기 형제단 지도자들처럼 재정적 기반이 있지 않은 그 이후의 형제단 목회자들의 개인적 생계와 자녀들의 양육 문제 등으로 인한 목회자들의 어려움이 발생하게 되었고, 그들의 어려움은 교회의 성장에도 영향을 미치게 된 점은 부정적인 측면이다.

---

63 Müller, *A Narrative of the Lord's Dealing with George Müller*, 66-7. 19세기 후반이 되어서야 좌석료에 대한 반대가 기성 교회와 전통적인 비국교도에서 표출되었다.

1830년 10월 7일, 뮐러는 그로브스의 여동생 메리(Mary)와 결혼했다. 그들의 결혼식은 매우 검소하고 간소하게 치러졌다. 그들은 결혼 축하연을 하지 않았으며, 결혼식 후에 곧바로 사역지로 갔다. 이상에 나타난 뮐러의 행보는 그로브스가 말했고, 실천한 것들과 매우 닮아있다. 그들의 인간적 관계를 미루어 보더라도 뮐러가 그로브스의 영향을 받은 것은 분명해 보인다. 뮐러와 그로브스 사이에 연결 고리 역할을 한 또 다른 중요한 인물은 윌리엄 헤이크(William Hake)였는데, 그는 뮐러뿐만 아니라 잉글랜드 서부의 초기 형제단에게 그로브스의 소식과 메시지를 전달하였다.

처음부터 뮐러는 테인머스로 그의 사역의 범위를 스스로 제한하지는 않았다. 그는 엑서터, 톱샴(Topsham), 샬던, 엑스머스 등 주변 여러 지역에 걸쳐 성경을 가르치고 설교하였다. 뮐러 외에도 그의 교회 평신도 설교자들은 인근 4개 마을로 가서 전도했다.[64]

1830년부터 1832년까지 뮐러와 크레이크는 일생에 걸친 동역 관계의 기초가 될 깊은 친분을 형성하게 되었다. 뮐러와 크레이크는 동년배였고, 두 사람 모두 학문적 배움과 성경 원어 연구에 깊은 관심을 가졌으며, 대학에서 거의 같은 시기에 회심을 경험했음을 언급했다. 그리고 무엇보다도, 두 사람의 교리적 입장이 일치했다. 두 사람의 예배당은 테인머스에서 강을 사이에 두고 서로 반대편에 있어 서로 교류하는데 쉬운 측면도 있었다. 그들이 1831년 6월에 잉글랜드 남서부 데본주에 위치한 해안 도시 토키(Torquay)로 동반 설교 여행을 했을 때 그들은 전적으로 하나님의 공급하심만을 의지하는 가운데 그 일정을 진행하였다.[65] 그들은 사람보다 전적으

---

64   Rowdon, *The Origins of the Brethren*, 118.
65   Müller, *A Narrative of the Lord's Dealing with George Müller*, 73.

로 하나님을 의지하는 방식으로 사역하는 데 있어서도 공감했다.

브리스톨의 세인트 제임스(St. James) 교회 일원이었던 채프먼(Chapman)은[66] 테인머스 근처에서 자기 신앙관에 부합 한 목사를 찾을 수 없었기 때문에 비국교도 예배당에서 예배를 드렸고, 그곳에서 휴가를 보내다가 결과적으로 샬던에서 크레이크의 설교를 듣게 되었다. 채프먼은 크레이크의 설교에 큰 감명을 받았고 그에게 샬던과 같은 시골에서 그의 은사를 낭비하지 말고 브리스톨로 사역지를 옮기라고 조언하였다. 1831년 말에, 크레이크는 브리스톨의 다양한 교회에서 설교하는 기회를 얻었고, 브리스톨의 뉴펀들랜드가(Newfoundland Street)에 위치한 기드온교회(Gideon Chapel)에서 목회하게 되었다.[67] 크레이크는 뮐러를 초청해 브리스톨에서 공동으로 목회하였다.[68]

뮐러와 크레이크의 동역으로 브리스톨에서 큰 호응이 일어났다. 1832년 4월, 기드온교회의 교인 수는 1,000명이 되었다. 그들은 피타이교회(Pithay Chapel)와 예배당으로 꾸며진 '클리프턴 방주'(The Clifton Ark)라는 배의 선상 등 다른 곳에서도 설교했다.[69]

1848년 형제단이 분열된 후 비개방 형제단의 인사들은 기드온교회가 진정한 형제단이 아니라 단순히 뮐러와 크레이크가 주재하는 침례교 회중이라고 평가했지만,[70] 이것은 그들이 형제단에 대한 뮐러와 크레이크의 영

---

66 형제단 중 한 명인 브리스톨의 로버트 채프먼(Robert C. Chapman)과 그를 동일시하는 것은 잘못이다. 이 채프먼은 결코 영국국교회를 떠나지 않았다. Rowdon, *The Origins of the Brethren*, 119.
67 Coad, *A History of the Brethren Movement*, 40-1; Rowdon, *The Origins of the Brethren*, 120.
68 Müller, *A Narrative of the Lord's Dealing with George Müller*, 81-4.
69 Ibid., 83-6.
70 Miller, *The Brethren: ('Commonly So-called'). A Brief Sketch of their Origin, Progress and*

향력을 평가 절하하려는 의도에 의한 것이었다. 초기 형제단 지도자들은 국교회 전통이든 비국교회 전통이든 그 전통에서 떠나 새로운 형제운동에 합류한 자들이었다. 뮐러와 크레이크도 그런 사람들 가운데 포함되는 이들일 따름이다.

비개방 형제단이 문제 삼은 대로 뮐러와 크레이크가 목사(Reverend)로 여겨진 것은 당시의 관례를 따른 것일 뿐이었다.[71] 그들은 형제단이 중요한 가치로 삼은 모든 신자가 신분적 차등 없이 평등하다는 개념을 인정하고 자기들의 교회에서 그 개념을 구체적으로 실행하고자 하였다. 비개방 형제단이 뮐러와 크레이크에 대해 문제 삼은 또 다른 것은 뮐러와 크레이크가 형제단 외부의 목회자들과 교류한 것이었다. 크레이크는 다른 비국교도 목사들을 위해 자주 강연했으며, 댄 앨포드(Dean Alford), 트렌치(Trench) 대주교, 댄 엘리코트(Dean Ellicott)와 같은 기성 교회의 사제 및 학자들과 우호적인 관계를 유지했다.[72]

크레이크는 형제단 외부의 경건한 설교자들을 초대해 그가 후일 사역하게 된 베데스다교회에서 설교하도록 하였다. 그는 나중에 침례교대학(Baptist College)으로 알려진 아카데미에서 히브리어 시험관으로도 일했다.[73]

Testimony, 56, 57.
71 형제단에서는 국교회뿐만 아니라 비국교도 교회에서 사용하는 'Reverend'라는 칭호가 성직자와 평신도를 구분하는 비성경적 표현이라고 비판하였다. 그들은 하나님 앞에서 모든 신자의 신분적 평등을 강조하면서 칭호에 있어서도 구분하는 것을 거부하였다. Andrew Stenhouse, 『분파주의』, 정병은 역 (서울: 전도출판사, 2005), 101.
72 H. Craik, Authority of Scripture, iii-v ; Passages from the Diary and Letters of Henry Craik, 275, 278, 283, Rowdon, The Origins of the Brethren, 120-1에서 재인용.
73 Craik, Passages from the Diary and Letters of Henry Craik, 224, 276, Rowdon, The Origins of the Brethren, 121에서 재인용. 비개방 형제단은 기성 교회, 즉 국교회와 비국교도 교회들이 배도 가운데 있기 때문에 그들로부터 분리해 따로 모이는 것이 형제단의 핵심 가치라고 믿었으며, 그들과 교류하는 것을 거부하였다.

뮐러와 크레이크는 초기부터 그로브스의 견해, 즉 형제단 밖의 그리스도 인들에게 열린 입장을 따라 행함으로써 형제운동의 발전에서 형성된 두 전통 중 하나인 개방 형제단을 형성했던 것이다. 그들이 다른 그리스도인 들과 교제한 것을 두고 형제단의 정체성에서 벗어났다고 평가하는 것은 어디까지나 비개방 형제단의 입장이지 형제운동 정신에 입각했다고 보기 는 어렵다.

"뮐러와 크레이크가 형제단 정체성에 부합 하는 사람들인가?"

이런 비개방 형제단의 의문에 대한 반론을 정리하면 다음과 같다.

먼저, 브리스톨에서 뮐러와 크레이크의 사역은 초기 형제단의 패턴을 따랐다는 점에서 그들은 형제단의 일원이었다. 플리머스에서 형제단이 시작되기 몇 달 전에 테인머스에서 이미 뮐러는 좌석료를 폐지하고 고정된 급여를 포기하였으며, 주의 만찬을 매주 시행했고, 교회 사역을 성령의 은사를 받았다고 여겨진 형제들에게 개방하였다.

그와 크레이크는 성경을 최고 권위로 인정하였고, 그리스도의 명령에 대한 문자 그대로의 순종을 기본적인 전제로 하는 높은 헌신의 기준을 설정했다. 또한, 그들은 주님이 교회가 지상의 안락함을 받아들이도록 의도하신 것이 아니라는 확신을 가지고 있었다. 이러한 믿음은 브리스톨에서 그들이 섬기는 교회에서 실천되었다.[74]

초기부터 더블린-플리머스(Dublin-Plymouth)에서 진행된 형제운동과 테인머스-브리스톨(Teignmouth-Bristol)에서 진행된 형제운동 사이에 교류가 이뤄졌던 점 역시 뮐러와 크레이크가 형제단의 일원이었음을 확인해 준다. 1832년 10월에 다비는 뮐러와 크레이크가 인도하는 두 교회에서 설교했

---

[74] Müller, *A Narrative of the Lord's Dealing with George Müller*, 87-8.

고 그곳에서 수행되고 있는 사역에 대해 감사를 표했다.[75] 두 진영은 처음부터 공통 가치를 두고 연합 했다.

밀러와 크레이크는 기드온침례교회에서 사역하도록 초대받았을 뿐만 아니라 당시 비어 있던 또 다른 큰 예배당인 베데스다를 별도로 사용할 수 있게 되었다. 그들은 한 교회에 고정된 목회자로 제약받지 않을 것과 성경 외에 다른 어떤 제약 없이 자유롭게 설교할 수 있다는 그들의 요구에 회중의 동의를 얻었다. 또한, 그들은 교인들이 헌금함에 넣는 자발적인 기부를 통해 목회자들이 지원받는다는 점을 분명히 하였다.[76] 베데스다 예배당에서의 설교는 브리스톨에서 콜레라가 발병하기 불과 일주일 전인 1832년 7월 6일에 시작되었는데, 수백 명이 참석한 새벽기도회가 매일 아침 전염병이 지속 되는 동안 그리고 그 후에도 한동안 계속되었다.[77]

밀러와 크레이크의 사역에 또 다른 전환점이 되는 사건이 발생하였다. 브리스톨에서 침례에 관한 논의가 일어났는데, 기드온교회에서는 신앙고백 후 침례를 받았는지의 여부가 교회 회원 영접의 기준이 아니었으나, 베데스다에서는 신앙고백을 통해 침례를 받지 않은 사람들은 비록 '주의 상'에 영접 되었지만, 교회의 일원으로 교제권에 영접되지는 않았다.[78]

그러나 밀러는 이 사안을 어떻게 해야 할지 확신이 없었고 1836년 8월 존경하는 친구인 반스테플(Banstaple)의 로버트 채프먼(Robert Chapman)과 논의하였다. 밀러는 채프먼의 조언을 받아들여 "그리스도로부터 받은 은혜나 지식의 분량에 관계없이 그리스도께서 받으신 모든 사람을 우리가

75　Rowdon, *The Origins of the Brethren*, 121.
76　Müller, *A Narrative of the Lord's Dealing with George Müller*, 86-7.
77　Ibid., 87-8.
78　Clarence B. Bass, 『세대주의란 무엇인가』, 황영철 역 (서울: 생명의 말씀사, 1988), 95.

받아야 마땅하다"(롬 15:7)라고 결정했다.[79]

밀러는 신자의 침례가 성경의 가르침이고 그렇게 가르치는 것이 옳지만, 교회 일원으로 수용하는 것에 있어서는 강제조항이 될 수 없다는 채프먼의 입장을 수용한 것이었다. 그러나 형제단이 체계를 갖추게 된 이후로 대부분의 형제단에서는 신자는 침례로 순종해야 하며, 그러한 침례를 입교의 기준으로 여기게 되었다.

초기의 형제단은 일반적으로 '사역의 자유'라는 원칙보다는 모든 참된 신자의 연합을 실현하는 '주의 만찬'에 대한 열망이 더 컸다. 그런데 1830년대 퀘이커 이탈자들이 형제단에 유입됨으로 인하여 '사역의 자유'에 대한 강조가 더 강화되었다. 설교의 은사가 있는 사람을 설교자로 세우는 것은 형제단에서 일반적이었다.[80] 그러나 매 주일 아침에 행해지는 주의 만찬 예배에는 퀘이커 예배의 특징이 도입되었다. 교회의 남자 구성원은 누구라도 기도를 인도하고, 찬송가를 선택하고, 성경 구절을 읽거나 해석할 수 있었다.

이러한 형태는 더블린의 언기어가(Aungier Street)에서 원래 행해지던 방법이 아니었고, 플리머스 초기부터 관습으로 자리 잡았던 정돈된 형식과도 거리가 멀었다. 그런데 브리스톨의 교회들에서는 이러한 자유로운 예배의 형태가 초기부터 도입되었고 익숙해졌다. 처음부터 밀러와 크레이크에 의해 새롭게 시작된 베데스다에서는 이러한 행습이 순조롭게 수용되

---

[79] George Müller, *A Narrative of Some of the Lord's Dealings with George Müller*, vol. 1, First Part (London: James Nisbet & Co., 1895), 203.

[80] 평신도 설교자는 침례교회의 뿌리 깊은 전통이었다. 김용국, "19세기 영국 특수 침례교회의 사역과 논쟁," 『역사신학논총』 제25권 (2013): 68. 형제단의 초기 지도자 중 다수가 특수 침례교회 출신인 점을 고려하면 특수 침례교회와 형제단 간의 이러한 행습의 연속성이 있다고 말할 수 있다.

었지만, 본래 침례교 회중이었던 기드온에서는 갈등의 요소가 되었다.[81] 흥미로운 것은 퀘이커 이탈자들이 형제단에 합류하기 전부터 밀러는 퀘이커들이 추구하는 형식상의 자유로움과 교회 구성원 간의 평등에 대한 신념[82]을 가지고 있었고, 그가 사역하던 교회에서 실천에 옮기고 있었다는 것이다.

이러한 그의 관점과 실행은 그가 성경을 연구하고 묵상하는 과정에서 도출된 것일 수도 있지만, 당시 브리튼제도에 퍼져있었던 퀘이커의 관점을 접한 후 성경에 비추어 수용했을 수도 있다. 이 부분에 대해서는 구체적인 맥락을 확인할 자료가 없기 때문에 추정할 따름이다. 다만, 밀러와 크레이크 계열 형제단의 신학과 행습은 침례교 전통과 퀘이커 전통의 중간 어디쯤 위치하였음은 확인할 수가 있다.

1839년 2월 말에, 밀러와 크레이크는 교회를 분열시킬 위협에 대한 교회 질서와 규율의 다양한 문제를 다루기 위해 2주간 물러나서 기도하는 가운데 그 문제를 심도 있게 연구하였다. 그들은 교회 내 목회자로서 장로가 세워지는 것이 하나님의 뜻이라고 보았다.[83] 그들은 장로가 성령님이 지명하시고 개인적으로 그 부르심을 확신할 뿐만 아니라, 그에 합당한 자격을 갖추어야 하고 그들의 사역에 하나님이 주시는 열매를 통해 입증되

---

81 Embley, *The Origins and Early Development of the Plymouth Brethren*, 57-8.
82 여기서 말하는 평등 개념은 퀘이커들이 주장하는 개념에 더 가깝다는 것을 의미한다. 왜냐하면, 침례교회 또한 전 신자 제사장직에 대한 믿음을 가지고 있었기 때문이다. 침례교회는 그러한 평등 정신과 함께 독립된 목회자의 역할을 분명히 인정했지만, 퀘이커는 모든 신자의 평능와 동시에 구분된 목회사 직위를 인정하지 않는 경향이 강했다.
83 형제단에서는 장로, 감독, 목사가 같은 일을 하는 동일한 사람으로 이해한다. 그들은 사도 바울이 3차 전도여행을 마치고 예루살렘으로 돌아가는 여정에 밀레도에서 에베소 장로들을 불러(행 20:17) 그들이 감독자이며, 양무리를 돌보는 목자, 즉 오늘날의 목사임(행 20:28)을 확인하면서 당부한 내용을 근거로 이렇게 이해한다.

어야 한다고 보았다.[84]

　기드온에 있는 몇몇 사람이 이러한 그들의 견해에 동의하지 않았기 때문에, 뮐러와 크레이크는 기드온교회에서의 사역을 마무리하고, 베데스다에서만 사역하기로 결정했다.[85] 뮐러는 그의 입장을 다음과 같이 요약했다.

> 우리는 어떤 분파적 구별 없이 단순히 그리스도를 믿는 자들로서 모이고, 성경을 교리와 훈육의 유일한 기준으로 삼고, 주님이 기뻐하시는 모든 영적 은사를 행사할 수 있는 자유를 부여한다.[86]

　뮐러와 크레이크는 1840년 3월 30일 집회에서 이러한 내용을 회중에게 제시하였고, 그 결과 그들은 같은 해 4월 19일에 기드온 예배당에서 마지막 예배를 드렸다.

　1835년 말부터 뮐러는 브리스톨에서 고아들을 위한 사역을 시작하였다. 그 사역은 그가 세운 '국내외성경지식협회'(The Scriptural Knowledge Institution for Home and Abroad)에서 출발했다. 뮐러는 사람에게 요청하지 않고, 오직 하나님의 은혜 가운데 공급하심으로 필요를 충당하는 원칙을 세웠다. 그

84　Coad, *A History of the Brethren Movement*, 154.
85　Müller, *A Narrative of Some of the Lord's Dealings with George Müller*, vol. 1, First Part, 323-9. 그들은 두 교회, 즉 베데스다교회와 기드온 교회를 동시에 섬겨야 했기에 역량이 분산되어 훈육(discipline)하는 것이 어려웠다. 더욱이 기드온의 좌석 중 일부는 임대 좌석(pew)이었고 뮐러는 일부가 사유 재산으로 간주 된다는 것을 발견했다. 뮐러와 크레이크는 기드온에서 물러나며 '모든 분파(sectarian) 체계에서 분리하여 모든 영적 은사에 대해 자유로운 활용이 허용되는 베데스다에서 그들(뮐러와 크레이크)과 함께 모이도록 부름받았다고 느끼는 사람들을 초대'하기로 결정했다.
86　Ibid., 324.

는 오직 하나님께 기도로 아룀을 통해 새롭고 훨씬 더 넓은 사역을 하게 되었다. 1834년 2월 21일에 이미 뮐러는 자기 일기에서 그날 아침 '성경의 원칙에 입각하여 국내외에 복음을 전파하는 협회'를 설립하는 계획을 세웠다고 언급했다. 뮐러가 기존 협회들이 성경적 방식으로 운영되지 않는다고 느끼게 된 이유는 다음과 같다.

첫째, 그들은 뮐러가 성경에서 찾을 수 없었던 전 세계적 개종을 목표로 삼았다.

둘째, 그들은 후원금을 내면 불신자들도 회원으로 포함하고, 부와 영향력이 있는 사람이라면 위원회 위원이나 위원장의 자리를 내주었다.

셋째, 그들은 불신자들에게 돈을 달라고 호소하고, 빚을 지는 것을 주저하지 않았다. 뮐러는 신자들에 의한 재정 충당을 원칙으로 하면서 신자들의 자발적인 기부는 받으나 불신자들이 기독교 기관 사역을 후원하는 것은 허용하지 않았고(행 28:2-10), 빚은 절대 지지 않는다는 원칙을 세웠다(롬 13:8).[87]

그 협회는 1834년 3월 5일 공식적으로 발족 되었다. 한 개의 주일학교에 약 120명이, 4개의 주간 학교에 204명이 그리고 성인학교에 약 40명이 더해졌고, 남학생을 위한 2일 학교와 여학생을 위한 2일 학교에는 209명의 어린이가 있었으며 그중 54명은 완전히 무료로 공부할 수 있도록 하였다.[88]

---

[87] Müller, *A Narrative of the Lord's Dealing with George Müller*, 94-9.
[88] Ibid., 98, 102.

그 협회의 세부 목적은 다음과 같다.

첫째, 주간 학교, 주일학교 및 성인학교를 지원하고 설립하기 위해 '성경적 원칙에 따라 교육을 시행한다.' 주간 학교는 '경건한 사람'이, 주일학교는 '믿는 사람'이 실시해야 한다. …
둘째, 가난한 사람들에게 성경을 할인된 가격에 팔아서 성경을 배포하고, 극빈자의 경우에는 '저렴한' 사본을 공급함으로써 성경을 배포한다. 뮐러는 사람들이 성경이 가치가 없다고 생각할 수 있기에 성경을 무료로 배포하는 것을 싫어했다.
셋째, '그들의 사역 과정이 성경에 부합하는 것으로 보이는' 선교사들을 돕는다.[89]

보육원(Orphan House)을 시작하기로 결정한 뮐러는 독일의 경건주의자 프랑케(August Hermann Francke)의 모범에 영향을 받았을 것이다. 뮐러는 학생 시절, 할레(Halle)의 보육원에서 제공되는 무료 숙박 시설에서 몇 달 동안 기거했었다. 그가 공부한 할레대학교는 프랑케가 교수로 일했던 곳이었다. 목사로서도 활동했던 프랑케는 어린이들을 위한 사역도 헌신적으로 수행하였다. 뮐러는 1835년 4월에 할레를 다시 방문했고, 그 보육원을 찾아갔다.[90]

이런 그의 경험이 그가 또한 브리스톨에 있는 고아들의 물질적 필요와 그들의 영혼의 구원에 대한 열망에 사로잡히는데 영향을 주었을 것이다.

---

89 Ibid., 100.
90 Ibid., 104-5.

뮐러는 사람들의 영적인 필요뿐만 아니라 현세적 필요에 대해서도 관심을 가졌다.[91] 뮐러의 보육원은 진화론과 산업혁명 때문에 가속화된 불신과 물질주의 시대에 하나님의 실존과 기도의 능력에 대한 증거가 되었다.

1835년 12월 9일 공개회의에서 뮐러는 고아들을 위한 보육원 사업을 시작할 계획에 대해 발표했다.[92] 첫 번째 보육원은 1836년 4월 21일에 문을 열었다.[93] 1843년 7월까지 윌슨가(Wilson Street)에 있는 네 채 이상의 건물을 보육원 용으로 임대하기 시작했고, 나중에는 신축 건물을 짓게 되었는데, 1857년, 1862년, 1868년, 1870년에 모두 네 채의 건물을 지었다. 그는 이러한 건축 비용을 순수한 기도의 응답으로 받아들였다. 뮐러는 자기가 수행한 다방면의 사역에 대해 아무에게도 도움을 요청하지 않고 오직 기도에만 의존하는 기조를 유지했고, 그의 기도가 실제로 어떻게 응답되었는지에 대한 자세한 설명을 책으로 출판하기도 했다.[94]

그는 하나님이 살아 역사하는 분이시며, 당신을 의뢰하는 자의 기도를 세밀하게 들으시는 분이심을 대중들에게 알리고자 하였으며, 보다 많은 사람이 고아들을 기억하고 기도하는 중 그들을 돕는 일에 참여하는 효과를 기대했다.

(2) 반스테플(Barnstaple)

뮐러와 크레이크 외에 침례교회 출신으로 형제운동에 큰 영향을 미친 사람은 반스테플의 침례교회 목사였던 로버트 클리버 채프먼(Robert Cleaver

---

91　사실 이 부분은 한국 형제단의 신학적 경향과는 조금 다른 측면이다. 한국 형제단의 경우에는 사람들의 영적 필요에만 집중하는 경향이 있기 때문이다.
92　Müller, *A Narrative of the Lord's Dealing with George Müller*, 117.
93　Ibid., 123.
94　Rowdon, *The Origins of the Brethren*, 131-2.

Chapman)이다. 초기 형제단이 큰 성장을 이루었던 지역인 데본셔(Devonshire) 주에서 플리머스 지역 외에 형제단의 또 다른 근거지는 반스테플(Barnstaple) 과 그 주변 지역이었다. 반스테플의 채프먼과 인근 시골 지역의 로버트 그리블(Robert Gribble)은 형제운동 발전에 괄목할 만한 공헌을 했다.

로버트 채프먼은 요크(Yorks)의 휘트비(Whitby) 출신의 부유한 상인 토마스 채프먼(Thomas Chapman)의 아들로 덴마크 엘시노어(Elsinore)에서 1803년 1월 4일 태어났다. 사립 예비 교육을 받은 후 채프먼은 요크셔의 학교에서 언어공부와 문학에 심취했다. 1818년에 그는 런던으로 가서 2월 6일에 관선 변호인단(Common Pleas of Court)의 변호사 제임스 윌리엄 프레쉬필드(James William Freshfield)의 서기로 일했다. 그는 이후 관선 변호사이자 왕좌 재판소(King's Bench)의 변호사로 임명되어 출세 가도를 달릴 수 있었다.[95]

채프먼의 인생에 중대한 전환은 그가 배드포드 로우(Bedford Row)의 존 스트리트 교회(John Street Chapel) 목사였던 제임스 해링톤 에반스(James Harington Evans)의 설교를 듣고 회심한 일이었다. 그는 1816년 톤턴(Taunton)에서 에반스에게 침례를 받았다.[96] 에반스는 성경의 권위를 존중하였지만, 신자들의 침례를 교회 회원권의 기준으로 삼는 것은 거부하였다. 그는 매주 주의 만찬을 시행하며, 영적인 은사를 소유한 모든 사람이 성경에서처럼 그들의 은사를 행사하도록 하며, 불신자들과 차별된 삶의 방식과 기독교 연합을 추구하였다.[97]

---

95 Frank Holmes, *Brother Indeed: The Life of Robert Cleaver Chapman* (London: Victory Press, 1956), 13, 14.
96 Bennet, *Robert Chapman of Banstaple*, 28.
97 Ibid., 24-6.

이러한 에반스의 사상과 실행은 반스테플에서 채프먼이 일생동안 추구한 원칙들이 되었다. 에반스는 채프먼을 높이 평가했으며 때때로 반스테플로 가서 그를 만났다. 채프먼은 에반스의 초청으로 1842년 5월 30일 에반스의 존 스트리트 교회에서 설교하기도 했다.[98]

회심 후, 채프먼은 여가를 이용해 19세기 초 개인적 회심을 강조하는 사람들의 특징 중 하나였던 '가난한 사람들을 방문하여 복음을 전하는 활동'을 시작했다.[99] 그러던 중 그는 변호사직을 포기하고, 모든 재산을 내주고, 하나님이 기뻐하시는 섬김에 그의 삶을 바칠 것을 결정하였다. 그 뒤에 그는 반스테플에 있는 에벤에셀침례교회(Ebenezer Baptist church)로부터 목사로 초청받았다.[100] 그는 그 초청을 하나님의 부르심으로 여기고 1832년 4월 반스테플로 이사했다.[101]

반스테플에 있는 에벤에셀침례교회는 엄격한 특수 침례교회로서 18개월이라는 짧은 기간 동안 목사가 여러 명 교체된 관계로 불안정한 상태였다. 채프먼은 회중에게 자기가 성경에 기록된 것을 발견하면 무엇이든 가르칠 자유가 있다는 점을 분명히 했다. 그는 교회 모든 회중의 동의를 얻어 개방 만찬(open communion)[102]을 도입하였다. 채프먼은 공개 예배에서 교회 구성원이 영적 은사를 자유롭게 행사할 수 있는 시간을 가진 후 주의 만찬을 행하고 채프먼이나 다른 인정된 교사가 성경을 가르치는 방식을

---

98 Ibid., 33-6.
99 Holmes, *Brother Indeed: The Life of Robert Cleaver Chapman,* 19., W. H. Bennet, *Robert Chapman of Banstaple* (Glasgow: Pickering and Inglis, 1902), 29.
100 Ibid., 23.
101 Bennet, *Robert Chapman of Banstaple,* 32.
102 주의 만찬에 참여하고자 하는 사람이 그가 참된 그리스도인이라면 그 소속 교회와 상관 없이 참여할 수 있도록 하였다.

도입하였다. 회중 대부분은 채프먼의 뜻에 따랐으나 소수의 사람들은 그 것을 받아들이기 어려워 했다. 따라서 불만이 있는 사람들은 그 교회를 떠 났다. 채프먼은 법적인 문제가 없었지만, 덕을 위해 그의 정책에 동의하지 않는 이들에게 에벤에셀 예배당을 넘겨 주고,[103] 자기를 따르는 회중과 함 께 그로스베너가(Grosvenor Street)에 인접한 토지를 구입해 매우 소박한 스 타일로 예배당을 지어서 모임을 시작하였다.[104]

다른 형제단과 채프먼의 첫 번째 접촉을 정확하게 확인하기는 쉽지 않 다. 그는 뮐러와 크레이크가 데본셔주의 테인머스에서 브리스톨로 떠나기 약 한 달 전에 반스테플에 왔다. 따라서 그가 같은 침례교도로서의 공통 관심사를 통해 만났을 가능성은 없다. 두 가지 가능한 초기 관련성을 거론 한다면, 먼저는 토마스 퍼그슬리(Thomas Pugsley)를 통한 접촉이다. 퍼그슬 리는 채프먼의 사촌과 결혼했을 뿐만 아니라, 채프먼을 통해 회심했다. 채 프먼은 1831년에 퍼그슬리의 집에서 이미 뮐러와 친분이 있었던 윌리엄 헤이크(William Hake)를 만났다.[105]

이는 채프먼과 뮐러가 상호 지인인 헤이크를 통해 서로 교류하게 되었 을 가능성을 시사한다. 채프먼이 뮐러와 만난 정확한 날짜나 상황은 특정 하기 어렵지만, 1832년 연말이나 이듬해 초로 짐작된다.[106] 채프먼은 뮐러

---

103 Ibid., 33; Coad, *A History of the Brethren Movement*, 69-70; Holmes, *Brother Indeed: The Life of Robert Cleaver Chapman*, 32.
104 Holmes, *Brother Indeed: The Life of Robert Cleaver Chapman*, 48.
105 Bennet, *Robert Chapman of Banstaple*, 46, 47. 뮐러와 헤이크는 이미 1830년 초에 서 로 알게 되었던 것으로 보인다. 뮐러는 엑서터에서 한 친구로부터 선물들을 받았는데 (예를 들어, 1830년 11월의 사건이다. Müller, *A Narrative of Some of the Lord's Dealings with George Müller, vol. 1, First Part*, 71), 그 친구는 아마도 헤이크였을 것이다.
106 이에 대한 증거를 전해 들어 알고 있었던 윌리엄 헨리 베넷(William Henry Bennet, 1843-1920)에 따르면 그 만남이 1832년 직후에 일어났다고 생각했다. Bennet, *Robert Chapman of Banstaple*, 37. 그러나 1833년 1월 8일에 뮐러는 반스테플과 그 근처에서

와 돈독한 관계를 유지하는 가운데 긴밀하게 교류하였고,[107] 뮐러와 크레이크가 취한 태도와 같이 모든 교파를 초월해서 그리스도인의 연합을 이루기를 소망하였으며, 그가 섬기는 교회가 그러한 기조로 나아가도록 하였다. 어떤 면에서 채프먼은 오히려 뮐러보다 한 걸음 더 나아가기도 하였는데, 앞서 뮐러의 이야기에서 언급한 것처럼 그는 뮐러에게 신자의 침례가 맞지만, 그것이 교회 교제를 위한 융통성 없는 요구 사항이 되어서는 안 된다고 권고하기도 하였다.[108]

또한, 채프먼이 자기 교회에서 주의 만찬을 개방하는 문제로 데본셔 남부의 형제단과 교류한 사실을 볼 때 그가 일찍이 플리머스의 형제단과 접촉했었음을 알 수 있다.[109] 그는 1832년 2월 22일 플리머스를 방문한 뮐러와의 친분을 통해 플리머스 계열의 형제들과 접촉했을 가능성이 있다.[110]

채프먼은 침례교회 목사였지만, 형제단의 지향점과 유사한 사상을 가진 에반스의 영향을 받았고, 헤이크를 통해 뮐러와 친분을 갖게 되면서 형제단과 연결되었다. 그리고 다른 지역의 형제단과도 자연스럽게 교류함으로

조언을 구하는 일부 신자들에게 편지를 썼기 때문에 1832년이 끝나기 전에 그 만남이 이뤄졌을 수도 있다. Müller, *A Narrative of Some of the Lord's Dealings with George Müller, vol. 1, First Part*, 100.

107 채프먼은 나중에 뮐러의 보육원(Orphan Homes) 사역 후임자인 제임스 라이트(James Wright)에 의해 뮐러의 '가장 오래되고 가장 친밀한 친구' 중 한 명으로 묘사되었다. Bennet, *Robert Chapman of Banstaple*, 52.

108 Müller, *A Narrative of Some of the Lord's Dealings with George Müller, vol. 1, First Part*, 202.

109 1893년 편지에서, 채프먼은 반스테플에서 폐쇄 성찬식(closed communion)을 그만두고 개방 성찬식(open communion)으로 전환하기 위해 교인들의 만장일치 동의를 구하는 내용에 대해 당시 데본셔(Devonshir)주 남부의 '하나님의 충만한 진리를 위해 성도들의 공동 증언을 도출하기 위해 노력하고 있던 은혜로운 사람들에 의해 매우 유감스럽게 여겨졌다'고 말했다. Bennet, *Robert Chapman of Banstaple*, 33.

110 Müller, *A Narrative of Some of the Lord's Dealings with George Müller, vol. 1, First Part*, 83.

써 채프먼과 그의 교회는 형제단과 긴밀한 교제권을 형성했던 것으로 보인다. 채프먼은 탁월한 설교자는 아니었지만, 그의 인품과 헌신된 삶을 통해 믿는 자들뿐만 아니라 지역 사회의 호평을 받았으며, 개방 형제단에서 가장 존경받는 지도자 중 한 사람이 되었다.

3) 퀘이커(Quaker) 배경의 형제단

약 1790년부터 퀘이커 진영 내부에서 신비주의적 경향에 반대하고 성서의 권위를 존중하고 성서를 신앙의 기준으로 삼고 따르고자 하는 경향이 일어나기 시작했다.

1827-1828년에 북아메리카의 친우회(The Society of Friends)[111]는 극단적으로 신비주의적인 엘리아스 힉스(Elias Hicks)의 가르침에 의해 분열되었다. 그의 가르침은 퀘이커 교도들에게조차 받아들여질 수 있는 경계선을 넘었다. 결과적으로 북아메리카 퀘이커 교도 3분의 1 정도는 힉스를 추종하면서 친우회를 떠났다. 1829년에 친우회의 런던 연례 회의에서 힉스의 가르침이 정죄되었지만, 영국에서 정적주의자(Quietist)[112]들과 그에 반발하는

---

[111] 퀘이커라는 명칭은 그들 스스로가 붙인 것이 아니라 타인들에 의해 붙여진 별명이다. 퀘이커 교도가 자기들을 지칭하는 표현은 먼저 영문으로 'the Society of Friends'이며, 한국의 퀘이커는 '한국 친우회'라고 하거나 공식적으로는 '종교 친우회'라고 칭한다. 필자는 이 논문에서 퀘이커를 '친우회'와 병기(倂記)하고자 한다.

[112] 이들은 '내면의 빛'이 모든 인간들에게 있는데, 무엇이 선인지를 알게하고 행하게 하는데 그들을 인도하기에 충분한 것이라고 믿었다. 퀘이커들 중 성경에 나타난 복음을 문자적으로 신뢰하는 복음주의자들보다 더 신비적인 영성을 추구하기에 복음주의자들과 구별하는 용어로 사용한다. Gerald T. West, "John Eliot Howard: From Friend to Brother," *The Growth of the Brethren movement*, eds., Neil T. R. Dickson and Tim Grass (Milton Keynes: Partnernoster, 2006), 37.

사람들 간의 긴장은 고조되었다.[113] 그들 사이의 갈등은 결국, 성서의 권위를 우선시하는 이들의 이탈로 이어졌는데, 그들 중 상당수가 형제단에 합류하게 되었다.

(1) 토트넘 교회의 시작

런던에서의 형제단 교회의 기원에 대한 문서 증거는 거의 남아 있지 않지만, 뉴턴의 회고록에 따르면 런던의 형제단 교회의 시작에 있어서는 위그램의 역할이 지대했다. 위그램은 플리머스를 떠나 런던으로 이사했는데, 그는 1836년 8월, 중부 런던의 옥스퍼드 시러스(Oxford Cirus) 근처에 있는 부지를 사서 예배 처소로 등기했고, 그 도시에서 최초의 작은 형제단 교회를 시작했다.

1838년 6월에는 이슬링턴 독립교회의 젊은 목사인 윌리엄 헨리 도르만(William Henry Dorman)이 위그램이 시작한 교회에 합류하였다. 그는 오래지 않아 로스턴가(Rawston Street) 교회의 지도자가 되었고 후일 비개방 형제단 내에서 유명한 인사가 되었다. 또한, 같은 해에 런던의 형제단에 주목할 만한 사건이 발생하였는데, 토트넘에 있던 상당히 큰 규모의 퀘이커 교회가 형제단에 유입된 것이었다. 그들은 퀘이커에서 분리된 루크 하워드(Luck Howard)와 그의 가족들이 주축이 된 무리였다.[114]

퀘이커 내의 정적주의는 1830년대에 주로 나타났는데, 정적주의자들은 성경해석에 대한 주요 원칙을 초기 퀘이커 지도자들의 저술들에 기준을 두었다. 그 지도자들은 조지 폭스(George Fox), 윌리엄 펜(William Penn) 그

---

[113] West, "John Eliot Howard: From Friend to Brother," 37-8.
[114] Neatby, *History of the Plymouth Brethren*, 36, 124; Embley, *The Origins and Early Development of the Plymouth Brethren*, 76.

리고 로버트 바클레이(Robert Barclay)였는데, 그들은 '내면의 빛'(the inward light)을 강조하였다. 이런 이유로 그들은 성경의 객관적 내용보다 하나님의 인도하심에 대한 주관적 체험을 더 중시하였다. 그러나 퀘이커 내 적잖은 사람들은 이러한 견해를 거부하고, 성경에 나타난 문자적 의미에 초점을 맞추어야 한다고 생각했다. 정적주의자들은 주요 단어들에 대해 종교개혁 전통과는 다른 의미를 부여했다. 정적주의자들에게 '칭의'(justification)는 칭의와 성화의 혼합을 뜻했으며, '회심'(conversion)은 성화를 진전시키는 것과 관계된 변화를 의미했다. 또한, 그들은 복음이 마음속의 빛의 좋은 소식이라고 생각했다.[115]

존 엘리엇 하워드(John Eliot Howard, 1807-1884)는 1807년 11월 11일 에식스(Essex)주의 플레스토(Plaistow)에서 화학자이자 기상학자인 루크 하워드(Luke Howard)의 아들로 태어났는데, 그의 아버지는 2대째 퀘이커 신앙을 가진 인물이었다.[116] 존 하워드의 조부 로버트 하워드(Robert Howard)는 퀘이커 내의 성경적 권위를 우선시하는 이들로부터 영향을 받은 인물이었다.

1831년 초 하워드는 심각한 폐결핵 증상을 보이고 있던 그의 동생 조셉(Joseph)의 영혼문제에 대해 고민하게 되었다. 그는 성경에서 그 답을 찾던 끝에 믿음으로 의롭게 된다는 사실을 성경에서 확인하게 되었다. 하워드는 자기가 발견한 것을 확인하기 위해 초기 퀘이커 지도자들의 저서보다는 성경과 종교개혁자들의 글을 탐구했다. 존 하워드는 그의 동생 조셉이 죽기 전 분명하게 회심하는 것을 보았다. 이런 과정에서 그는 퀘이커의 신학적 입장에 대한 의문을 품게 되었다.[117]

---

115   West, "John Eliot Howard: From Friend to Brother," 37.
116   Ibid., 35.
117   Ibid., 39.

1835년경에 그는 『여호와 치드케누, 종교개혁론자들의 좌우명』(*Jehovah Tsidkenu the Watchword of the Reformers*)이란 소책자를 통해 이신칭의(以信稱義) 교리에 확신을 더하게 되었다.[118]

정적주의자들은 침례와 주의 만찬의 실행에 의미를 두지 않았으나 하워드는 글래스고(Glasgow)에 있는 예배당에서 처음으로 주의 만찬을 접하게 되었고, 그 의식을 거부할 어떤 이유도 발견하지 못했다. 1836년 초에 존 하워드는 '내면의 빛'의 교리가 이신론의 경향을 띠는 것이라고 비판하는 소책자를 발간하였다. 얼마 후에 존과 그의 아내 마리아는 이웃을 방문한 형제단의 뉴턴 부부와 많은 교류를 하였다. 뉴턴 역시 퀘이커 배경에서 성장했지만, 플리머스의 형제단 지도자가 된 입장에서 초기 퀘이커의 저술들을 다루며 비평하고 있었다. 뉴턴과의 교류는 하워드 부부가 형제단과 접촉한 최초의 일이었으며, 둘은 1836년 7월 28일에 침례를 받았다.[119]

하워드 부부는 1836년 8월에 친우회에서 탈퇴했으며, 1836년 9월 초에 퀘이커의 저명한 인사였던 엘라이샤 베이츠(Elisha Bates)가 퀘이커에서 탈퇴하고 침례를 받았다. 그러는 동안에 토트넘의 퀘이커 중 11명 이상이 침례를 받았다. 그들 중 일부는 감리교, 독립교회, 또는 침례교에 합류했다. 하워드 부부는 몇 명의 추종자와 함께, 그 지역 침례교회에 비회원인 상태에서 주의 만찬 참여 허락을 구했다. 그 침례교회가 그들의 요청을 수락하자 하워드는 이것이 '그리스도인의 연합'이라는 성경적 원리를 따라 수용한 것이라고 느꼈다. 비록 그는 여전히 개혁적인 퀘이커 분파를 발전시키

---

118 Pickering, 『형제 중에 인도자들』, 247.
119 West, "John Eliot Howard: From Friend to Brother," 41; Embley, *The Origins and Early Development of the Plymouth Brethren*, 77. 퀘이커는 주의 만찬 뿐만 아니라, 침례 또한 불필요한 형식으로 간주하여 행하지 않았다.

고자 하는 열망과 기독교의 연합을 위해 어떻게 해야 할지를 고민하는 가운데, 그의 추종자들과 한동안 토트넘의 침례교회에 참여했다.[120]

그러면서 하워드는 위그램이 런던에 세운 형제단 교회의 예배에 참석하기도 하였다. 개혁적 퀘이커는 기존 퀘이커와 의절하지 않고 침례와 주의 만찬을 할 수 있기를 원했지만, 1837년 5월에 열린 친우회 연례 회의는 개혁적 입장을 가진 퀘이커들의 기대와 다르게 침례 문제와 주의 만찬에 대한 제안을 다루지 않았다. 그 연례회 직후에, 개혁적 입장의 퀘이커는 그들의 신학적 입장을 설명하는 성경의 관련 구절들을 발표했다.

같은 해 5월 하워드는 웨스트 그린(West Green)에 있는 그의 어머니가 설립한 학교 근처에서 형식이 있는 예배를 드리기 시작했다. 10월에는 그곳에서 집회 장소를 얻었고 복음을 전하기 시작했다. 1837년 8월 퀘이커이자 하워드의 친구인 리처드 볼(Richard Ball)은 엑서터에서 뉴턴에게 침례받았다. 10월에 볼의 아내는 브리스톨의 베데스다교회에서 크레이크에게 침례받았다. 그들은 그해 11월까지 퀘이커에서 탈퇴하지 않았지만, 침례를 받음으로 플리머스와 브리스톨 양쪽의 형제단과 연결되었다.[121]

1838년 하워드는 브리스톨 근처 클리프턴(Clifton)에서 형제단이 주최하는 학회에 참석했고, 이어서 맨체스터에 있는 개혁적 퀘이커 모임을 방문했다. 그는 그들에게 형제단에 합류할 것을 제안했지만, 받아들여지지 않았다. 이 경험을 통해 하워드는 기존의 퀘이커를 떠나 새로운 퀘이커를 형성한다 할지라도 그 신학적 한계를 벗어날 수 없다고 생각하게 되었다.[122]

---

120 West, "John Eliot Howard: From Friend to Brother," 42; Embley, *The Origins and Early Development of the Plymouth Brethren*, 77.
121 West, "John Eliot Howard: From Friend to Brother," 43-5.
122 Rowdon, *The Origins of the Brethren*, 176; West, "John Eliot Howard: From Friend to Brother,", 45.

1838년 11월 4일 하워드는 토트넘에서 퀘이커로부터 이탈한 소수의 사람들과 함께 주의 만찬을 기념하는 최초의 예배 모임을 가졌고, 이듬해 6월 9일에는 브룩가(Brook Street)에 150석 규모의 예배당을 마련했다. 1842년 그 예배당에는 88명이 모였고 1851년 3월 30일 아침 예배 때는 140명이 참석했다.[123]

그러는 가운데 런던에는 여러 형제단 교회가 생겨났다. 1851년 3월 런던 중심부에 2개의 큰 교회가 있었는데, 로우스턴가(Rawstone Street)의 클러켄웰(Clerkenwell) 교회와 케닝톤(Kennigton) 지역의 람베스(Lambeth)교회였다. 3월 30일 아침에 모인 성도 수가 각각 300명과 180명에 이르렀다.[124]

1839년에는 하워드의 아버지 루크 하워드와 조부 로버트 하워드도 토트넘의 형제단 교회에 합류하였다. 1839년 말경까지 그의 가족 가운데 아직 퀘이커와 단절하지 않은 유일한 사람은 그의 모친이었다.[125]

(2) 기타 지역

웨스트모어랜드(Westmorland)와 서머셋(Somerset)의 웰링턴(Wllington) 지역 형제단 교회들의 시초는 1835-1837년 사이에 있었던 '등대논쟁'(Beacon Controversy)의 결과로 생긴 퀘이커 내 개혁적 입장을 가진 사람들의 분리에서 유래되었다. 맨체스터(Manchester) 근처 아드윅(Ardwick)에 살았던 개혁적 입장의 퀘이커 아이작 크루드손(Issac Crewdson)은 1834년 말 『친우회의 등대』(*A Beacon to the Society of Friends*)라는 소책자를 발간했는데, 이 책에서 그는 성경과 구속 사역에 대한 분명한 입장을 주장하면서 침묵으로 진

---

[123] Pickering, 『형제 중에 인도자들』, 247.
[124] Embley, *The Origins and Early Development of the Plymouth Brethren*, 77.
[125] West, "John Eliot Howard: From Friend to Brother," 47.

행되는 예배를 강조하는 내면의 빛과 관련한 퀘이커의 가르침을 비판했다. 이에 따라 퀘이커 내부에서 심각한 논쟁이 일어났고, 그 논쟁은 랭커셔(Lancashire)에서 가장 심했다. 결과적으로 700여명의 퀘이커가 친우회를 탈퇴해 크루드손과 함께했고, 이들 중 상당수가 영국국교회나 형제단에 유입되었다.[126]

이처럼 국교회의 저교회파 사람들과 침례교회 및 퀘이커를 비롯한 비국교도들의 연합에 의해 시작된 초기 형제단은 그 구성 배경의 다양함 속에서도 통일된 신학적 노선을 형성하고 있었다.

2. 초기 기독교 형제단 인물들의 신학적 노선

형제단의 초기 신학적 노선을 확인하는 것은 이 책의 주제인 형제단 출현의 역사적·신학적 배경을 이해하는 데 중요하다. 이제 그 지도자들의 신학적 노선을 살펴보고자 한다.

비록 초기 형제단의 지도자들의 견해가 모든 점에서 완전히 일치했다고 말할 수는 없지만, 형제단은 다른 공동체들과 구별되는 특징들을 공유하고 있었다. 그들 간에 의견의 차이는 부분적으로는 개인 또는 출신 교회 전통 요인에 의한 것이었다고 할 수도 있지만, 대체로는 성경에 대한 해석의 다양성에서 발생하는 생각의 차이라고 하는 것이 더 정확할 것이다.

이제 초기에 형제단이 공통적으로 보여 주었던 입장을 정리해 보고자 한다.

---

126 Embley, *The Origins and Early Development of the Plymouth Brethren*, 82-3.

1) 강력한 초대교회주의

초기 형제단의 지도자들은 당대 기독교의 문제는 신약성경에 나타난 교회로부터의 이탈에 그 원인이 있다고 보았다. 따라서 그들은 이른바 초대교회로의 회귀를 강하게 주장하였다. 그들의 신학은 이러한 그들의 열망에서 비롯된 결과물로 봐야 할 것이다.

(1) 교회 연합에 대한 강조

20세기에 형제운동의 후예들은 '교회일치주의'(ecumenism)에 반대하는 현대적인 근본주의 개념을 제공하였을 뿐만아니라 교회일치운동에 반대하고 있다. 형제단 역사가 로우던은 형제단의 기원이 된 형제운동이 독특한 성격의 '교회일치운동'(ecumenical movement)이라고 주장하였다.[127] 그의 주장은 오늘날의 사람들에게 적잖은 오해를 초래할 수 있다. 초기 형제단 지도자들이 강조하고 지향했던 교회 연합은 오늘날의 '교회일치주의'와

---

[127] 로우던은 초기 형제단 사이에서는 교회의 분열과 혼란에 대한 깊은 의식이 있었음을 전제하면서 초기 형제단 지도자들이 연합에 대해 강조한 사례들을 언급하였다. 그 예들은 다음과 같다. 다비가 1850년대에 쓴 편지에서 당시 기독교 상황을 '그리스도의 몸은 연합보다는 분열이 어디에서나 뚜렷하게 나타났다'고 말했다. 자기를 형제들과 동일시하기 위해 사임한 이슬링턴채플의 회중교회 목사 도르만(W. H. Dorman)은 분열되고 산만해진 교회의 상태를 언급하며, 교회의 상태에 대한 긴 한탄에 빠져들었다. 베벌리(R. M. Beverley)는 에베소서 4장 4절을 언급하며, 하나님의 말씀 안에서 하나의 몸이 진리이기 때문에, 성도들에게 전달된 믿음은 주로 이 사실을 확립하는 것이었고, 신약성경 전체가 그것을 확인하는 경향이 있으며, 가시적인 기독교는 이 사실이 실제로도 그리고 이론석으로노 완선히 빈성뇌시 않는 신정한 기독교 신앙을 나타내지 못한다고 주장하였다. 볼레이즈(Borlase)는 신약 서신서들을 근거로 영국 교회든 로마 교회든 그리스도의 몸의 기능을 행사할 수 있는 위치에 있지 않다고 보았다. 뮐러와 그로브스와 함께 어떤 면에서 독특한 사상을 대표했던 헨리 크레이크(Henry Craik)도 교회의 분열된 상태에 대한 수치심과 함께 분파가 없는 영광스러운 모습이 옳다고 생각했다. Rowdon, *The Origins of the Brethren*, 267-8.

다르며, 그들이 강조한 것은 신약성경적 교회로의 회귀 또는 환원에 근거를 둔 것이었다.

먼저, 형제단은 기독교 연합의 기초에 대한 당대의 일반적인 개념들은 부적절하거나 해롭다고 거부하였다. 그 연합이 그들이 거부하고 개혁하기 원했던 기존 체제 가운데로 들어가는 것이라고 보았기 때문이었다. 밀러는 초기 형제단이 종교개혁 이래로 진행된 각종 교파나 교단을 조직하는 것을 거부하고, 에베소서 4장 3-4절의 "성령의 하나 되게 하신 것을 힘써 지키라"는 명령을 따라 성령에 의해서 완전한 단일체(그리스도의 몸)로 형성된 사람들의 모임으로서의 교회를 이루고자 했다고 주장했다.[128]

그들은 당대의 모든 기독교 신자가 영적으로 일치한다고 인정할 수 없었기 때문에 당시의 모든 그리스도인과 연합을 추진하는 것을 거부하였다. 다비는 영국국교회를 중심으로 하는 연합은 진정한 하나 됨의 목적에 맞지 않는다고 보았다. 1828년 다비는 『그리스도의 교회의 본질과 하나 됨』(*The Nature and Unity of the Church of Christ*)이라는 소책자를 통해 로마가톨릭 체제를 바탕으로 하는 연합뿐만 아니라 국교회 중심의 연합을 시도하는 것도 반대했다.[129]

그는 그러한 연합은 기존 개신교 교회를 결함이 있는 상태로 존속시키는 것에 불과하다고 보았다. 이것이 다비가 1846년 복음주의 동맹(Evangelical Alliance)이 설립되었음에도 가입하지 않은 이유 중 하나였다.[130]

---

128 Andrew Miller, 『그리스도와의 연합의 진리를 교회론으로 삼았던 플리머스 형제단 이야기』, 이종수 역 (서울: 형제들의 집, 2015), 195
129 Miller, 『그리스도와의 연합의 진리를 교회론으로 삼았던 플리머스 형제단 이야기』, 31.
130 J. N. Darby, 'A Glance at Various Ecclesiastical Principles', *Collected Writings*, IV. 118, 119 n., Rowdon, *The Origins of the Brethren*, 269에서 재인용.

초기 형제단은 당시 존재하는 교회들의 문제에 대해 사소한 것으로 여기고 넘어가서는 안 되며, 빛 가운데 그 허물들을 명백히 밝혀야 하고 죄로 고백해야 한다는 확신을 일반적으로 공유하고 있었다.

또한, 형제단은 성경의 원칙을 철저하게 준행해야 한다고 믿었다. 그들은 인간적으로 보기에 훌륭한 모습이나 외적 성취보다는 하나님의 말씀인 성경대로 순종하는 것에 가치를 두었기 때문에 실패나 성공과 상관없이 교회의 연합과 순수함을 회복하려는 시도가 이루어져야 한다고 주장하였다. 형제단은 당시의 십일조와 (교구의) 교회 유지세(稅) 문제 그리고 성직자들의 수는 많지만, 그들의 역할이 부재한 현실을 비판했다. 또한, 교회가 물질주의를 배격하고 성경적 기준에 부합해야 할 것을 주장하였다.

이러한 초대교회주의는 16세기 종교 개혁기에 비주류 종교개혁자들이었던 아나뱁티스트들이 추구한 핵심 가치와 같은 것이었다. 아나뱁티스트들은 당시의 로마가톨릭교회를 개혁 또는 개선할 것이 아니라, 신약성경에 나타난 초대 교회로의 회복을 열망하였다. 그들이 보기에 당시의 주류 종교개혁자들의 개혁은 로마가톨릭교회를 단순히 개선하고자 하는 것이었다. 그들의 요구는 종교개혁자들에게 급진적으로 여겨졌고 그 이유로 그들은 박해를 받아야 했다.

그다음 세기에 영국에서 일어난 침례교회운동 또한 신약성경적 영성과 초대 교회로의 회복을 위한 운동이었음은 앞 장을 통해 확인하였다. 형제단은 그 후대인 19세기 초에 출현하였지만, 교회가 제도화되고 신자의 신앙이 형식화되는 것에 대한 문제의식으로 초대 교회로의 회복을 지향한 운동이라는 점에서 앞선 세기들에 일어났던 자유교회운동들과 동질성을 확인할 수 있다.

형제단과 같이 초대교회주의를 지향하는 그룹들이 보이는 공통된 현상 중 하나는 그들이 한 교파나 교단으로 평가되기를 거부하는 경향이 있다는 점이다.

한국침례교회를 세운 말콤 펜윅(Malcolm C. Fenwick, 1863-1935)은 자기 선교활동을 통해 생겨난 교회들을 등록할 때 침례교회라는 파명을 사용하지 않았다. 그는 자기가 세운 교회를 통칭해 대한기독교회(Church of Christ in Korea)로 등록하였다.[131] 그 후 일제가 "대한"이라는 단어를 문제 삼자, 1921년 "동아기독교회"로 변경하였다가[132] 1933년에는 "동아기독대"로 [133] 1940년에 "동아기독교"로 바꾸었다. 이러한 등록 명칭은 펜윅이 자기 선교 활동 결과로 생겨난 교회가 특정한 교파로 인식되기보다 초대 교회처럼 단순히 '그리스도인의 모임'이라고 여겼기 때문일 것이다.

초기의 침례교회 역시 특정한 교단 이름을 가지지 않았지만, 다른 사람들이 조롱의 의미로 사용했던 '침례교도'(Baptists)라는 명칭을 그들의 공식적인 교단 명칭으로 받아들이게 되었다. 19세기 미국에서 일어난 환원주의(Restorationism)운동의 주역들 역시 초대교회주의자들로서 자기들은 한 교파가 아니라 단순히 그리스도의 교회라고 주장하였지만 결국 그 교회는 '그리스도의 교회'라는 하나의 교파가 되었다.[134]

서론에서 언급한 것처럼 한국형제단의 일부 인사들은 자기들이 교파나 교단이 없는 신약성경적 교회라고 자부하고 있다. 그들의 이러한 인식은 개

---

131 한국침례교총회 역사편찬위원회, 『한국침례교회사』(서울: 침례회출판사, 1990), 55-7.
132 허긴, 『한국침례교회사』(대전: 침례신학대학교출판부, 1999), 217-8.
133 김장배, 『한국침례교회의 산증인들』(서울: 침례회출판사, 1981), 68-9.
134 Dickson and Grass, *The Growth of the Brethren movement*, 243.

방 형제단 중 보수적인 가스펠 홀(Gospel Hall)[135] 계열의 형제단의 주장과 그 맥락을 같이하는 것이다. 앤드류 스텐하우스(Andrew Stenhouse)는 『분파주의』(The Sin of Sectarianism)에서 "신약성경의 교회의 본질적인 요소들을 갖춘 모든 무리를 성경적인 교회로 인정해야 한다"고 하면서 "분파적으로 모이는 모든 무리에 대해서는 전혀 다른 태도를 취해야 한다"고 역설했다.[136]

그는 사람을 좇아 형성된 무리는 그리스도인들로 구성되었다 할지라도 성경적인 지역 교회로 인정할 수 없으며, 그들의 교파를 인정하고 교파적인 활동에 협력하면 진리를 타협하게 된다고 주장하였다. 그는 초대 교회에는 교파가 없었기 때문에 초대 교회 상황으로 돌아간 교회는 교파가 아니라는 논리를 전개하였다.[137]

이러한 주장의 기원은 강력한 초대교회주의에 있다. 그러나 초대 교회를 재현하고자 하는 그들의 열망과 순수성은 인정할 수 있으나 그들 스스로 논리적 모순에 빠지게 되는 안타까움이 있다. 지나간 역사 속에 그리고 현재 존재하는 무리 중 형제단과 지향점이 유사한 무리가 적잖이 존재할 수 있다. 그러나 형제단은 여러 가지 현실적인 이유로 자기들과 유사한 무리를 발견하지 못할 수도 있다.

또한, 형제단이 가지고 있는 신학적 정보의 오해 때문에 형제단과 동질성을 가진 무리를 배척할 수도 있다. 형제단이 자기들은 교파가 아니라고 주장하고, 자기들만이 신약성경적 교회이며 다른 무리는 그렇지 않다고

---

135 영미권의 개방 형제단 중 교회 간판을 'Gospel Hall'로 붙인 교회들은 보다 보수적 입장을 취하고 있고, 'Bible Chapel'로 간판을 붙인 교회들은 보다 개방적 입장이다. 이에 대해서는 형제단 분열 이후 '개방 형제단의 전개'에 대해 다룰 때 다시 자세히 언급하고자 한다.
136 Andrew Stenhouse, 『분파주의』, 148-9.
137 Ibid., 149.

하는 것은 교만한 태도가 아닐 수 없다. 초대 교회의 순수성을 열망하고 재현하려는 시도는 긍정적이지만, 자기들만이 초대 교회를 재현한 공동체라고 주장하는 것은 지나친 것이다.

(2) 주의 만찬을 중심으로 한 예배의 강조

형제단은 교회가 하나님의 성전이라는 은유는 성경이 예배 공동체로서의 교회를 강조한 것이라고(벧전 2:4-5) 보았다. 따라서 초기 형제단은 예배를 매우 중시했다. 그들은 신약성경에서 신자 개인의 몸은 하나님의 성전으로 묘사될 뿐만 아니라(고전 6:19) 지역 성전인 지역 교회의 일원으로 묘사된다(고전 3:16-17)고 믿었다. 이 두 가지 은유들은 경건한 삶을 통한 개인적 예배와 공동체 안에서 공적 예식을 통한 예배를 강조한 플리머스, 더블린 그리고 브리스톨의 초기 형제단의 예배 특징을 잘 보여 준다.[138] 형제단의 기원이 순수하게 '떡을 떼는 모임'들로부터 유래되었듯이, 형제단 예배의 중심에는 주의 만찬이 자리하게 되었다.[139]

형제단이 출현한 시대의 사람들은 전통적 가치와 하나님 중심의 세계관에서 벗어나 인간 중심적으로 흘러가고 있었는데, 형제단은 하나님이 중심이 된 신앙, 즉 예배를 최상의 가치로 여기는 신앙을 제시하였다. 그들은 개인적 삶의 영역에서 하나님께 대한 헌신을 강조할 뿐만 아니라, 그리스도의 "네 마음을 다하고 목숨을 다하고 뜻을 다하여 주 너의 하나님을 사랑하라"(마 22:37)는 명령을 순종할 것을 강조하였다.

---

[138] Smith, *Roots, Renewal and the Brethren*, 6.
[139] 그로브스는 1827년 '떡을 떼는 자유'에 대해 말함으로써 형제단 교회가 형성되는데 기여하였고, 더블린의 떡을 떼던 무리가 연합해 형제단이 시작되었다는 것은 의미심장하다. Mrs. Groves, *Memoir of Anthony Norris Groves*, 39.

따라서 모든 신자는 그리스도의 제자로서 그분의 분부를 따라야 하는데, 최후의 만찬 자리에서 분부하시고, 사도들을 비롯한 초대 교회 성도들이 실행한 대로 주의 만찬을 행하는 가운데 예배드려야 함이 마땅하다고 믿었다. 형제단이 경건한 삶으로서의 예배를 지향한 점은 형제단을 비판하는 이들로부터도 인정받았다.[140]

형제단이 주의 만찬 예식을 행하는 방식은 계획되거나 고정된 형태를 지양하고 자유로운 분위기 가운데서 참여하는 사람들 각자가 성령의 감동하심을 따르기를 기대하는 형태였다. 그런데 이러한 형제단의 전통은 이미 두 세기 전에 출현하였고, 블리스톨과 반스테플 형제단 회중의 모체였던 침례교회에서 행해진 행습과 유사하다. 침례교회는 예배 참석에 있어 완전한 자율성을 강조했고, 각 개인이 성령께서 그들 각자를 인도하는 대로 하나님에게 응할 수 있게 하였다.

그들은 『공동기도문』에서 정해둔 예배의 형식을 거부한 자유로운 형태를 지향했다. 주의 만찬 또한 침례교회 예배의 중요한 순서였다. 어떤 침례교회는 매주 주의 만찬을 행하였다. 그리고 많은 침례교회가 주의 만찬에 선행하여 교회의 교제 식사인 '애찬'(love feast)을 행했다.[141]

이러한 유사성은 형제단 전통의 기원에 있어 침례교회와의 연관성을 그대로 보여 주는 것이다.

---

[140] Smith, *Roots, Renewal and the Brethren*, 7.
[141] McBeth, *The Baptist Heritage*, 92-3.

2) 국가 교회 체제에 대한 거부

더블린의 매기 대주교가 채택한 에라스투스주의(Erastianism) 입장에 대한 다비의 항의는 교회와 국가가 분리되어야 한다는 그의 확신을 보여 준다. 이 신념은 형제운동의 초기부터 널리 공유되었다. 그로브스는 1829년 7월 26일 일요일 일기에 다음과 같이 기록했다.

> 'B'씨의 말을 들으면서 그가 그리스도의 왕국의 본질에 대해, 또는 세상과 교회 사이의 구별이라는 큰 진리에 대해 어둠 가운데 있다는 것을 알게 되었다.[142]

형제단은 교회와 국가의 연합이 단순히 기능의 혼란이 아니라 말씀의 원칙에 따라야 할 하나님의 교회를 침범해 영적 힘을 고갈시키고 영적 생명을 빼앗고 높은 거룩함을 잃어버리게 하는 것으로 여겼다.

그로브스는 국가와 교회의 결합이 경건한 사람보다 직위를 통해 세속적 이익을 얻으려는 사람들이 교회에서 중요한 자리를 차지하도록 함으로써 국교회의 세속화를 가중시켰기 때문에, 많은 사람을 부패하게 하는 온상이라고 하였다.[143]

이러한 주제는 초기 형제단의 글들에서 계속해서 나타난다. 형제단은 종교개혁 당시 종교개혁진영에서도 국가 교회를 세웠고, 영국에까지 영향을 미쳐서 그러한 전통이 지속되고 강화되어왔다고 보았다. 그 결과 한 나

---

[142] 여기서 'B'씨는 모스크바에서 기성 교회에 연관된 예배당에서 사역한 사람을 뜻한다. 그로브스는 러시아를 통해 페르시아로 가는 길에 그의 설교를 들었다. A. N. Groves, *Journal of Mr. Anthony N. Groves, during a Journey from London to Bagdad*, A. J. Scott, ed. (London, 1831), 39.

[143] Mrs. Groves, *Memoir of Anthony Norris Groves*, 247.

라의 신민(臣民)은 '모두 그리스도인'으로 간주 되었고, 교회는 그리스도의 몸이라는 특성을 잃어버리게 되었다. 형제단은 성경적인 교회에서는 침례와 주의 만찬이 교회를 세상으로부터 분리시켜주는 경계선이었으나, 국가 교회에서는 그 두 가지 예식이 교회와 세상을 연결시켜주는 다리가 되었다고 비판했다.[144]

형제단은 국가 교회가 신앙고백을 확인할 수 없는 유아세례를 시행하며, 주의 만찬을 행할 때 당사자들이 개인적으로 신앙을 가지고 있는지의 여부를 확인하지 않는 것이 문제라고 비판하였다. 또한, 그들은 국가 교회가 불신자들을 교회의 일원으로 인정되게 하며, 성직자들의 악한 행실을 용납하여 그들마저도 불신앙적 삶을 관용하도록 하고 있다고 지적하였다.[145]

형제단이 국가 교회 체제의 근간이라고 비판한 것은 유아세례였다. 그들은 유아세례 때문에 회심의 경험이 없는 사람들이 교회 내에서 사역자로 행세하는 일이 벌어지고 있으며, 이런 이유로 왜곡된 복음을 전파하는 중세 교회의 모습이 재현되고 있다고 비판했다.[146]

그러나 형제단의 일부, 특히 다비는 유아세례를 계속 실행함으로써 형제단의 신자 침례를 무색하게 했다. 그런데도 신자의 침례 개념은 대부분의 형제단 구성원들에게 중요한 교리였다. 크레이크는 '침례 중생의 교리'에 대해 비판하는 강의를 진행하면서 이렇게 물었다.

"우리나라가 언제까지 명목상 그리스도인이고 실제로는 침례 받은 이교도의 상태가 될 것인가?"[147]

---

144 Broadbent, 『순례하는 교회』, 197.
145 Ibid.
146 Rowdon, *The Origins of the Brethren*, 270.
147 Craik, *Biblical Expositions, Lectures, Sketches of Sermons, etc.*, ed. W. E. Tayler (Bristol, 1867), 41, Rowdon, *The Origins of the Brethren*, 271에서 재인용.

신자의 침례는 형제단의 사상에 있어 중요한 가치였다. 어떤 경우에는 그것이 영국국교회에서 탈퇴하는 계기가 되었다.

영국 육군 장교인 제임스 조지 덱(James George Deck, 1807-1884)은 인도에서 복무하였는데, 목회자가 되기 위해 군을 제대하고 영국으로 돌아왔다. 그런데 그의 둘째 아들의 유아세례 때문에 그의 영적 삶에 큰 변화가 초래되었다. 덱의 장인 새뮤얼 필드(Samuel Field) 목사는 자기 손자의 유아세례에 관해 이야기하던 중 자기 교구에 문제를 일으키는 침례교인들을 언급하면서 그들을 비판하였다.[148]

이 때문에 덱은 성경이 침례에 대해 어떻게 가르치고 있는지 궁금해졌고, 성경을 탐구하였다. 결과적으로 그는 성경의 가르침과 비교해 국교회에서 실행하고 있던 유아세례와 유아들의 침례 중생(baptismal regeneration) 교리에 대해 의문을 품게 되었다. 덱은 이 문제로 고심하다가 영국국교회에서 탈퇴하게 되었다. 그는 형제단에 합류할 뿐만 아니라 목회자로 섬겼으며, 많은 찬송가를 만들었다.[149]

형제단은 당시 영국국교회와 로마가톨릭교회에서 인정되고 있던, 사도로부터 사역의 계승 개념에 대해 반대하였다. 그로브스는 19세기 당시의 상황은 사도들의 시대와 완전히 다르며, 신약성경 시대에 사도들이 수행한 특별한 역할을 모방하는 것은 합당하지 않다고 주장했다. 또한, 그는 신약성경이 사도적 계승에 대한 어떤 암시를 제공하지 않는다고 확신했다.[150]

---

148 Pickering, 『형제 중에 인도자들』, 132-3.
149 Ibid.
150 A. N. Groves, *On the Liberty of Ministry* (Sidmouth, 1835), 10, 11, 49, 50, Rowdon, *The Origins of the Brethren*, 273에서 재인용.

형제단은 하나님이 당신의 종을 선택하시고 사용하신다는 사실은 사도 시대와 다름이 없지만, 기록된 계시로서 성경이 완성된 가운데서는 성경이 교회 사역의 합당성을 담보한다고 보았다. 따라서 성경적 기준에 합당한 사람이 그 역할을 할 수 있도록 할 책임이 있을 뿐이다. 형제단은 기성 교회에 경건한 사람들이 있다는 사실을 부인하지 않았으나 그 사실이 부패한 체계를 용인할 수 있는 것은 아니라고 주장했다.[151]

교회사 가운데 자유교회 전통에 속한 무리의 중요한 공통점 중 하나는 바로 국가 교회 체제에 대한 거부다. 그들은 국가 권력으로부터 자유로운 교회를 지향하였다. 16세기 아나뱁티스트들이 유아세례를 거부하고 신자의 침례를 주장하며 시행한 것은 바로 국가 교회 체제를 거부한 것이었다.

아나뱁티스트들과의 연관성을 논하지 않더라도 17세기에 영국에서 일어난 침례교 운동 또한 국가 교회 체제를 거부해 유아세례를 반대하였다. 퀘이커 또한 제도화된 교회, 즉 국가 교회가 성경적 교회의 모습이 아니라고 믿었다. 19세기에 일어난 형제운동의 중요한 가치 또한 국가 교회가 아닌 신자들의 공동체로서의 교회를 이루는 것이었음은 그들이 자유교회 전통의 맥락에 있는 무리임을 보여 준다.

3) 신자들의 모임으로서 교회 추구

형제단이 당시의 국교회와 비국교도가 가진 문제점으로 비판한 다른 하나는 개종하지 않은 사에게 복음을 전파하는 것과 신자들을 가르치는 것

---

151 Rowdon, *The Origins of the Brethren*, 274-5.

을 제대로 구분치 않는 것이었다.¹⁵² 형제단이 이러한 구분의 필요성을 제기한 것은 다음의 두 가지 이유 때문이었다.

첫째, 그러한 구분이 없다면, 불신자들이 기독교 예배에 참여할 수 있기 때문에 스스로 자기가 그리스도인이라고 착각하게 된다.
둘째, 그리스도인들은 기독교 진리의 전체 범위를 배우지 못하고 초보적인 내용만 답습하게 된다. 왜냐하면, 불신 세상을 향한 메시지 대부분은 하나님의 복음을 되풀이하는 것이기 때문이다.

형제단은 분명한 회심을 경험한 신자와 회심이 필요한 불신자를 구분하여 각각에 맞는 말씀 증거와 가르침이 필요하다고 보았다. 그들은 대상에 맞는 메시지와 돌봄을 통해 신자들의 모임(공동체)으로서의 교회를 실현하고자 하였다. 형제단의 신자들의 교회에 대한 열망은 앞서 언급한 대로 유아세례에 대한 반대와 신앙고백을 통해 믿음이 확인된 이들이 입교 의식의 일환으로 침례를 행하도록 하는 기준을 통해서도 분명히 드러난다.

4) 전 신자 제사장직의 실현 추구

형제단은 국가 교회 형태인 영국국교회를 비판할 뿐만 아니라 국교회를 반대하고 분리한 다른 비국교도들에 대해서도 만족하지 못했다. 형제단은 다른 비국교도들이 엘리자베스 시대 영국국교회의 타결(Elizabethan Settlement)에 반대했지만, 성경적인 교회를 실현하는 데 한계가 있다고 보았다.

---

152 Miller, *The Brethren: their Origins*, 36.

형제단은 먼저 다른 비국교도의 규범적인 교회 체제를 지적하였다. 초기 형제단 지도자들이 보기에 당시 비국교도들은 모든 신자가 제사장이라는 견해를 가지고 있었지만, 성직자들이 예배와 교회 사역을 독점하는 형태를 이루고 있다고 보았다. 형제단은 다른 비국교도들의 관행과 교회 용어를 문제시하였다. 형제단은 다른 비국교도가 목회자를 다른 신자들과 구별되는 호칭으로 부름으로써 다른 신자들과 구별된 특별한 지위에 있는 사람으로 인정하고 있었으며, 서임 된 사람에게만 주의 만찬의 집례 권한을 한정함으로써 전 신자 제사장 원칙을 훼손한다고 믿었다.

회중 교회 목사였다가 1838년경부터 형제단에서 사역한 윌리엄 헨리 돌먼(William Henry Dorman, 1802-1878)은 다른 비국교도 중 일부가 서임식이 목사에게만 특권을 부여한다는 견해를 부인하고 있지만, 서임되지 않은 사람이 결코 주의 만찬을 집례하지 못한다는 규정이 그 주장을 무효화하고 있다고 비판했다.[153]

형제단은 다른 비국교도 교회에서 목회자를 제외한 나머지 교인들이 능동적인 제사장의 모습이 아닌 평신도로서 수동적인 역할 만을 한다고 보았다. 형제단은 예배와 교회 사역에 있어 훨씬 더 많은 참여의 기회가 열려 있어야 한다고 믿었기에 교회 일원으로 영접한 모든 이에게 예배를 비롯한 대부분의 교회 사역에 참여할 기회를 주고자 하였다.

그들은 예배당 내부의 구조와 좌석 배치 등에 있어서도 문제점을 지적하였는데, 서열에 따라 등급화된 책상, 가난한 사람과 부자를 구분하기 위한 놋쇠로 된 구분 징치, 가난한 사람들이 앉는 곳의 예배당 바닥이 부자들의 자리보다 한 단계 낮고 강단에서 가장 먼 거리에 배치된 점을 지적하

---

153 Pickering, 『형제 중에 인도자들』, 147.

였다. 형제단은 당시 일반적으로 행하던 좌석료가 신자 간에 사회적 차별을 조장하는 관행이라 비판하고 철폐하였다.[154]

5) 공동 목회 지향

교회 지도 체제에 대해 형제단은 일인 목회 체제를 반대하였고, 신약성경에 나타난 교회의 목회 형태는 공동 목회였다고 믿었다.

그로브스는 성경에서 '한 교회에 복수의 감독'이 있었음을 발견했다. 다비는 '교회의 질서를 파괴하는 교구 배치'(Parochial Arrangements Destructive of Order in the Church)라는 논문에서 교구 성직자들이 그 지역의 영적 기능을 독점하는 전담자로 임명되어 양 떼의 목자와 불신자들을 대상으로 하는 사역을 독점하는 상황을 비판했다. 영국국교회 출신으로 회심 후에는 침례교회의 목사로 사역했던 에드워드 데넷(Edward Dennet, 1831-1914)은 형제단에 합류한 후 그 직분에 부여된 자격이 자세히 설명되어 있는 목회서신을 제외하고 신약성경은 항상 장로나 감독을 복수형으로 언급한다고 지적했다.[155]

형제단은 그들의 교회 지도자를 세울 때 투표 등의 인간적 방식으로 선출하는 것에 대해서도 성경적 근거가 없다고 거부하였다. 초기 형제단의 주요한 인물들은 연륜이 있는 신자와 어린 신자, 교육을 많이 받은 사람과 교육받지 못한 사람이 같은 수준에 있다는 개념이 균형을 상실한 것이라고 지적했다. 그들은 성숙한 사람과 그렇지 않은 사람이 똑같은 발언권

---

154 Müller, *A Narrative of the Lord's Dealing with George Müller*, 66-7. 뮐러는 자기 교회에서 좌석료 제도를 없앴다.
155 Pickering, 『형제 중에 인도자들』, 136-7.

과 권위를 가지도록 하는 것이 민주주의의 문제로 보았다. 따라서 적잖은 형제단의 지도자들이 민주주의 원칙을 교회에 적용하는 것을 거부하였다. 형제단은 회중적(congregational) 원칙을 실천하는 교회에서 일어나는 논쟁과 기타 실행의 어려움이 초래되는 것은 성경적 원칙을 따르지 않는 그 교회의 체계로부터 왔다고 여겼다.[156]

그들은 주님이 모든 교회 안에 치리자와 교사로서의 직무를 감당하도록 장로들을 두셨으며 사도 시대와 마찬가지로 지금도 비록 교회가 타락 상태에 있을지라도 그것은 지속 되고 있다고 믿었다. 그러나 그것은 신자들이 자기들의 의지에 따라서 장로들을 뽑아야 한다는 것을 의미하는 것이 아니며, 그들을 하나님이 세워주시기까지 기다려야 함을 의미한다고 믿었다.

보다 구체적으로 말한다면, 교회의 지도자들(곧 목회자들)로서 장로직은 성령의 지명에 의해 이루어지는 것으로서 성경에 나타난 자격을 갖춘 이들이 바로 그에 해당되며, 주님이 그들의 사역을 축복 하사 열매를 맺게 하심으로 드러난다는 것이다. 또한, 자연스럽게 성도들은 성령께서 세우신 이들을 수용하고 그들에게 복종해야하는 것으로 형제단은 이해했다.[157]

형제단이 거부하는 인간적인 방법은 특정할 수 없다. 다만, 그들은 그들의 사역뿐만 아니라 사역자들이 성령의 부르심과 인도하심을 떠나서 어떤 것도 불가능하다고 강하게 믿었다. 형제단은 그들의 공동체 중 성령께서 감동하시고, 그 자질을 갖추도록 하셔서 이미 사용하고 계신 사람을 교회(회중)가 알아보고 추인하는 것임을 나타내길 원하였다. 그들의 이러한 믿

---

156 뉴턴뿐만 아니라 다비도 그러한 민주적 개념을 지지하지 않고 우려를 표했다. B. W. Newton, *Letter to Sibthorp*, 8, 9 n; J. N. Darby, 'Progress of Democratic Power, and its Effect on the Moral State of England', *Collected Writings*, ⅩⅩⅩⅡ. 506-511, Rowdon, *The Origins of the Brethren*, 277에서 재인용.

157 Broadbent, 『순례하는 교회』, 434-5.

음과 실행은 세월이 많이 지난 오늘날에도 지켜지고 있는 원칙이다. 형제단에서 성령이 세우시는 원리라고 말하는 과정은 다음과 같다.

먼저, 어떤 신자가 개인적으로 하나님의 소명을 확인하고 그 소명대로 섬길 때 그 섬김에 따른 열매가 맺히게 될 것이다. 그다음으로 교회는 성경에 나타난 자격 기준을 근거로 그의 인격과 삶 그리고 영성과 사역을 통한 열매를 확인하고 추인한다.[158]

사실 이러한 형제단의 개념은 그들이 인정하지 않을지라도 회중주의에 그 기초가 있다고 할 것이다. 성령께서 목회자를 세우신다는 점을 강조하지만, 그 과정에서 간과할 수 없는 것은 교회의 인정이다. 즉, 회중의 인정 없이 교회의 사역자가 될 수 없다는 것인데, 이것은 원론적으로 회중주의와 연결되는 부분이다.

다만 형제단의 강조점은 제도권 교회의 병폐에 대한 반발, 성경에 제시된 기준, 사람에 의한 인위적인 것이 아닌 하나님의 주권이었다. 따라서 그들이 강조하는 원칙은 교회 지도자가 성령에 의해 세워지는 것으로, 실제적인 면에서는 성령 공동체인 교회(회중)의 인지와 동의가 필수적이기 때문에 큰 틀에서는 회중주의 원리가 적용된다고 할 수 있다.

6) 분열(分裂)이 아닌 분리(分離)의 정당성 주장

형제단은 자기들이 하나의 새로운 분파를 형성한다고 생각하지 않았다. 그들은 단지 자기들이 하나님이 성경에 보여 주신 교회를 이루기 위해 단

---

[158] Alexander Strauch, *Biblical Eldership* (Littleton: Lewis & Roth Publishers, 1995), 277-89.

순하게 모일 뿐이라고 믿었다. 그들은 초대 교회의 모습을 이루기 위해서는 기성 교회를 떠날 수밖에 없다고 주장했다.

그로브스는 당시 영국 교회의 문제를 두 가지 요소를 들어 비판했다.

첫째, 그는 교회가 유대인들처럼 지상적인 영광을 추구함으로써 세속적 사생아가 되었다고 한탄했다. 그로브스를 비롯한 초기 형제단 지도자들은 신약성경의 교회와 구약 성경의 유대인(이스라엘)을 구분해야 한다고 믿었고, 이스라엘과 구별된 특별한 공동체로서 교회는 그 행습과 지향점에 있어 분명한 차이가 있어야 할 것을 기대했다.

둘째, 그로브스는 사역에 있어 당시 교회의 잘못은 사역의 자유를 제한하고 유대교적인 형태에 기독교를 꿰어맞춘 것이라고 여겼다. 이러한 잘못의 핵심은 '안수'(ordination)에 있다고 그는 주장했다. 그로브스가 보기에 안수는 유대교에서 특별한 사람들만이 제사장으로 섬길 수 있었던 것처럼 교회에서 신자들의 사역의 자유를 제한하는 장치가 되었다. 그는 바울의 경우를 예로 들어 설명하였는데, 만일 바울이 19세기에 있었다면 그는 목사 안수를 받지 않았기 때문에 사역하지 못하게 되었을 것이라고 항변하였다.[159]

다비는 좀 더 강하게 기성 교회를 비판하였다. 그는 당시의 교회가 모두 배도의 길을 걷고 있다고 주장하였다. 다비의 의견에 동의하는 사람들은 국교도와 다른 비국교도 모두 세속적인 무리기 때문에 그들로부터 분리해야 한다고 보았다. 반면에 밀러니 채프먼은 보다 온건한 입장을 취했다. 그들은 국가와 연합한 국교회의 문제를 심각한 것으로 비판했지만, 다

---

[159] Rowdon, *The Origins of the Brethren*, 282-3.

른 비국교도들을 국교회와 동일선 상에 놓진 않았다. 다만 그들은 다른 비국교도들이 신약 성서에 나타난 초대 교회의 모습에 미흡한 부분이 많다고 보았다.

두 가지 견해의 차이가 있었지만, 형제단은 당시의 기성 교회들로부터 분리해 새로운 공동체를 이루는 것을 하나님의 뜻에 순종하는 하는 것이라고 여겨 그 정당성을 확보하였다.

7) 세상으로부터의 성별 추구

예언에 대한 형제단의 관심은 그들 구성원이 세상에서의 삶에 대한 태도를 결정하는 데 있어 중요한 요소였다.[160] 그들은 세상이 하나님의 심판을 받기 위해 무르익었다고 확신했기 때문에, 가능한 한 세상과 거리를 두고자 하였다. 그들 주장의 근거는 성경에 있었다. 형제단의 사회 윤리는 일반적으로 신약성경과 특히 산상수훈에 대한 이해에서 나왔으며, 그들은 복음서에 묘사된 그리스도의 삶에 나타난 모본을 규범적으로 이해했다.

세상에 대한 그들의 태도는 해리스가 1835년 10월 『그리스도인 증언』(*The Christian Witness*)에 기고한 논문 제목인 '천상지심'(heavenly-mindedness)으로 요약된다. 해리스는 인간 세상은 하나님의 계획과 목적에 반대하고 있다고 여겼다. 그는 세상과 참된 교회 사이에는 완강한 적대감이 있으며 세상은 그리스도인이 천국으로 향하는 순례자로서 통과해야 하는 광야라고 보았다.[161]

---

160 Mrs. Groves, *Memoir of Anthony Norris Groves*, 241.
161 Rowdon, *The Origins of the Brethren*, 301-2.

그런데도 형제단은 세상에서 이탈하고자 하기보다는 오히려 거룩한 성경에서 발견한 천상의 원리를 세상에서의 삶에 적용하려는 의도를 가지고 있었다. 이러한 관점은 형제단의 다양성만큼이나 실제 적용에 있어 다양한 방향으로 발전되었다. 대부분의 형제단은 세상에 동화되지 않고자 노력하면서도, 세상 속으로 나아가 복음을 전하고자 하였다.

어떤 이들은 형제운동을 중산층 운동으로 간주한다. 초기 형제단 지도자들의 상당수는 상류층 출신이었고, 대부분 고등 교육을 받았으며, 평생 일하지 않아도 될 만큼의 재산을 가지고 있었고 당대의 기득권층과 관계를 맺고 있었다. 그다음으로 합류한 많은 이는 사업가들과 전문직 종사자들이었다. 이러한 사람들은 사회적 우월주의가 생길 만한 요소가 있었음에도 그리스도 안에서 계급이라는 장벽이 무너졌다는 영적 원리를 삶 가운데 실제화하고자 노력하였다. 그들은 피차 형제, 자매라는 호칭을 선호하였고 계급적 직분 체제를 만들지 않았으며, 좌석료를 폐지하는 등 당대의 계층화 현상을 개혁하고자 하였다.[162]

(1) 반(反) 세속주의

형제단은 하나님의 일을 위해 불신자들에게 기부받는 것을 거부하였다. 그것은 일종의 세상에 대한 호소라고 여겨졌기 때문이었다. 형제단이 문제 삼은 당시 그리스도인들의 세속성은 세상과 구별되는 것 없이 호화롭게 사는 모습뿐만 아니라 세상과 구별되지 않는 가운데 시도되는 사회운동이나 정치적 행위들도 포함되었다.

---

162 Barber, *Who are the Brethren*, 26-7.

1828년 '심사 및 지자체법'의 폐지는 비국교도들이 시민 및 종교적 차별의 완전한 제거를 촉구하도록 장려하는 역할을 했다. 비국교도들은 확대된 자기들의 세력을 의지해서 정치적으로 자기들의 입지를 확보하려고 했다. 돌먼은 이러한 정치 지향적 정신이 비국교도에 스며들어 대학 및 사회를 감염시켜 이기적인 모습으로 변질시키고 있다고 생각하였는데, 그의 이러한 생각은 형제단 사람들 사이에 일반적인 것이었다.[163]

형제단이 추구한 반 세속주의는 정치로부터 시작해 경제와 문화에 이르기까지 다양한 방식으로 나타났다.

그로브스는 일찍이 그리스도를 위해 모든 것을 무조건 포기하는 것이 그리스도인의 마땅한 의무라고 믿었다. 이러한 그로브스의 신념은 1825년 출판된 소책자 『그리스도인의 헌신』(Christian Devotedness)에 잘 나타나 있다. 그에게 재물은 단지 사역의 도구였고, 부(富)는 소유자나 그 가족에게나 분명한 위험 요소였다. 그로브스는 성경 말씀을 문자 그대로 받아들여서, 부를 축적하려는 노력은 개인 경건의 장애물로 여겼다. 그는 자기 생각을 "일은 열심히, 소비는 적게, 베풀기는 많이, 모든 것은 그리스도께"라고 정리했다.[164]

뮐러는 그리스도의 종은 값비싼 물건들을 사용하는 것이 마땅치 않다고 여겨서 자기가 가지고 있던 고급스러운 물건들을 사용하기 주저하였다.[165] 귀족이었던 콩글턴(Congleton) 경은 인도 선교에서 돌아온 후 거주하던 집에 카펫을 깔지 않았고, 소박한 가구와 물건들을 사용하였다. 그는

---

163 W. G. Addison, *Religious Equality in Modern England*, 111, 112, Rowdon, *The Origins of the Brethren*, 278에서 재인용.
164 Coad, *A History of the Brethren Movement*, 17.
165 Müller, *A Narrative of Some of the Lord's Dealings with George Müller*, vol. 1, First Part, 118.

그가 평상시 사용하던 작은 군대용 철제 침상에서 죽음을 맞이했다. 위그램(Wigram)은 생활비를 줄이기 위해 다소 누추한 집을 택했다.[166] 브리스톨의 형제단 중에 핀젤(Finzel)이 세상을 떠났을 때 크레이크는 '브리스톨의 가장 부유하고 고귀한 마음을 가진 상인'이라고 묘사했다.[167]

형제단의 일원들 대부분이 검소하고 소박한 삶을 산 것은 그들 중 부유한 사람이 없었던 것이 아니라 그들의 삶의 태도가 검소하고 소박했기 때문이었다. 초기 형제단의 대표적인 인물들은 세속적 소유는 하나님을 섬기는 단순한 수단에 불과하며, 오히려 그리스도인의 경건에 방해가 될 수 있다고 보았다.

(2) 복음적 측면의 사회 참여

형제단 지도자들은 그들의 사역뿐만 아니라 개인적 삶에서도 사회적 장벽을 낮추고자 하였다. 알렉산더 캠벨(Alexander Campbell) 경은 그의 하인들이 자기와 함께 식탁에서 식사할 수 있도록 했고, 자기가 늦게 귀가한 날은 그들이 먼저 식사하도록 했다고 한다.[168] 콩글턴(Congleton) 경도 하인과 함께 식사하기도 했으며, 단지 자기 귀족 신분 때문에 어떤 회의에서 의장을 맡아 달라는 것으로 생각되면 그것을 거부했다.[169]

또한, 초기 형제단에서는 방문자들을 환대하는 것이 보편적 미덕으로 여겨졌는데, 그 방문자의 사회적 신분에 상관없이 융숭한 대접을 하는 것이 형제단 내에서 일반적이었다. 나중에 뉴턴은 이러한 대접 문화 때문에

---

166 Rowdon, *The Origins of the Brethren*, 303-4.
167 Craik, *Passges from the Diary and Letters of Henry Craik*, 281.
168 Neatby, *History of the Plymouth Brethren*, 41, 42.
169 Rowdon, *The Origins of the Brethren*, 304.

사생활 보호가 되지 않는 어려움을 호소했을 정도였다.[170]

밀러와 크레이크는 목회뿐만 아니라 가난한 계층에 대한 돌봄과 기초적인 삶의 필요에 대한 도움이 절실했던 고아들을 위한 사역에 힘을 쏟았다. 밀러가 인간적인 지원에 대한 기대 없이 고아들을 돌본 것은 많은 그리스도인에게 알려지고 감동을 주는 이야기다. 그러나 밀러 이외에 형제단에는 가난한 이들과 고아들을 위해 헌신한 사람들이 적지 않다.

형제단 분열 후 개방 형제단의 윌리엄 제임스 스토크스(William James Stokes, 1807-1881)는 보육원과 도시 내 구제 사역을 시작했다. 또한, 제임스 페건(James W. C. Fegan, 1852-1925)은 뎃퍼드(Deptford) 빈민 학교를 방문했다가 감명을 받아 가난한 청소년들을 대상으로 한 구제 사역에 헌신하여 1872년 첫 소년학교를 열었다. 아이러니하게도 페건의 사역은 찰스 다윈(Charles Darwin) 가족의 동조를 얻기도 하였다. 형제단 일원 중 고아들을 위한 사역에 헌신한 또 다른 이로는 토마스 존 바르나도(Thomas John Barnardo)가 있다. 그는 1862년 회심한 후 형제단에 합류했는데, 허드슨 테일러를 따라 중국으로 가고자 했었으나, 계획을 변경해 런던 동부 외곽의 가난한 사람들을 위한 구제 사역에 헌신하였다.[171]

초기 형제단의 사람들은 세속적 소유를 경시하면서도 사람들의 현세적 필요에 대해 무관심하지 않고 그들의 필요를 공급하고 도움으로써 그리스도의 사랑을 실천하고 드러내기 원하였다. 그들은 천상의 가치를 지향하고 추구하는 사람들이었지만, 성육신하신 그리스도의 사랑을 이웃들에게 실천하고자 애썼다.

---

[170] Ibid.
[171] Coad, *A History of the Brethren Movement*, 179.

(3) 정교(政敎) 분리원칙

형제단은 세속 정치에 대해 부정적이었다. 그들은 그리스도인으로서 성경적 방식으로 행동하면서 세속 국가의 시민으로서 비성경적인 방식으로 행동하는 것은 두 개의 인격을 용납하는 것이기 때문에 불가능한 것이며, 이런 이유로 그리스도인은 두 체제에 동시에 속할 수는 없다고 믿었다. 또한, 형제단의 예언 연구와 강조는 멸망을 향해 가는 세상과의 분리를 요구하도록 했다. 해리스는 '하늘에서 난 사람들이 세속적인 입법자와 정치인이 되는 것이 합당한가'라고 의문을 제기했다.[172] 이는 16세기 아나뱁티스트와 매우 유사한 주장이다.

형제단은 그리스도인이 인간 정부의 권세에 복종해야 한다고 믿었지만, 그리스도인이 정치적 수단으로 특혜를 얻으려고 시도하거나 그리스도인이 정치적 권위를 행사하는 것에 대해서는 성경적 근거가 없다고 주장했다. 그들은 성경이 그리스도인에게 아버지, 남편, 스승이라는 세 가지 특별한 관계에서 권위를 행사할 수 있도록 하였지만, 결코 왕이나 행정관이나 세상의 어떤 권위도 부여하지 않았다고 믿었다.

이러한 믿음과 부합하지 않는 사회적 지위를 가진 사람들은 형제단에 합류한 이후에는 그것들을 버려야 했다. 게다가, 형제단은 투표권을 행사하는 것도 거부하는 입장을 취했다.[173] 인간 정부의 권세에 복종해야 하는 의무에 관해서도 그 성격과 상황이 더 상위의 권세인 하나님의 말씀과 뜻에 반하지 않는 선에서 지켜질 수 있다고 보았다.

---

172 *Christian Witness*, Ⅰ., 457, Rowdon, *The Origins of the Brethren*, 304에서 재인용.
173 Miller, *The Brethren: Their Origins*, 31.

그러나 형제단의 일원이라고 해서 모두 세상 정치에 대해 금기시한 것은 아니었다. 콩글턴 경은 샤프츠베리(Shaftesbury) 경이 영국 상원에서 진행했던 개혁을 지지하였다. 팬햄 경이 되는 서머셋 맥스웰(Somerset Maxwell)은 수년간 의회 의원으로 활동했다. 아일랜드 서부 마요(Mayo)의 아칠(Achill) 섬에서는 캐번(Cavan) 경이 아일랜드의 고난 시기에 섬사람들의 경제와 삶을 위해 노력했다.[174] 그러나 초기 형제단에 있어 정치 참여와 공직을 갖는 것은 일반적으로 금기시되었다.

(4) 평화주의

초기 형제단은 군인이 되는 것이 세속적 직업이기 때문일 뿐만 아니라, 사람을 죽이고 폭력을 행사해야 하는 전쟁에 참여하는 것이기 때문에 군복무를 거부했다. 홀은 "제자 신분! 그의 해군 계급과 보수를 내려놓을 수 있는 이유"(Discipleship! or reasons for resigning his naval rank and pay)라는 제목의 글에서 자기가 해군 장교직을 포기하는 이유를 설명했다. 홀에 따르면, 그리스도인은 세상으로부터 분리되어야 하며, 세상의 능력, 뛰어남, 영광 그리고 부유함을 거절해야 한다. 해군 장교 계급은 이 세상의 힘으로부터 주어지는 권위이고 이것의 기준과 가치는 그리스도인에게 아무런 의미가 없다. 게다가 전쟁 그 자체도 옳지 않다.[175]

형제단이 전쟁에 반대한 성경적 근거는 그들이 문자 그대로 그리고 보편적으로 적용되는 것으로 이해한 악에 대한 저항을 금지한 산상수훈이었던 것으로 추정된다. 예를 들어, 형제단의 일원이었던 브렌톤(Brenton)은 생명

---

174 Coad, *A History of the Brethren Movement*, 179.
175 Embley, *The Origins and Early Development of the Plymouth Brethren*, 64.

을 빼앗는 것뿐만 아니라 '자기의 지갑을 지키거나, 문을 잠그거나, 창문을 닫는 것'조차도 포기해야 한다고 생각했다.[176] 형제단의 평화주의 입장은 16세기 아나뱁티스트들의 입장과 초기 침례교인들의 입장과 연결된다. 그런데 침례교인들의 입장이 변해왔듯이 형제단의 견해도 달라져 왔다.

실제로 국가와 전쟁에 대한 형제단의 입장은 다양하게 변화해 왔다. 한국의 형제단은 정치적 참여에 대해 투표 행위나 합법적 시위를 통해 성경적 정신을 사회에 구현해야 한다고 믿고 있으며, 신자가 공직에 근무하는 것에 대해서도 긍정한다. 또한, 신자의 군 입대뿐만 아니라 국민의 안전과 평화를 지키는 차원의 방어적 전쟁에 대해서도 가능하다고 믿는다.

(5) 세속 학문과 교육에 대한 경시

플리머스의 형제단 일원이었던 볼레이즈는 "세계에 대한 순응에 관하여"(On Conformity to the World)라는 글에서 교육을 '마음의 모든 능력을 열어 하나님의 영광으로 인도하는' 바람직한 수단으로 받아들였지만, 교육 자체를 목적으로 하는 것은 거부했다. 그는 그것이 '세련된 이기심'이라고 보았다. 그는 과학과 자연 연구를 특히 이러한 남용에 취약한 것으로 여겼다.[177]

다비는 사회 개선, 번영, 가난한 사람들의 고용 및 평화로운 문명의 발전에 기여하고 유용해 보이는 상업조차도 사람들의 관심을 신앙으로부터 멀어지게 하는 사탄의 장치로서 사악한 측면이 있을 수 있다고 생각했다. 볼레이즈는 '현대의 발명품과 통신 설비가 제공하는 자원'이 하나님에 대한

---

176 Rowdon, *The Origins of the Brethren*, 305.
177 H. Borlase, 'Present Prospects', *Christian Witness*, Ⅰ. 42, Rowdon, *The Origins of the Brethren*, 305에서 재인용.

인간의 최종 반역과 관련하여 불순하게 사용될 것이라고 주장했다.[178]

그로브스-밀러-크레이크 전통(개방 형제단)에 서게 된 사람들이 덜 엄격한 태도를 취하는 경향이 있다는 점을 제외하고는 세속 학문과 교육에 대해 형제단 사이에 의견 차이가 거의 없었던 것으로 보인다.

8) 하나님의 은혜와 주권을 강조한 구원론

19세기 초 온건한 칼빈주의자들은 도덕률 폐기론으로부터 거리를 두고자 하였고, '유기'(reprobation)라는 개념을 단호히 거부하였다.[179] 실제로 영국국교회 내 저교회파의 정체(停滯) 상태에 실망한 사람들이 1815년 이후 칼빈주의적 비국교도로 분리해 나가게 되었다.[180] 이러한 배경 가운데 형제단이 출현하였다.

초기 형제단은 극단적 칼빈주의에 비판적 입장이었다. 그들은 복음전도에 열심이었으며, 복음을 들은 청중들에게 회심을 촉구했다. 형제단의 원리를 제시해 형제단 출현에 큰 영향을 미친 그로브스는 자기 생애를 선교 사역에 바쳤다. 형제단의 특징 중 하나가 선교에 있음은 비록 형제단이 하나님의 주권과 은혜로 말미암는 구원을 강조했지만, 복음전도에 열심인 사람들이었기 때문이었다.

다비는 신성한 주권을 강조하였고, 인간의 능력에 대한 가능성에 매우 적은 가치를 두었다. 그는 자유 의지를 모든 웨슬리파, 이성주의자들, 철학자들의 신조라며 거부하였다. 그는 인간의 마음은 너무 부패하고, 그 의

---

178 Ibid.
179 Stevenson, *The Doctrine of Grace in an Unexpected Place*, 46-8.
180 Embley, *The Origins and Early Development of the Plymouth Brethren*, 17.

지는 하나님에게 복종할 수 없을 정도로 너무 완고하다고 하였으며, 사람은 단지 죄인이며, 그의 의지는 죄 아래 있다고 주장하였다. 다비는 알미니안주의를 펠라기우스주의와 동일시할 정도로 그 교리를 싫어했다.[181]

채프먼도 구원론에 있어 다른 형제단의 견해와 같았는데, 그는 자연인은 복음에 대한 이해가 없고, 완전히 악에 사로잡혀 있으며, 전적으로 타락했다고 믿었다. 뮐러가 에벤에셀교회(Ebenezer Chapel)의 개관 예배에 참석했을 때, 크레이크의 설교를 통해 감동받고 공감했던 내용은 최고의 권위를 성경에 두는 것과 예정론, 제한 속죄 그리고 견인 은총이었다.[182]

퀘이커 출신으로 토트넘교회의 지도자가 된 존 엘리엇 하워드는 불신자는 죽은 사람이 걸으려고 시도하는 것처럼 믿고자 해도 그럴 능력이 없다고 주장했다.[183] 그로브스는 그리스도의 속죄 사역에는 보편적인 측면과 특별한 측면이 모두 있는데, 하나님에게서 받은 속죄는 그 범위의 측면에서는 무한하고 보편적이지만, 인간에게는 제한적이고 특별하다고 설명했다. 그 의미는 속죄의 보편적인 차원은 복음이 모두에게 전파될 수 있도록 하지만, 그 특수성은 신자의 죄악만 사해진다는 것이었다.[184]

이상과 같이 초기 형제단 지도자들이 구원론에 있어 하나님의 주권과 은혜를 강조한 것은 영국의 상황에서 국교회가 알미니안주의로 기운 것에 대한 대응과 인간의 이성을 강조했던 광교회주의에 대한 반발로 나타

---

181 Stevenson, *The Doctrine of Grace in an Unexpected Place*, 74-6.
182 Müller, *A Narrative of the Lord's Dealing with George Müller*, 53-5.
183 Stevenson, *The Doctrine of Grace in an Unexpected Place*, 89. 오늘날의 한국형제단은 이러한 견해에 다 동의하지 않는다. 그들은 초기 형제단 지도자들의 구원론 견해로부터 변화하여 중도주의적인 입장을 취하고 있다. 이에 대해서는 이 책 서론에서 설명한 바 있다.
184 Ibid., 183.

난 보수적 경향 때문일 것이다. 형제단은 일정한 형태의 신학적 체계를 의도하지도 않았으며, 선호하지도 않았다. 그들은 '오직 성경'이라는 종교개혁 전통을 구체적으로 자기들의 시대에 실현하고자 했을 따름이다. 다만 그들은 하나님의 주권과 은혜를 강조하면서도 복음 전도와 선교에 열정적이었다.

제5장

기독교 형제단의 분열

그리스도 안에서 한 형제와 자매라는 기독교 형제단 내부의 공감대와 우애는 오래 지속되지 못했고, 그들이 기성 교회로부터 분리했던 이유와 같은 방식으로, 그들 서로를 갈라놓았다. 교회사 가운데 나타난 다양한 분파의 등장과 분열의 과정처럼 형제단도 견해 차이와 인간적 연약 때문에 두 계열로 분열되었다. 이 장에서는 그 분열의 원인과 과정 그리고 분열 후 각 계열의 발전에 대해 살펴보고자 한다.

1. 다비와 뉴턴의 갈등과 파국(破局)

초기 형제단의 지도자들은 성경의 최고 권위, 칼빈주의적 구원론, 그리스도의 인격적 재림에 대한 기대 등과 같은 교리에 있어 보편적으로 공감하였지만, 교회론을 비롯한 그 외의 교리적 세부사항과 실천적인 문제들은 토론의 주제로 남아 있었다. 특히 초기 형제단은 그들이 이루어야 할 교회의 형태와 성경의 미성취 예언의 해석에 대한 세부사항에 대해 모두 한 마음이었던 것은 아니었다.

1) 신학적 견해 차이와 갈등의 시작

초기 형제단 사이에서 가장 중요한 관점의 차이는 총 두 가지로 정리될 수 있다.

첫째, 예언 해석에 관한 견해 차이가 있었다.

형제운동 초기에 파워스코트 예언 학회를 중심으로 초기 형제단 지도자들의 교류뿐만 아니라 예언에 관한 공감대 및 사상의 발전이 이루어졌다. 그 과정에서 다비의 견해와 뉴턴의 견해 차이가 발생하였고, 이것이 갈등 요소로 발전하게 되었다.

둘째, 교회 질서, 즉 사역의 자유에 관해 이견이 발생하였다.

형제단이 단순한 운동으로 시작했다가 지역 교회들이 설립되고 나서는 교회 내의 지도적 권위와 구성원들이 모두 제사장으로서 사역에 참여한다는 정신 간의 조화에 대한 문제가 제기되었고, 이에 대한 견해 차이가 발생하게 되었다. 형제단 내의 견해 차이는 갈등을 넘어 분열로까지 이어졌다.

(1) 예언 해석에 대한 견해 차이로 인한 갈등

형제운동 초기의 주요 인물 중 상당수는 파워스코트 예언 학회에 참석하는 등 성경의 예언에 대한 관심이 많았고, 그 관심은 그들이 기성 교회를 떠나 새로운 공동체를 형성하는 데 중요한 밑거름이 되었다. 그러나 그들 가운데서 성경의 미성취 예언에 대한 해석에 있어서는 통일된 견해가 형성되어 있지 않았다. 그것은 그들이 가지고 있었던 다양한 신학적 배경에 따른 당연한 결과이기도 하였다.

다비는 하나님의 지상 백성으로서의 이스라엘과 하나님의 천상 백성으로서의 교회 사이의 구분을 예언 해석의 열쇠로 보았다.[1] 다비에 따르면, 그리스도의 재림은 두 단계로 일어날 것이다. 첫 단계에서 그리스도의 은밀한 나타남이 있을 것이고, 그때 모든 참된 그리스도인은 지구에서 사라질 것이다. 이것이 성도들의 '휴거'다. 이 사건과 함께 악을 제어하는 힘으로 작용하는 성령님의 임재가 세상에서 사라지며, 그 결과로 적그리스도가 일어날 것이다. 적그리스도의 지배 후에 재림의 두 번째 단계, 즉 영광 중 그리스도께서 공식적으로 나타나심으로 완성된다.[2]

이 해석에서 두 가지 추론이 나왔다. 먼저는 교회를 위한 그리스도의 오심은 언제라도 발생할 수 있다는 것이다. 다음으로 마태복음 24장과 같이 그리스도께서 공개적으로 영광중에 오실 것에 대해 말씀하신 복음서의 구절은 그리스도인이 아니라 유대인 제자들에게 해당하는 말씀이라는 것이다.[3]

뉴턴은 다비의 해석에 동의하지 않았다. 1834년 9월, 뉴턴은 볼레이즈, 해리스, 더글러스와 함께 플리머스에서 별도의 예언 학회를 개최했고, 동시에 예언 문제에 대한 추가 연구를 위해 아일랜드에서 또 다른 모임을 개최했다. 이것은 다비의 견해에 대한 반대를 넘어 파워스코트 예언 학회를 보이콧(Boycott)한 것으로 여겨질 수 있었다.[4]

다비는 파워스코트 부인과 친분이 두터웠으며, 그가 주최하는 예언 학회에서 활발히 활동하고 있었다. 뉴턴은 '기독교계의 배도 그리고 성령 안에서 연합 필요성, 세상에 임박한 하나님의 심판과 신자가 세상과 분리해

---

1   Rowdon, *The Origins of the Brethren*, 230.
2   Coad, *A History of the Brethren Movement,* 129.
3   J. N. Darby, 'Matthew, XXIV, XXV', *Christian Witness*, V. 266-281, Rowdon, *The Origins of the Brethren*, 231에서 재인용.
4   Coad, *A History of the Brethren Movement,* 130.

야 할 필요성 그리고 이스라엘의 궁극적인 회복' 등에 대해서는 다비의 의견에 동의했다.

그러나 그는 다비가 주장한 그리스도의 재림이 성도들을 위해 은밀하게 공중까지 오심과 지상에 공개적으로 오심의 두 단계로 이루어진다는 견해는 단호하게 거부하였다. 그 대신에 뉴턴은 그리스도의 재림은 공개적으로 강림하시는 단일 사건일 것이며, 그의 성도들은 공중에서 그를 만나기 위해 들리고 그리스도의 발이 감람산에 서실 때 그와 함께 땅으로 돌아올 것이라고 주장했다.[5]

1837년이 되자 두 사람의 견해 차이는 공공연한 논쟁거리가 되었고, 심지어 인도에 있던 그로브스도 그 소식을 알게 되어 1837년 10월 10일에 다음과 같이 썼다.

> 영국에 있는 많은 사랑하는 하나님의 자녀들 사이의 불화는 주님의 재림을 갈망하게 만듭니다. 고백하기는 그토록 큰 은혜를 동일하게 받은 사람들이 하나 됨과 사랑으로 서로 짐을 지므로 그리스도의 법을 성취하여 행할 수 없으면 누가 그 일을 행하리라고 기대할 수 있겠습니까?[6]

1840년경에 뉴턴은 논쟁의 여지가 있는 문제에 대해 심사숙고한 끝에 자기 견해를 설명하는 다섯 통의 편지를 썼다. 그 편지들은 그때는 인쇄되지 않았으나, 필사되어 널리 회람되었다가 1847년에 트레겔레스(Tregelles)가 뉴턴의 동의를 받아 출판하였다. 그 글에서 뉴턴은 이스라엘과 교회가

5　B. W. Newton and H. Borlase, *Answer to Questions*, 18; 48, Rowdon, *The Origins of the Brethren*, 231에서 재인용.
6　Mrs. Groves, *Memoir of Anthony Norris Groves*, 376.

불연속적이라는 다비의 주장을 거부하였다.[7]

이러한 뉴턴의 공식적인 견해 표출은 다비와의 사이를 불편하게 만들었다. 1840년 또는 1841년에 그 종말론의 견해에 대해 다비는 뉴턴에게 두 편의 편지를 썼고, 뉴턴은 한 편을 써서 서로 자기 주장을 피력하였다. 비록 두 사람 간에 이견을 좁히지 못했지만, 이때까지는 양쪽 모두 예의를 지켰다. 뉴턴은 다비의 견해가 잘못되었을 뿐만 아니라 매우 위험하다고 확신했고, 그 견해가 대중적으로 유포될 경우 큰 파장을 불러일으킬 수 있다고 생각했다. 그러나 그 시점에 다비는 자기 견해에 대한 확신을 갖지 못하고 있음을 인정했다. "그리스도의 은밀한 재림에 관해 나는 확신이 없으며, 관련 증거는 확실히 매우 미약하고 모호하다."[8] 그런데 시간이 지나면서 다비는 자기 생각을 보다 구체화하기 시작했다.

(2) 교회 질서에 관한 견해 차이와 갈등

초기에 더블린과 플리머스의 형제단 교회에서는 상당히 고정된 예배 순서가 있었다. 빵과 포도주를 누가 관리해야 하는지에 대한 사전 준비가 이루어졌으며 적어도 잉글랜드 서부 헤리퍼드셔(Herefordshire) 주의 헤리퍼드(Hereford)의 형제단에서는 이러한 관행이 몇 년 동안 계속되었다. 처음에는 사용할 성경 구절과 찬송도 미리 정하고 장로(목회자)로 인정되는 두세 사람

---

[7] B. W. Newton, *Five Letters*. 31-33, Rowdon, *The Origins of the Brethren*, 232에서 재인용. 다비는 이스라엘과 교회를 구분하였고, 그가 주창한 세대주의 성경해석을 지지하는 이들은 이러한 그의 견해를 따르고 있다. 이 견해에 따르면 이스라엘에 대한 약속은 문자적으로 이스라엘에게 성취될 것이며, 교회는 이스라엘과 구분된 하나님의 백성으로 별도의 경륜 가운데 있다. 따라서 신약의 교회는 구약의 이스라엘을 대체하거나 연결된 것이 아니라 전혀 다르게 구분된 것으로서 그 행습과 축복의 양상 또한 다르다.

[8] *Letters of J. N. D.*, Ⅰ.71, Rowdon, *The Origins of the Brethren*, 232에서 재인용.

만 기도를 드렸다.⁹

그런데 시간이 지나면서 보다 자유롭고 자발적인 예배를 드리는 방향으로 발전해 나갔다. 이러한 실행적 발전은 교리적 문제도 포함하였다. 초창기부터 형제단은 성령의 은사(영적 재능 또는 능력)를 받은 모든 사람이 그들의 은사대로 사역에 참여할 기회를 주어야 한다고 믿었다. 일부 사람들은 주의 만찬 시간 중에 참석자들 가운데 나타나는 성령의 영향력을 점점 더 강조하게 되었다. 다비뿐만 아니라 뮐러도 예배 시에 성령에 의해 인도되면 누구라도 소리 내어 참여할 수 있다는 사역의 자유 원칙의 중요성에 동의하였다.¹⁰

이러한 경향은 1830년대 중반에 퀘이커의 개혁을 소망하다가 이탈한 사람들이 형제단에 유입되면서 한 층 더 강화되었다. 퀘이커의 예배는 성령의 개입을 강조하는 형태였기 때문이다.

플리머스의 형제단 교회는 순식간에 거의 700명에 다다랐다. 그들은 은사 있는 사람은 누구나 설교할 수 있다는 원리를 수용하고 있었지만, 이제 통제가 따르지 않으면 혼란 가운데 빠질 수밖에 없는 상황이 되었다. 플리머스 교회에서 지적이고 영향력 있던 인물은 뉴턴과 트레겔레스였는데, 뉴턴이 그 교회에서 보다 더 주도적으로 인도하는 역할을 하게 되었다. 그런데 사실 다비도 뉴턴이 플리머스 교회의 지도자(장로)로서 아무나 나서지 못하도록 통제해야 한다고 여겼다.¹¹

---

9   Miller, *The Brethren: Their Origin*, 30; Rowdon, *The Origins of the Brethren*, 228.
10 Embley, *The Origins and Early Development of the Plymouth Brethren*, 99.
11 Embley, *The Origins and Early Development of the Plymouth Brethren*, 99; Coad, *A History of the Brethren Movement*, 138. 다비는 나중에 그러한 입장을 번복하였다.

뉴턴은 다비가 반(反) 성직자 독점 체제[12]의 보호장치로 여겼던 '금요 모임'을 변형시켰다. 그 모임은 목회 사역에 참여할 자격이 있다고 인정되는 모든 이에게 열려 있었고, 그 교회의 사역에 대해 의논하는 모임이었다. 그런데 뉴턴은 금요 모임을 자기를 비롯해 해리스, 헨리 윌리엄 솔타우(Henry William Soltau, 1805-1875) 그리고 극히 제한된 이들만의 협의 모임으로 변경하였다. 그는 또한 '공인된 장로직'(recognised eldership)을 주장하였다. 그는 회중 가운데 공적으로 인정된 지도력을 기대한 것이었으나, 당시 다비를 비롯한 이들은 그들이 반대하고 분리되어 나오게 된 원인이었던 국교회나 다른 비국교도들의 성직 제도를 들여오는 것처럼 여겼다.[13]

또한, 뉴턴은 성령의 인도함 받는 자유로운 예배 형태가 형제단 교회에 유익보다는 해로운 점이 더 많다고 여겼기에 플리머스 교회 내에서 설교와 사역의 참여에 제한을 두었다. 뉴턴의 이러한 조치는 700명 이상으로 불어난 플리머스의 교회에서는 현실적으로 혼란 방지를 위해 필요한 것일 수 있다. 그러나 이에 대해 일부 사람들은 준비된 설교나 해리스와 뉴턴이 계획을 세워 사역하는 것이 성직자 독점 체제이며, 성령의 자유를 제한하는 것으로 생각하였다.[14]

---

[12] 성직자 독점 체제라고 함은 교회 내의 의사 결정과 사역에 있어 성직자가 독점하는 현상을 말하는 것이다. 형제단은 이를 반대하는 개념으로 그들의 의사 결정과 주의 만찬 집례에 있어 직임을 가진 사람들만 참여하는 것이 아니라 다양한 교회 구성원이 참여하도록 한다. 그들은 교회 직임을 인정하면서도 타교단에 비해 교회 식임에 대해 보나 유연하게 보는 경향이 있다. 그러나 큰 틀은 같지만 세부적인 내용에 있어서는 형제단 내에서 다양하게 입장 차이가 나타난다.

[13] Rowdon, *The Origins of the Brethren*, 243-4; Embley, *The Origins and Early Development of the Plymouth Brethren*, 99.

[14] Ibid.

2) 논쟁 및 분열: 비개방 형제단과 개방 형제단

형제단 내부의 견해 차이는 인간적인 요소와 맞물리면서 논쟁을 촉발하였고, 심각해진 논쟁의 결과는 형제단의 분열을 낳았다. 이제 각 논쟁의 내용과 과정 그리고 분열에 이르게 된 상황을 확인하겠다.

(1) 1차 플리머스 논쟁

다비와 뉴턴 사이의 중재자 역할을 한 사람은 해리스였다. 다비는 해리스가 뉴턴의 대항마가 되기를 기대했고, 뉴턴은 해리스가 다비의 견해에 반대하는 입장임을 알고 있었기에 해리스에 대해 좋은 마음을 가지고 있었다. 다비는 1845년 3월에 스위스 제네바에서의 사역이 어렵게 되면서 스위스를 떠나게 되었다.

스위스에서 돌아온 다비는 플리머스를 방문하면서, 뉴턴의 견해에 대한 반대를 분명히 밝혔고, 여러 가지 면에서 그를 공격했다. 뉴턴은 자연스럽게 다비가 적대적인 의도로 플리머스에 왔다고 생각하게 되었다. 1845년 3월 30일, 뉴턴은 플리머스에 있는 그의 동역자인 해리스, 솔타우, 배튼(Batten)에게 다비의 영향력에 맞서 줄 것을 부탁하였다. 뉴턴은 다비가 일종의 검열자처럼 행동하고 있다고 지적하였다.[15]

다비가 플리머스에 도착한 지 약 10일 후 해리스와 배튼은 다비와 면담했다. 그 만남에서 다비는 자기가 뉴턴에 대해 적의가 없음을 밝혔고, 이를 전해 들은 뉴턴은 1845년 4월 1일 다비에 화해의 편지를 썼다. 그 서신에서 뉴턴은 다비가 자기에게 적대적이지 않다는 소식을 들은 기쁨과 최

---

15 Rowdon, *The Origins of the Brethren*, 236.

근의 만남에서 다비에게 냉담했던 것에 대한 유감을 표명했으며 적어도 현재로서는 서로 다른 길을 가되 서로 사랑 안에서 연합하기를 원하며, 이를 위해 다비를 만날 준비가 되어 있다고 밝혔다.[16]

그러나 오히려 다비는 뉴턴이 편지에서 사용했던 표현을 문제 삼아 뉴턴이 분파적 정신을 가지고 있음을 드러냈다고 공격하였다. 뉴턴은 자기 화해 의사를 오히려 공격의 빌미로 삼은 다비에 대해 반발했고, 피차간 논쟁이 이어졌다. 그 후 5편의 편지가 오고 갔다. 뉴턴은 다비에게 자기를 비난할 수 있는 근거를 제시하라고 요구하였고, 다비는 뉴턴이 스스로 알아보든지 아니면 공청회를 요청하면 언제든지 응하겠다고 답했다.[17]

1845년 4월 중순에 뉴턴과 다비는 열세 명의 형제와 함께 만났다. 이미 오랜 시간 논쟁에 단련된 다비에 비해 아직 젊고 자기 주장을 굽힌 경험이 별로 없던 뉴턴에게는 불리한 대면이었다. 다비는 뉴턴의 감정을 자극할 만한 발언을 하였고, 뉴턴은 자제력을 잃고 격분하게 되었다. 그 만남은 신학적 토론으로 나아가지 못하고 감정 충돌로 마무리되고 말았다. 그리고 뉴턴은 감정적 대응으로 자기 동역자들의 신뢰를 잃게 되었다. 특히 해리스는 뉴턴에 대해 실망하였고, 1845년 10월 8일 플리머스를 떠났다.[18]

다비가 잠시 플리머스를 떠난 사이 많은 이가 중재를 시도했지만 둘의 적대 관계는 바뀌지 않았다. 다비는 1845년 10월 18일 플리머스로 돌아와 다시 뉴턴을 비판했는데, 이제는 그의 정직성에 대해 공격하였다. 10월 26일 주일에 다비는 더 이상 에브링턴가에서의 주의 만찬에 참여하지 않겠다고 발표했다. 다비는 최근에 교회 질서에 대해 일어난 변화가 그들의 핵심 가치

---

16 Coad, *A History of the Brethren Movement*, 142.
17 Ibid.
18 Rowdon, *The Origins of the Brethren*, 242.

를 훼손하였는데, 금요일 모임이 억압된 것이 그 실제적인 예라고 말하였다. 다비는 그의 명성에 어울리지 않게 뉴턴의 부정직함 문제를 세상 법정에 제소하였다. 그러나 뉴턴은 교회의 문제를 세상 법정에서 가리는 것이 덕이 되지 않는다고 판단해 대응하지 않았다. 다수가 뉴턴의 정직성에 문제가 없다고 믿었고 플리머스의 교회에서 가장 영향력 있는 네 명(콩글턴 경을 비롯해)을 포함해 총 다섯 명이 뉴턴의 무죄를 입증하는 서류에 서명했다. 그러나 위그램은 다비의 편에 서서 뉴턴을 강력하게 비난했다.[19]

1845년 12월 28일 주일, 다비와 위그램은 에브링턴가의 교회와 별개로 롤리가(街)(Raleigh Street)에서 새로운 교회를 시작했다. 1846년 1월 11일 롤리가 교회에서 시행된 주의 만찬에 참석한 콩글턴 경은 다비가 플리머스에서 분열을 이루도록 위그램이 도왔다고 비판했다. 콩글턴 경은 플리머스에서 발생한 분열의 문제를 해결하고 노력했으나 그의 뜻대로 되지 않았다.[20]

1846년 봄에 런던의 형제단 지도자들은 회의를 소집해 플리머스의 갈등을 중재하고자 하였다. 뉴턴은 초대받았지만 참여를 거절했다. 그는 그 회의가 법적 성격을 띠게 될 것으로 생각했다. 그는 그 절차가 성경적인지와 중재자들이 공정하고 적합한지를 확신할 수 없기 때문에 참석할 수 없다는 입장을 밝혔다. 다비는 뉴턴과 그의 추종자들이 사탄의 미혹에 빠져 있고 교회의 일치와 거룩함을 부인한다고 비난했으며 그들의 상은 주님의 상이 아니라고 주장했다. 다비와 위그램은 뉴턴과 그 동료들의 개인적 진실성마저 공격하였다.[21]

---

19 Coad, *A History of the Brethren Movement*, 143-5; Neatby, *History of the Plymouth Brethren*, 155.
20 Embley, *The Origins and Early Development of the Plymouth Brethren*, 110.
21 Rowdon, *The Origins of the Brethren*, 247-8.

정인택은 그의 논문에서 다비의 공격적인 태도는 그가 스위스 선교에서 실패하고 플리머스로 돌아온 상황에서 뉴턴이 독보적 지도력을 확보하고 있는 모습에 감정적인 격동을 받게 된 것이 주요했다는 조나단 예거(Jonathan M. Yeager)의 견해를 인용하면서 다비의 표면적 문제 제기의 이면(裡面)에는 그의 개인적인 감정이 있었던 것으로 추정하였다.²² 이 사건에 대해 코드는 다비가 1827년부터 1835년까지 영국국교회에서 맛봤던 씁쓸한 경험에서 비롯되었다고 보았다.²³

이에 대해 우리는 다비가 1827년 매기 대주교의 국가 교회적 정책에 대한 항의 이후로 약 26년간 논란의 중심에서 수많은 논쟁과 계속된 여행으로 심신이 지친 상태였음을 감안할 필요도 있을 것이다. 그와 동시에 우리는 다비가 강력한 성직 반대자였다는 점을 간과해서는 안 될 것이다. 그는 『성령을 거스르는 죄악인 성직자 개념』(The Notion of a Clergyman Dispensationally the Sin Against the Holy Ghost)에서 성직 제도를 강력히 비판했다.

물론 다비의 인간적인 상황들이 이러한 반응을 초래한 측면도 무시할 수 없지만, 다비가 가지고 있었던, 국교회 체제에 대한 강한 거부감과 누군가 교회 사역을 독점하는 것에 대한 극단적 반발이 뉴턴을 공격한 가장 큰 요인으로 작용했을 것이다. 그러나 그렇다 하더라도 다비의 공격이 타당성이 있다고 말할 수는 없다. 이러한 다비의 강한 신념과 그의 논쟁가적인 기질과 당시 심신이 지쳐있었던 점 그리고 뉴턴에 대한 인간적 경쟁의식이 더해져 그가 지나칠 정도로 공격적인 행동을 하게 되었을 것이다.

---

22 정인택, "형제운동의 기원과 발전 및 한국으로의 전래," 67-8.
23 Coad, *A History of the Brethren Movement*, 139.

1846년 11월 20일, 런던의 로스톤가(Rawstorne Street) 교회에서 형제단 지도자들은 뉴턴의 문제를 다시 논의하였다. 결론적으로 그 회의 참석자들은 1846년 12월 7일자 서신을 통해 뉴턴을 교제에서 단절한다는 통보를 보냈다.[24] 뉴턴의 동료들은 강하게 반발했다. 트레겔레스는 그 절차가 비성경적이며 대도시 교회의 횡포라고 비난하는 편지를 썼다.[25]

(2) 2차 플리머스 논쟁

1847년 여름, 뉴턴이 강의한 내용을 정리한 노트가 맥아담(McAdam)과 해리스에게 전해졌는데, 그들은 그 노트 안에 표현된 관점들 때문에 큰 충격을 받았다.[26]

그 노트의 내용에 따르면, 뉴턴은 그리스도가 고난을 받으신 이유는 인간도 되고 이스라엘도 되어야 했기에 불가피한 것이며, 전적으로 자원해서 심판받으신 것이 아니라 인간으로 오셨으므로 하나님 앞에 마땅히 받아야 해서 심판을 받으신 것이라고 가르쳤다. 해리스는 그 노트를 장문의 비판과 함께 다비의 지지자에게 보내면서 출판을 허락하였고, 1847년 7월 그 노트는 『시편 6편 강의에 명시된 그리스도의 고난』(*The Sufferings of Christ as set forth in a Lecture on Psalm* VI)이라는 제목으로 출판되었다.[27]

24　Ibid., 146.
25　S. P. Tregelles, *Letter from Tregelles to Gough*, 5 ff, Rowdon, *The Origins of the Brethren*, 251에서 재인용.
26　조지 트래프래이(George Treffrey)가 작성하여 엑서터에서 회람하고 있던 뉴턴의 강의를 기록한 노트가 해리스 부인의 손에 들어왔고, 그것을 맥아담 부인(Mrs. C. McAdam)에게 전달함으로써 맥아담이 확인 할 수 있었다. Rowdon, *The Origins of the Brethren*, 258
27　Coad, *A History of the Brethren Movement*, 147-8.

안타까운 것은 해리스가 입수한 것은 뉴턴이 직접 쓴 원고가 아니라 비전문가가 그의 강의를 듣고 적은 노트였으며, 해리스가 뉴턴에게 그 내용에 대해 직접 묻지 않았다는 것이었다. 아마도 해리스는 다비와의 토론 모임에서 뉴턴이 보인 감정적 행동에 대한 실망으로 그에 대한 인식이 좋지 않았던 데다가, 교리상으로 문제가 있는 것으로 보이는 뉴턴의 강의 노트를 접함으로써 신중하지 못하고 감정적으로 처리한 것으로 보인다.

해리스에게 즉시 대답하는 대신, 뉴턴은 49페이지 분량의 소책자로『주 예수의 고난에서 주목해야 할 것들』(Remarks on the Sufferings of the Lord Jesus)이라는 제목의 소책자를 출판했다. 그는 이 소책자를 통해 의문시되는 사안에 대한 자기 견해를 정리했다. 뉴턴은 그리스도가 비록 진정한 하나님이시며 완전한 사람이셨지만, 일반적으로 인간, 특히 이스라엘 자손에게 해당되는 모든 죄 없는 형벌과 경험을 그의 어머니를 통해 물려받았다고 하였다. 그리고 그리스도가 감당한 고난은 그의 완전함을 향상시키는 데 도움이 되었을 뿐이라고 하였다.[28]

그런데 이 소책자는 오히려 뉴턴이 더 궁지에 몰리는 결과를 초래하였다. 다비는 뉴턴이 그리스도를 비하하는 사탄의 도구라고 비난했다. 이에 뉴턴은 다시 자기 가르침과 정리를 분석하다가 자기 오류를 깨닫고, 1847년 11월 26일『몇몇 교리적 오류에 대한 입장과 인정』(A Statement and Acknowledgement Respecting Certain Doctrinal Errors)을 출판하고 12월 8일 플리머스를 떠났다.[29]

---

28 Rowdon, *The Origins of the Brethren*, 258-9.
29 Coad, *A History of the Brethren Movement*, 148.

뉴턴은 그 글에서 그리스도가 아담의 머리 직분이며 따라서 아담 타락의 모든 죄 없는 결과에 종속된다고 가르친 자기 오류를 인정했다. 그는 이 오류를 죄악으로 인정했고, 그것이 끼쳤을지도 모르는 어떤 악영향에 대해 깊은 고민과 슬픔이 있다고 하였다. 아울러 그는 예수 그리스도의 완전성과 그분 희생의 완전성을 근본적인 진리로 인정했다.[30]

다비는 이제 플리머스에서 오랫동안 있어 온 악의 뿌리를 찾았다고 확신했다. 다른 이의 눈에도 그전부터 다비가 뉴턴의 인격에 대해 공격한 것들이 모두 사실로 드러난 것으로 보였다. 에브링턴에 남아 있던 세 인도자 솔타우, 배튼, 다이어는 충격을 받았고 이들은 다른 이들과 함께 뉴턴이 가르쳤던 교리에 대해 반대를 표하고 에브링턴에서 떠나기로 하였다.

그 후 에브링턴에 남아 있던 이들은 1848년 1월 10일에 『플리머스 에브링턴가에서 주의 이름으로 모이는 성도들의 입장』(*A Statement from Christians Assembling in the Name of the Lord, in Ebrington Street, Plymouth*)을 출판했다. 트레겔레스를 필두로 그들은 아담의 죄나 불법의 저주를 그리스도에게 돌린다는 교리를 버린다고 분명히 밝히면서 정통 교리를 재확인하였다. 그러나 다비를 비롯한 이들은 에브링턴교회는 뉴턴을 받아 주었고 이제 와서 자기들이 버렸다고 말한 그 교리를 교활하게 퍼트리는 이들이라는 의심을 거두지 않았다. 뉴턴은 형제단과의 교제가 끊어졌고, 그는 1899년 세상을 떠나기까지 보수적 침례교회에서 사역하였다.[31]

이 사건은 형제단 역사에 있어 중요하다. 이것은 향후 형제단의 진로에 큰 영향을 주었고, 형제단 교회 성장의 대표성을 가졌던 플리머스의 에브

---

30 *Statement and Acknowledgement*, 4, 6, Rowdon, *The Origins of the Brethren*, 259에서 재인용.
31 Coad, *A History of the Brethren Movement*, 149-51.

링턴교회의 소멸로 이어졌다.³² 무엇보다도, 그것은 비개방 형제단과 개방 형제단으로 형제단이 갈라지는 배경이 되었다.

(3) 브리스톨 논쟁

캡틴 우드폴(Captain Woodfall)은 뉴턴의 친구로서 플리머스의 에브링턴가 교회의 일원이었다. 우드폴과 그의 형제는 브리스톨에 머무는 동안 베데스다교회에서 주의 만찬에 참여할 수 있도록 해 달라고 요청하였다. 이 요청에 대해 다비의 견해에 동조하고 있던 알렉산더(Alexander), 내쉬(Nash), 스탠콤(Stancombe)은 거절 의사를 밝혔다. 그러자 크레이크는 주의 만찬 참여 여부는 우드폴 형제의 믿음을 확인한 후에 하는 것이 옳다고 보았고, 그들의 믿음을 검증하는 일은 거절 의사를 표명한 세 사람이 맡을 것을 제안했다.

그들의 면담 결과, 우드폴 형제는 뉴턴의 논란이 있었던 동안 유럽 대륙을 여행 중이었기 때문에 그 논란에 대해 아는 바가 전혀 없다는 것을 확인하였고 그들이 뉴턴의 가르침을 따르고 있지 않음도 알게 되었다. 세 사람의 조사 결과 보고가 있은 후 베데스다교회는 우드폴 형제가 베데스다의 주의 만찬에 참여하도록 허락하였다.³³

---

32 배튼 부부와 솔타우 및 그의 여동생은 후에 뉴턴과의 재회를 소망했지만 이루어지지 않았다. 솔타우는 한동안 비개방 형제단에 참여했었다가 다시 개방 형제단에 합류하였다. 종국에는 해리스 또한 비개방 형제단을 떠나 개방 형제단 가운데서 유명 인사가 되었다. 미약해진 에브링턴가의 교회는 콤프톤가(Compton Street)에 있는 예배당으로 자리를 옮겼다. 트레겔레스는 한동안 그곳에서 지도적 인물이었다. 1845년 에브링턴가의 교회는 약 1,000명 정도가 있었지만, 다비와 위그램에 의해 세워진 1847년 롤리가의 교회에서 떡을 땐 인원은 210명에 불과하였다. 규모가 컸던 에브링턴가의 교회가 거의 소멸하면서 플리머스에서 성장했던 형제운동은 심각한 손실을 맛보아야 했다. Embley, *The Origins and Early Development of the Plymouth Brethren*, 114.

33 Embley, *The Origins and Early Development of the Plymouth Brethren*, 115; Rowdon, *The*

그 일이 있은 지 얼마 안 된 1848년 4월 20일에 다비는 엑서터로 가는 길에 브리스톨을 방문했다. 뮐러는 다비에게 다가올 주일인 4월 23일에 베데스다교회에서 설교할 것을 부탁했으나 다비는 엑서터로 가는 길에 선약이 있다며 거절하였다. 며칠 후 엑서터에 있는 형제단 교회에서 다비는 베데스다교회가 우드폴 형제에 대해 검증 없이 받아들였기 때문에 더 이상 베데스다교회에 가지 않겠다고 선언하였다. 그 후 다비는 뮐러에게 편지하여 자기 결정을 알렸다.[34]

5월 10일 엑서터에서 멀지 않은 바스(Bath)에서는 브리튼 전역에서 온 백여 명의 형제단 인사가 뉴턴의 일을 논의하기 위해 모여 있었다. 채프먼과 콩글턴 경이 그 모임에 참석했기에 만일 다비가 그 이전에 베데스다에 관한 입장을 밝혔다면 분명히 강하게 항의했을 것이다. 따라서 베데스다에 대한 다비의 입장 발표는 5월 10일 이후에 있었을 것으로 보인다.[35]

우드폴 형제를 조사한 세 명 중 한 사람이었던 알렉산더를 비롯한 다비의 추종자들은 그 교리에 대해 교회적 차원에서 공식적으로 재조사해야 한다는 압박을 가했다. 6월에 알렉산더는 우드폴 형제를 그 교회에 받아들임으로써 일어날 수 있는 다양한 병폐의 가능성을 제기하는 편지를 유포하고 베데스다교회를 떠났다.[36]

이에 베데스다의 지도자들은 교회 내부의 혼란을 수습하기 위해 1848년 6월 29일에 교회 구성원 전체 모임을 소집했으며, 그 모임에서 나중에 『10인의 서신』(*The Letter of the Ten*)으로 알려지게 된 성명서를 낭독하고 우

Origins of the Brethren, 261.
34　Coad, *A History of the Brethren Movement*, 157.
35　Embley, *The Origins and Early Development of the Plymouth Brethren*, 115.
36　Coad, *A History of the Brethren Movement*, 157; Embley, *The Origins and Early Development of the Plymouth Brethren*, 115.

드폴 형제 문제를 해명하였다.[37] 이 문서에서 베데스다의 지도자들은 먼저 그리스도에 대한 그들의 신앙을 전통적인 기독론에 근거해 명확히 했다.[38] 이어서 그들은 우드폴 형제에 대해 공적으로 재조사를 해야 한다는 알렉산더의 요구에 따르기 어려웠던 이유를 정리하여 밝혔다.

그 내용을 간략하게 요약하면 다음과 같다.

첫째, 브리스톨에 있는 성도들이 플리머스에서 논란이 된 교리문제에 말려드는 것은 성도들의 안위나 덕을 위한 것도, 하나님의 영광을 위한 것도 아니다.

둘째, 문제가 되는 소책자의 내용은 그 의미하는 바가 모호하기에 옳고 그름을 규명하기가 어렵다.

셋째, 소책자들을 쓴 저자가 이단이라 가정하더라도 이에 따라서 그에게서 배운 사람들이 근본 진리를 파괴하는 견해를 이해하고 받아들였다는 사실을 확인하기 전까지는 그들을 배격할 수 없다.

넷째, 우리 가운데 잘못된 가르침이 횡행되고 있다든지, 받아들여서는 안 될 사람들이 있다든지 하는 것을 증명할 수 없는 한 우리가 그들과 교제를 단절해야 할 성경적 근거를 확보할 수 없다.[39]

37　Rowdon, *The Origins of the Brethren*, 262.
38　그들은 성자께서 첫 사람 아담의 범죄에 연계되었다는 주장을 거부했으며, 이스라엘과 연결되어 있기 때문에 율법을 어긴 저주 아래 태어났다는 주장도 배격하였다. 또한, 무죄하신 구주께서 죄인들의 보증으로서 담당하신 고난이었음을 확증하였다.
39　Coad, *A History of the Brethren Movement*, 297-300.

이 서신으로 말미암아 형제단 내에서 베데스다의 지도자들이 "그리스도에 대한 중립적 태도"(neutrality to Christ)를 취했다는 비난이 일었다.⁴⁰ 그러한 개념이 실재하든 아니든, 다비는 이것이 뉴턴을 비난하는 것을 피하기 위한 의도적인 조치라고 여겼다. 다비는 다시 브리스톨을 방문했고, 뮐러와 크레이크에게 뉴턴의 견해를 교회적으로 정죄하라고 요구했다. 그들이 그 요구를 거부하자 다비는 베데스다교회를 모든 형제단으로부터 분리시키겠다며 경고했다. 그러나 뮐러와 크레이크는 다비의 경고를 무시하였다.

(4) 베데스다 회람

1848년 8월 26일 리즈(Leeds)에서 다비는 "베데스다 회람"(The Bethesda Circular)을 발행해 모든 형제단 교회에 보냈다. 그 회람에서 다비는 베데스다는 뉴턴의 잘못된 가르침에 의해 오염되었고, 그 가르침에 연루된 사람들을 받아들였으며, 그들을 정죄하기를 거부하였다고 비난하였다. 그는 베데스다에서 온 누구라도 교회에 받아들이는 것은 끔찍한 악의 전염병에 문을 여는 것이라고 경고하였다. 다비가 작성해 보낸 그 회람은 베데스다로부터 온 성도를 받아들인 사람을 주의 만찬에 참여시키는 교회는 배척되어야 하고, 배척된 교회와 교제를 끊기 거부하는 교회도 퇴출되도록 하였다.

이런 징계(퇴출)에 대한 요청서는 전 세계에 걸쳐 보내졌다. 궁극에는 뉴턴이라는 사람이나 그의 잘못에 대해 전혀 들어보지 못한 사람들에게까지 베데스다와 교제를 할 것인가의 여부를 결정해야 했다.⁴¹

---

40 McDowell, *A Brief History of the Brethren*, 27-8.
41 Embley, *The Origins and Early Development of the Plymouth Brethren,* 116; Rowdon, *The Origins of the Brethren*, 262-3; McDowell, *A Brief History of the Brethren*, 28.

이것은 형제단 내에 배타주의를 자리 잡게 하였고, 결국 비개방 형제단의 정신으로 작용하게 되었다.

1848년 11월 27일에서 12월 11일 사이에 뮐러와 크레이크는 논쟁의 여지가 있는 문제가 이제 공공연해졌음을 깨닫고 베데스다에서 연이은 일곱 번의 회의를 통해 뉴턴의 소책자에 대해 철저히 검증하였다. 결국, "뉴턴의 견해나 논점을 옹호하거나, 유지하거나, 지지하는 사람은 아무도 주의 만찬에 받아들여서는 안 된다"는 결론에 이르렀고 그 내용을 회중에게 발표하였다. 이 발표는 뉴턴과 친분이 있었던 우드폴 형제와 브라운(Brown), 애치슨(Aitchison) 부부에게는 곤란한 것이었다. 결국, 그들은 1849년 2월 12일 베데스다교회를 떠났다.[42]

1849년 6월, 런던의 형제단 인사들은 그 문제에 관심 있는 모든 사람이 참여하는 공개 조사를 베데스다에 요청하였으나, 뮐러는 그 요청을 거절했다. 뮐러는 한 지역 교회의 문제를 형제단 전체가 나서서 결정하려는 좋지 않은 선례를 피하고자 하였다. 지역 교회의 독립성이 존중되어야 한다는 그의 믿음이 확고했기 때문이었다. 이후 1849년 7월 뮐러와 다비 사이에는 짧은 면담이 있었는데, 둘은 그 내용에 대해 상반된 말을 하였다.[43]

다음은 그 만남에 대한 뮐러의 설명이다.

> 다비는 브리스톨의 애쉴리 다운(Ashley Down)에 있는 제1 새보육원(New Orphan House, No. 1)으로 나를 찾아와 말했다. "당신이 뉴턴의 글에 대해 판단함으로 더 이상은 우리가 분리되어야 할 이유가 없습니다." 나의 대답은 이랬

---

[42] McDowell, *A Brief History of the Brethren*, 29.
[43] Neatby, *History of the Plymouth Brethren*, 175-7.

다. "지금 내게는 10분의 시간밖에 없습니다. 곧 중요한 업무가 있기 때문입니다. 그리고 당신이 이 문제에 대해 너무나 악하게 행동해 왔듯이, 나도 이것을 지금 당장은 시작할 수 없습니다. 나는 시간이 없기 때문입니다."[44]

당시 뮐러는 그가 감당해야 할 업무보다 다비와의 화해가 더 중요하게 여기지 않았던 것으로 보인다. 그것은 그간 다비가 보여 온 공격적이고 일방적인 행동에 대해 뮐러의 마음이 상했기 때문일 것이다. 그 만남에 대해 다비는 다른 입장을 보였다.

나와 뮐러의 대화 내용을 생각해 볼 때, 이전에도 들어보았지만, 나는 이렇게 말할 수밖에 없다. 이것은 전체적인 것과 부분적인 것을 통틀어 완전히 잘못돼 있다.[45]

많은 말은 아니지만 서로에게 깊은 유감을 가지고 있었던 것이 그 만남에 대한 둘의 표현에서 드러난다. 다비와 베데스다의 지도자들(뮐러와 크레이크) 사이의 갈등은 이제 다비와 뉴턴의 균열만큼 깊어졌다. 그리스도의 재림에 대한 견해에 있어 뮐러는 다비보다는 뉴턴의 견해를 지지했다. 그러나 그들 간의 문제는 다비가 뉴턴의 교리를 수용했으리라 의심하는 사람들을 뮐러와 크레이크가 묵인했다고 한 것과[46] 그 사실을 문제삼아 일방적으로 베데스다교회를 형제단에서 축출하는 공문을 보냈다는 것이다.

---

44   McDowell, *A Brief History of the Brethren*, 29.
45   McDowell, *A Brief History of the Brethren*, 30; Rowdon, *The Origins of the Brethren*, 263.
46   Ibid.

결국, 모든 형제단 공동체는 이 일에 영향을 받아 "베데스다 회람"을 따르는 형제단과 그렇지 않은 형제단으로 양분되는 결과를 초래하였다. 해외의 대부분의 형제단 교회는 그 자세한 내막을 모른 채 다비의 위상 때문에 "베데스다 회람"을 수용하게 되었다. "베데스다 회람"을 수용하는 형제단은 베데스다를 지지한다고 여기는 모든 교회와 개인과의 교제를 단절해야 했다.

이러한 형제단은 '비개방 형제단'(Exclusive Brethren)이 되었다. 그 후 비개방 형제단은 그들이 중요하다고 정한 사안에 대해 동의하지 않는 모든 사람과 자기들을 분리하는 정책으로 인해 그들 스스로가 수많은 분리의 과정을 겪어야 했다. 1882년 4월에 다비가 세상을 떠나자 켈리(Kelly)파가 분리되면서 비개방 형제단에서 첫 번째 분열이 일어났다. 그때부터 비개방 형제단은 상호 간 파문하는 등 무수한 분파로 갈라졌다.[47]

노스데본(North Devon)의 채프먼과 그의 동료들은 밀러와 크레이크를 지지했다. 그 당시 잉글랜드에 있었던 그로브스도 베데스다를 지지했기에 다비의 추종자들로부터 공격을 받았다. 콩글턴 경, 린드, 해리스, 솔타우 그리고 다이어도 다비와 결별했으며, 많은 퀘이커 출신 무리도 다비와 헤어졌다. 특별한 것은 다비의 오랜 동료였던 코드, 하그로브가 베데스다 교제권에 남았다는 점이다.

적잖은 형제단이 베데스다 회람보다 형제운동이 본래 지향했던 것을 계속 추구하는 데 초점을 맞추었다. 그들은 신약성경에 나타난 교회를 세우기 위한 노력을 지속하는 가운데, 형제단 외부의 다른 그리스도인들과 연합하고 동역하기를 기대하였다. 그들은 '기독교 형제단'이라고 불리는 것

---

[47] Embley, *The Origins and Early Development of the Plymouth Brethren*, 123.

을 선호하였지만, 분파적으로 보일 수 있는 표기를 거부하였다. 이러한 부류의 형제단을 '개방 형제단'(Open Brethren)으로 분류하는데, 그들은 비교적 고요한 예배 문화와 적극적인 복음 증거의 전통을 세웠다. 브리튼제도뿐만 아니라 해외에 나가서 복음 전도에 헌신하는 그들의 열정은 규모에 비해 탁월한 활력을 보여 주었다.[48]

비개방 형제단은 개방 형제단에 대해 지역 교회의 독립성을 내세워 뉴턴의 이단성에 대해 중립적 자세를 취하는 오류를 범했다고 비판했다. 그들은 자기들이 초기 형제단에 주어진 그리스도와의 연합의 진리, 즉 하나님의 진리에 충성스럽게 남아있는 사람들만을 형제단으로 인정하며 그들과만 교제를 나눈다고 자임했다. 비개방 형제단의 역사가인 밀러는 비록 그리스도를 믿는 그들의 믿음에 문제가 없을지라도, 교리적인 오류, 또는 부도덕성에 빠진 사람들은 거절해야 하며 이것이 바로 교회의 배타성이라고 주장하였다.[49]

이로써 다양한 떡을 떼는 모임과 다양한 교회 배경을 가진 이들의 합류로 발생한 형제단은 출현한 지 20년가량 되었을 때, 두 부류로 분열되어 각기 발전해 갔다. 어쩌면 기독교 내의 다양한 교단과 교회가 출현한 과정이 형제단 출현을 통해 재현되었다고 할 수 있으며, 그렇게 기성 교회로부터 분립해 새로운 그리스도 안의 연합체를 추구한 형제단에서도 다시 새로운 분립이 발생하였다는 점은 아이러니하다. 다만, 각자 옳다고 여기는 길을 가되 조금 다른 길에 서 있는 이들에 대해 어떤 태도를 취할 것인가는 모두의 숙제로 남았다.

---

48 Coad, *A History of the Brethren Movement*, 159; Rowdon, *The Origins of the Brethren*, 264.
49 Miller, 『그리스도와의 연합의 진리를 교회론으로 삼았던 플리머스 형제단 이야기』, 100.

2. 분열 후 비개방 형제단과 개방 형제단의 발전

1848년의 "베데스다 회람" 이후 형제단은 그 회람을 수용하는 입장과 그렇지 않은 입장으로 분열되었고, 그 회람에 대해 잘 이해할 수 없어서 명확한 입장을 정리하지 않은 교회들이나 그 후에 새롭게 설립된 교회들은 각자의 신앙 노선에 따라 크게 두 계열의 교제권을 형성하게 되었다. 그중에서 비개방 형제단은 그 교회론적 특성상 더 많은 계열로 분열되었다. 그리고 비교적 느슨한 형태의 교제권과 각 지역 교회의 독립성이 존중된 개방 형제단은 더욱 생동감 있게 선교 열정을 발휘하며 전 세계로 확장되었다.

이제 각 그룹이 어떤 과정으로 전개되어 갔는지 확인하고자 한다.

1) 비개방 형제단의 전개

비개방 형제단은 다비의 견해와 사역의 지대한 영향을 받았다. 따라서 비개방 형제단의 발전과 신학은 다비와 연관하여 파악할 필요가 있다. 다비는 스위스, 프랑스, 독일 지역에서 사역함으로써 유럽에 비개방 형제단이 형성되는 데 큰 기여를 하였다. 그는 1837년에 스위스의 감리교도들을 대상으로 사역함으로 유럽 대륙에서 활동을 시작하였다. 그는 1840년경에 스위스에서 프랑스어를 사용하는 교회가 설립되는데 기여했을 뿐 아니라,[50] 다양한 책자를 발간하여 프랑스어를 사용하는 지역에 형제운동이

---

50 Pickering, 『형제 중에 인도자들』, 124-5.

활성화되도록 하였다.⁵¹ 다비가 유럽에서 발행한 책자들은 대륙에서의 형제운동에 도움을 주었을 뿐만 아니라 영국에서 비개방 형제단의 교회론적 관점에 결정적 기반이 되기도 하였다.

다비는 1844년 3월과 4월에 남부 프랑스 아르데셰(Ardèch)에서 사역하였고, 그곳에 많은 형제단 교회가 설립되게 하였다. 프랑스와 스위스의 교회들은 다비를 제외하면 영국의 형제단과 접촉이 없었고 플리머스와 베데스다 논쟁에 대한 설명도 다비의 말과 글로만 들을 수 있었다. 그에 따라서 유럽 대륙의 형제단 교회는 비개방 형제단 일변도였고, 프랑스어를 사용하는 스위스에서 개방 형제단 교회는 19세기 후반부에나 시작되었다.⁵²

다비는 프랑스에 이어 1853년부터 독일의 침례교도들 가운데서 활동하였다. 그 결과 뒤셀도르프(Düsseldorf)와 엘버펠트(Elberfeld)와 기타 지역에서 형제단 교회가 형성되었다. 그는 그들을 위해 『엘버펠트 성경』을 출판했고, 아울러 다비는 프랑스어를 사용하는 성도를 위해 『파우 성경』을 출판하였다.⁵³

1859년부터 다비는 캐나다, 미국, 서인도 제도, 뉴질랜드, 네덜란드, 이탈리아를 방문하면서 활동하였다. 그리고 그의 세대주의 해석 체계와 가

---

51   1844년 여름부터 로잔에서 발간된 다비의 월간지 『말씀의 제자들의 증언』(*Témoignage des disciples de la Parole*)은 형제단이 스위스에서 확장되는 데 큰 도움이 되었다. 1843년과 1844년에 다비는 프랑시스 올리비에르(Francis Olivier) 그리고 어귀스트 호샤(Auguste Rochat)와 책자 논쟁을 벌였는데, 그 지역에서 형제단이 지향하는 가치를 확산하는 역할을 하였다. 다비는 1845년과 1850년 사이 로잔과 제네바에서 많은 양의 책자를 발간하였다. 그 책자들에서 그는 교회의 본질, 성직자 목회와 공인된 목회직(장로직)에 대한 반대 그리고 존재하는 국가적, 지역적 교회들에 내포된 보이는 교회와 보이지 않는 교회에 대한 일반적 차이 등을 논하였다. Embley, *The Origins and Early Development of the Plymouth Brethren*, 96.
52   Embley, *The Origins and Early Development of the Plymouth Brethren*, 97.
53   Pickering, 『형제 중에 인도자들』, 125.

르침은 미국에서 근본주의 운동이 일어나는 데 큰 영향을 주었으며, 스코필드(Cyrus Ingerson Scofield, 1843-1921)를 통해 확산되어 그가 근대 세대주의의 주창자가 되도록 하였다.

결국, 브리튼제도와 유럽 대륙뿐만 아니라 미주 지역의 형제단에 이르기까지 다비의 영향을 받지 않은 곳이 거의 없을 정도로 전 세계 형제단 내에서 다비의 사상은 큰 힘을 발휘했다. 따라서 1848년 분열 직후엔 비개방 형제단이 형제단의 주류를 이루었다고 해도 과언이 아닐 것이다. 비개방 형제단의 역사가 밀러에 따르면, 1880년까지 영국 전체에 비개방 형제단 교회가 750개 있었으며, 캐나다에 101개, 미국에 91개, 네덜란드에 39개, 독일에 189개, 프랑스에 146개, 스위스에 72개 그리고 나머지 22개 나라에 여러 교회가 있었다.[54]

그런데 비개방 형제단에서는 모든 중요한 결정이 중앙에서 이루어지므로 갈등과 분쟁에서 승리하지 못한 이들은 그들로부터 배제되었다. 이러한 현상은 비개방 형제단의 분열의 주요 원인이 되었다. 1881년 비개방 형제단의 주요 인사 중 하나였던 크로닌이 파문당한 것은 그 좋은 예다.

윌리엄 켈리(William Kelly, 1820-1906)는 크로닌에게 공감해 그의 파문이 적절치 않다고 반발하였고, 결국 켈리도 파문당했다. 켈리가 그의 추종자들(니트비, 밀러 등을 포함)과 함께 분리되어 나감으로써 비개방 형제단의 일차 대분열이 발생했다. 이 과정에서 신자 침례를 옹호하는 이들은 거의 켈리를 지지하게 되었고, 유아세례를 유지하고자 하는 이들은 다비를 지지하였다.[55]

---

54 Miller, *The Brethren: their Origins*, 163.
55 Neatby, *History of the Plymouth Brethren*, 237.

켈리의 분열이 일어난 시점은 1882년 4월 28일 본머스(Bournemouth)에서 다비가 세상을 떠난 후였다. 켈리의 분열 이후 비개방 형제단 내의 추가 분열이 계속 이어졌다. 1885년에 비개방 형제단은 두 번째 분열을 겪었다.

프레데릭 그랜트(Frederick W. Grant, 1834-1902)는 북미에서 잘 알려진 유능한 성경 교사였다. 그는 다비와 친분이 두터운 사람이었으나, 런던에 있는 여러 지역 교회를 획일적으로 통제하는 중앙 통제 조직을 비판하기 시작하였다. 이에 따라 그랜트는 비개방 형제단의 주류 인사들과 불편한 관계에 있다가 '성령의 인침'에 대한 의견 차이가 생겼고, 1885년 1월 4일 몬트리올의 형제단은 그랜트를 출교했다. 그러자 캐나다와 미국의 형제단 교회의 3/4이 그랜트를 지지하면서 분리되었다.[56]

같은 해 다비의 오랜 친구이자 잉글랜드의 레딩(Reading) 교회의 클라렌스 스튜어트(Clarence E. Stuart, 1828-1903)는 세세한 문자적 연구에 심취했는데, 십자가 위에서의 주님의 사역에 관한 다양한 세부 사항들에 대해 신약성경에서 말하고 있는 내용을 넘어 그의 독특한 해석을 첨부해 출판하였다. 그 교회에서는 그를 지지하는 파와 반대하는 파로 나뉘어 졌다. 런던의 비개방 형제단 교회는 레딩교회와 스튜어트를 출교하였다.

그 결과 런던을 비롯한 영국의 80개 교회와 호주와 뉴질랜드 대부분의 교회가 스튜어트를 지지하면서 분리되어 나갔다. 이후 비개방 형제단에서는 1890년 로우(W. J. Lowe, 1839-1927)에 의한 분열이 일어났고, 1908년에는 글랜턴(Glanton)의 분열이 일어났다.[57]

56　McDowell, *A Brief History of the Brethren*, 36-7; 정인택, "형제운동의 기원과 발전 및 한국으로의 전래," 89.
57　McDowell, *A Brief History of the Brethren*, 38-42.

이처럼 비개방 형제단에서는 교리적 또는 그들의 중앙집권적 구조의 특성 때문에 수많은 분열이 발생하였다. 20세기 중반부터는 비개방 형제단에서 분리되어 나온 무리의 일부가 개방 형제단으로 합류하기도 하였다.

2) 개방 형제단의 전개

개방 형제단은 특유의 활력으로 브리튼제도 내에서 확장될 뿐만 아니라 세계 선교에도 열성적이어서 전세계적으로 확장되었다. 결국, 베데스다 회람 직후 전 세계 형제단의 주류가 비개방 형제단이었으나, 금세 역전되어 개방 형제단이 형제단의 일반적인 형태를 이루게 되었다.

(1) 브리튼제도 내에서의 확장

잉글랜드 서쪽 대부분의 교회는 개방 형제단이 되었다. 그리고 북쪽 웨스트모어랜드(Westmorland)의 교회나 리버풀(Liverpool)과 홀(Hull)의 교회들도 다비의 간행물을 거부하는 등 개방 형제단의 입장을 지지하였다. 런던에서는 오차드가(Ochard Street)와 토트넘(Tottenham) 교회가 개방적 입장을 취했다. 개방 형제단의 경우 비개방 형제단에 비해 교회간의 결속력이 약했기 때문에 개방 형제단의 실제적인 숫자를 파악하기는 쉽지 않다.

분열 후 얼마 동안 브리튼제도의 형제단의 과반수가 비개방 형제단에 속했다고 볼 수 있을 것이다. 그러나 개방 형제단은 19세기 후반에 일어난 선교 활동과 부흥에 큰 도움을 받았으며, 역으로 그 부흥이 더 확산되도록 자극하기도 하였다. 그들은 기성 교회들과 달리 사역을 위한 특정한 자격 제한이 없었으며, 세속적인 직업을 가진 이들이 직업을 갖지 않고 전임으로 활동하는 이들과 함께 복음의 증인으로 동역함으로써 상승효과를 얻었

다. 그들은 특히 19세기 중반에서 20세기 중반 사이에 상당한 성장을 이루었다.[58]

1859년에는 두 해 전에 북미에서 촉발된 부흥운동[59]이 영국에도 영향을 미쳤다. 모든 교단의 교회들은 사람들로 들어찼고, 회심자의 수는 수십만에 달했다. 개방 형제단도 이러한 영적 부흥 속에서 큰 성장을 이루었다. 초기 부흥 설교자 중 많은 이가 개방 형제단과 교류하였다. 이 중 두드러진 인물로는 전직 광부이자 프로 복서였던 리처드 위버(Richard Weaver)와 윈체스터(Winchester) 주교의 손자인 브라운로우 노스(Brownlow North)가 있다. 부흥기에 형제단에 더해진 이들은 기성 교회의 제약을 벗어나고자 한 사람들이었다. 그들은 비형식적이고 제도의 제약을 받지 않는 형제단 교회의 분위기에 자연스럽게 정착했다.[60]

개방 형제단은 복음 전도를 위해 초교파적이거나 무교파적인 단체와의 활동에 적극적으로 참여했다. 영국에서 부흥이 진행될 때 유능한 전도자들 중에는 형제단에 소속감을 가진 채 교단의 경계를 넘어 어디든 다니며 복음을 전하는 이들이 있었다.

감리교 집안에서 태어난 헨리 무어하우스(Henry Moorhouse, 1840-1880)는 도박과 술로 방탕한 삶을 살다가, 군대에 입대했다. 군 생활을 하던 무어

58　Barber, *Who are the Brethren*, 30.
59　뉴욕시의 풀턴가 화란개혁교회(Fulton Street Dutch Reformed Church)의 평신도 순회 사역자 제레마이어 랜피어(Jeremiah Lanphier, 1809-1898)가 1857년 9월 23일 수요일에 교회 뒤 예배실을 오고 싶은 사람들을 위한 정오 기도회로 개방해 최초 여섯 명이 모여 기도하기 시작했다. 매주 기도회는 계속되었고, 모인 인원수도 늘어났다. 몇 개월 내 그 교회에 참석하는 사람들을 수용할 수 없게 되었고, 뉴욕시 여러 곳에서 동시에 정오 기도회가 열리게 되었다. 그 여파로 24개월 동안 백만 명이 회심하는 역사가 일어났다. 기도의 불길은 미국 전역을 거쳐 이듬해 유럽과 남아프리카로 번져나갔다. David Beale, 『근본주의의 역사』, 김효성 역 (서울: 기독교문서선교회, 1994), 30-1.
60　Coad, *A History of the Brethren Movement*, 167-8.

하우스는 1861년 12월 부흥 집회에 참석했다가 회심하였다. 그 후 그는 국제적으로 알려진 전도자의 길을 걸었다. 당시 세계적인 전도자 드와이트 무디(Dwight L. Moody)는 1867년 찰스 스펄전(Charles H. Spurgeon)과 뮐러를 만나기 위해 영국을 방문했다. 그는 더블린을 방문 중 젊은 무어하우스를 만나게 되었는데, 무어하우스가 적극적으로 무디와의 접촉을 시도했기에 가능한 일이었다. 그 인연으로 무어하우스가 미국을 방문했을 때 무디의 교회에서 설교하는 기회를 얻었으며, 무디는 그의 열정에 큰 감동을 받았고 이후 무어하우스의 그 설교는 무디의 복음 전도에 영향을 끼치게 되었다.[61]

형제단이 분열되기 전이었지만, 형제단과 매우 유사한 '그리스도의 교회'(Church of Christ)와의 접촉은 짚고 넘어갈 만한 일이다. 형제단 외부의 그룹과 교류하는 것은 분열이후 개방 형제단에서 이루어진 일이었기 때문에 분열 전의 교류에 대해서도 개방 형제단에 대한 서술 중 다루는 것이 타당하다고 생각한다. 1847년 알렉산더 캠벨(Alexander Campbell, 형제단 인사 중 동명의 인물이 있음)이 브리튼을 방문했을 때, 그는 형제단과 접촉하였고, 형제단에 대해 그가 접해본 세상의 어떤 그룹보다 그를 따르는 사람들과 가장 비슷하다고 말했다.[62]

캠벨은 미국에서 '그리스도의 교회'를 설립한 인물이다. '그리스도의 교회'는 다양한 명칭으로 '그리스도의 교회,' '그리스도의 제자' 또는 단순한 그리스도인이라고 불렸다.[63] 그들의 반대자들은 그들을 종종 그들의 설립자의 이름을 따라 캠벨파(Campbellites)라고 불렀다. 장로교 출신의 캠벨은 1809년 미국으로 이주한 후 침례교회와 교류했다. 얼마 후 그는 오직 그

---

61 Barber, *Who are the Brethren*, 27; Coad, *A History of the Brethren Movement*, 171, 187-8.
62 Dickson and Grass, *The Growth of the Brethren movement*, 244.
63 Ibid., 243.

리스도인들이 신약에 근거하여 연합할 수 있다면 초기 교회의 부활을 이룰 수 있다는 생각에 1830년대 바톤 스톤(Barton W. Stone)의 추종자들과 함께 초교파적인 이상을 추진하였다. 1906년 그들은 미국에서 백만 명 이상이 소속된 회중을 이루었다.[64]

그들이 영국에서 많은 지지를 받지 못한 이유는 부분적으로 형제단이 그들과 너무나도 비슷한 주장을 했기 때문이었다. '그리스도의 교회'와 형제단의 주요 공통점은 모두 초대 교회를 힘써 지향한다는 점이며, 초교파적 연합을 지향하면서도 자기들 외 다른 그룹들에 대해 '분파'로 규정하며 비판한다는 점이다. 두 그룹 모두 신자에게 침례를 주었으며, 매주 주의 만찬을 준수하고 성직자와 평신도 사이의 구별을 거부했다.[65] 두 그룹의 설립 시기도 비슷했다. 다만, 형제단은 브리튼제도에서 그리스도의 교회는 미국에서 시작되었을 따름이다. 그들은 잠시 접촉이 있었지만, 연합이 이뤄지지 않았고, 각자 발전해 나갔다.

부흥의 물결을 타고 개방 형제단은 아일랜드와 스코틀랜드 등 브리튼제도 전역에 확장되었다. 개방 형제단은 어떤 중앙 조직이 없었기 때문에 통계 수치를 집계하기 어렵지만, 랜들 쇼트(A. Rendle Short)의 자료에 의하면, 1차 세계 대전 당시에 브리튼제도에서만 1,200여 교회가 있었다.[66]

---

64 Ibid., 244.
65 Ibid., 245.
66 A. Rendle Short, *The Principle of Open Brethren* (Glasgow: Pickering and Inglis, 1914), 94, 정인택, "형제운동의 기원과 발전 및 한국으로의 전래," 93에서 재인용.

(2) 해외로의 확장

형제단이 분열되기 전 그리고 형제단 모임이 막 형성되던 해인 1829년에 그로브스가 이끄는 작은 선교단은 바그다드를 거쳐 인도에서 선교를 시작하였다. 그는 인도에서 형제단 교회들이 시작되는 데 중요한 부분을 담당하였다. 형제단이 분열된 이후에도 그는 헌신적으로 인도에서 선교 사역을 이어갔다.

개방 형제단의 해외 선교는 독일과 스위스뿐만 아니라, 인도와 영국령 기아나(British Guiana)에서 전개되었다. 그리고 채프먼 일행의 스페인 방문으로 그 지역에서의 선교활동도 시작되었다. 브리스톨에 있는 뮐러의 '성경지식협회'는 세계 전역의 사역자들에게 재정적 지원을 보내는 주요한 통로였다. 동시에 북런던 지역의 교회들도 해외 선교에 대한 관심을 가지기 시작했다.

런던의 해크니(Hackney)교회의 사무 변호사였던 제임스 반 서머(James van Sommer)는 1853년 형제단 최초 선교잡지 『선교 보고』(The Missionary Reporter)를 발간했다. 해크니와 토트넘의 교회들은 허드슨 테일러와 벤자민 브룸홀(Benjamin Broomhall)을 포함한 일단의 사람들과 교제하였는데, 그들은 나중에 중국내지선교회(The China Inland Mission)의 주축을 형성하게 되었다. 뮐러는 허드슨 테일러가 중국 선교를 하는 동안에도 지속적으로 그를 후원하고 교제하였다.[67]

앞서 살펴본 것처럼 테일러는 형제단의 홀교회에서 침례받고 중국 선교사로 파송된 바 있기 때문에 형제단의 선교사라 할 수 있다. 나중에 영국 내 중국 선교 사역의 지도자가 되는 조지 피어스(George Pearse)와 윌리엄

---

67 Coad, *A History of the Brethren Movement*, 166.

버거(William Berger)도 이 해크니교회에 있었다. 피어스는 나중에 직접 북아프리카 선교사가 되었다.[68] 1885년 형제단의 선교사가 중국 장쑤성으로 갔고, 1888년과 1898년 산둥과 만주국 지역에서 선교 사역이 시작되었다. 허드슨 테일러와 교제한 그들은 내지선교회(China Inland Mission, CIM)와 연계해 선교 사역을 진행하였다.[69]

19세기 말에 형제단 교회는 전 세계 모든 대륙 대부분의 나라에 설립되었다.[70] 개방 형제단은 희생적 노력으로 자기들의 신앙원리들을 적용하여 다양한 형태로 활기 있게 복음을 전파하며 생동감이 넘치는 선교 사역을 지속하였다. 형제단 선교의 특징은 믿음 선교(faith mission)였다.[71] 그것은 그들이 다분히 인간적인 요소라고 여겼던 것들에 얽매이지 않고 오직 믿음으로 나아가는 선교 형태를 말한다.

이러한 그들의 전통은 오늘날에도 이어지고 있다. 1800년대 말 개방 형제단의 선교사들은 스페인에 진출했다. 초기 인물은 1862년 채프먼과 함께 스페인을 방문한 굴드(Gould)와 로렌스(Lawrence)였다. 1876년에는 포르

---

[68] Ibid.
[69] McDowell, *A Brief History of the Brethren*, 54.
[70] 개방 형제단의 국제 수양회에서 발행된 전세계 형제단의 역사와 현황에 관한 자료를 보면, 대부분의 나라에 형제단 교회가 설립된 시기가 19세기였다. 형제단이 19세기 초에 발생했다는 점을 고려하면 이것은 실로 놀라운 일이다. Ken & Jeanette Newton, eds., *The Brethren Movement Worldwide*, 5th ed. (Lockerbie: OPAL Trust, 2019).
[71] 형제단의 믿음 선교(Faith Mission)는 나아가라사경회(Niagara Conference)를 통해 말콤 펜윅(Malcolm C. Fenwick, 1863-1935)에게 영향을 주었고, 그는 이러한 신념으로 내한해 선교했다. 펜윅에 의해 생겨난 교회들은 오늘날의 한국 침례교회다. 허긴, "대한기독교회와 펜윅," 『한국침례교회와 역사: 회고와 성찰』 (대전: 침례신학대학교출판부, 2010), 224-6. 침례교회와 형제단의 영성의 교류는 특별하다. 그것은 형제단의 태동기에 침례교회 출신의 인사들에 의해 형제단의 교회론적 배경이 된 측면이 있는가 하면, 한국 침례교회 태동에 형제단 인사인 허드슨 테일러와 조지 뮐러로 대변되는 믿음 선교가 영향을 미친 측면이 있기 때문이다.

투갈에 형제운동이 확산되어 100개 이상의 교회가 생겨났다.

이탈리아에서는 종교개혁 전통을 따르는 이들이 박해받았는데, 그중 이탈리아인 구이차르디니(Guichardini) 백작은 영국으로 건너와서 그로브스를 비롯한 형제단 지도자들을 만났다. 몇 년 후 박해가 완화되자 구이차르디니와 그를 통해 회심하여 오차드가(Orchard Street)교회에서 형제단과 섬기던 가브리엘 로세티(Gabriele Rosseti)는 이탈리아로 돌아가 이탈리아 북부에 형제단 교회들이 세워지도록 하였다.[72]

형제운동이 영어권 나라들로 확산된 것은 19세기 후반 대규모 이민의 효과도 있었다. 또한, 비개방 형제단이 다비의 여행을 통해 확장되었다면, 개방 형제단은 영국 부흥운동의 직접적 결과로 해외로 뻗어나갔다.

앤서니 노리스 그로브스의 장남 헨리 그로브스(Henry Groves)는 1857년과 1863년 사이에 미국을 방문한 적이 있었다. 1871년 그는 더블린의 메리온 홀(Merrion Hall) 소속, 리처드 오웬스(Richard W. Owens)가 뉴욕에 정착해 그곳에 있던 작은 교회에 합류했고 그의 사역을 통해 그 교회가 부흥할 뿐만 아니라 주변의 30여 개 교회에 영향을 미쳤다. 1872년 헨리 그로브스는 매클린 박사(Dr. J. L. MacLean)와 오늘날 '봉사의 메아리'(Echoes of Service)로 알려진 사역을 시작하였다. 그들은 복음 전도를 위해 협력하고 주를 아는 지식을 전파하는 것에 목적을 두었다.[73]

1881년 아르놋(F. S. Arnott)은 선교를 위해 스코틀랜드를 떠나 남아프리카로 갔다. 그는 잠베지(Zambezi)강 상류로 올라가는 험난한 여행을 하며 복음을 전했고, 많은 이가 회심하고 교회들이 세워졌다.[74] 2019년의 통계에 의하

---

72 Coad, *A History of the Brethren Movement*, 190-1.
73 McDowell, *A Brief History of the Brethren*, 53.
74 Ibid., 54.

면 아프리카에 있는 형제단 성인 성도의 수는 1,470,000명으로 확인된다.[75]

이처럼 형제단의 선교는 전 세계에 걸쳐 진행되어 유럽 대륙, 북미, 남미, 오세아니아, 아프리카, 아시아 그리고 서인도 제도의 작은 섬들에 이르기까지 형제단 교회들이 설립되었다. 남미에서 형제운동이 가장 번성한 곳은 아르헨티나다.

이완(J. H. L. Ewen)이 1882년에 아르헨티나에 도착한 후 토르(W. C. K. Torre)와 윌 페인(Will Payne)이 1890년대에 합류하였다. 형제단 선교사 중 교계에 가장 많이 알려진 사람은 에콰도르의 아우카 부족에게 선교하다가 순교한 짐 엘리엇(Philip James Elliot, 1927-1956)이다. 그와 동행한 다섯 명의 순교자들 중 세 명이 형제단에 속한 선교사였다. 그들의 순교는 당시 많은 그리스도인 젊은이들에게 선교에의 도전을 불러일으켰다.[76]

한국에는 1960년에 미국으로부터 윌버 매카피(Wilbur McAfee, 1917-2009)와 1962년 영국에서 에드윈 제임스(Edwin Arthur James, 1912-1988)가 선교를 위해 입국하였다. 그들은 한국에서의 형제운동에 큰 영향을 미친 사람들이다. 1965년에는 북아일랜드의 센트럴힐(Central Hill)교회의 윌버트 컥(Wilbert Kirk)이 제임스와 동역하기 위해 한국에 왔다. 1966년 5월에는 미국으로부터 워런 던햄(Warren Dunham) 부부, 찰스 화이저(Charles Fizer) 부부, 윌리엄 롤러(William Roller) 등이 엠마오성경학교의 통신 강좌 사역을 위해 내한해 형제운동에 협력하였다.

스튜어트 미첼(Stewart Mitchell)은 캐나다로부터 온 선교사였다. 1966년 1월에 미국인 더글라스 네이스웬더(Douglas Neiswender)가 한국에 와서 지금

---

75 Newton, eds., *The Brethren Movement Worldwide*, 5th ed., ⅹ.
76 Coad, *A History of the Brethren Movement,* 198.

까지 한국에 남아 선교 사역에 헌신하고 있다.[77] 그 외에도 영국, 독일, 미국 등지에서 많은 선교사가 한국을 방문해 형제운동이 확장되도록 하였다. 현재 한국에는 약 231개 교회(2022년 기준)가 설립되어 있으며, 해외 19개국에 37개 가정이 선교사로 파송되어 선교 사역을 수행하고 있다.

이상과 같이 복음 전도와 선교에 대한 열정과 헌신은 형제단의 특징 중 가장 주목할 만한 것이다. 그들은 제대로 된 후원의 보장 없이 믿음으로 선교하는 용맹함을 보여 왔고, 그 결과로 전 세계에 형제단이 존재하는 결과를 낳았다고 할 수 있다. 지금도 형제단의 중요한 특징 중 하나가 쉬지 않고 복음을 전하는 삶을 살고 있다는 것이다.

2019년 기준 전 세계 형제단 교회의 숫자를 대륙별로 확인하면 다음과 같다. 유럽에 2,950개, 아프리카 8,384개, 북미 5,266개, 남미 3,125개, 아시아 5,696개, 오세아니아 912개의 교회가 있다. 전체 숫자를 합하면, 26,333개의 교회가 존재하는 것으로 보인다.[78] 물론 개방 형제단의 특성상 중앙 통제 기관이 없고 개 교회들이 독립적이기 때문에 통계에 잡히지 않은 교회들도 있다는 점은 감안해야 한다.

비개방 형제단이 계속해서 수많은 분파로 분열된 것에 반해 개방 형제단은 분열 현상이 많이 나타나지 않았다. 그런데도 개방 형제단의 개교회 중심 및 독립성 원칙에 따라서 개방 형제단 내에도 노선의 차이가 상존한다. 그 결과로 개방 형제단 안에는 크게 두 부류의 계열이 존재하게 되었다. 현재 영미권의 개방 형제단 중 보수적인 교회들은 교회 간판을 'Gospel Hall'로 붙이길 선호하고, 개방적인 교회들은 'Bible Chapel'로 간판을 붙이

---

[77] 정인택, "형제운동의 기원과 발전 및 한국으로의 전래," 120, 126-7.
[78] Newton, eds., *The Brethren Movement Worldwide*, 5th ed., ⅹⅹⅵ-ⅶ.

길 선호한다. Gosple Hall 계열의 형제단 내에서도 보수 성향의 차이가 나타나며, Bible Chapel 계열의 형제단 내에서도 진보 성향의 정도가 다양하다. 한국 형제단은 Bible Chapel 계열 선교사들의 선교로 시작되었기에 전반적으로 개방적인 입장을 취하지만, Gospel Hall 계열 책자들의 영향과 교류를 통해 그들과 유사한 경향을 띠는 교회들도 생겨났다.

3. 비개방 형제단과 개방 형제단의 신학과 행습의 비교

필자는 이미 제4장에서 초기 형제단 지도자들의 신학에 대해 살펴보았다. 그것은 형제단이 출현하게 된 근본적 원인과 초기의 지향점을 확인한 것이었다. 이제 형제단이 분열된 이후 두 계열의 형제단은 각자 자기만의 신학적 특성을 띠며 발전해 나갔다.

초기 형제단의 신학은 교회의 배도에 대한 인식뿐 아니라 교회에 임박한 심판에 대한 확신이 지배적이었다. 또한, 하나님 앞에서의 겸손과 비하(abasement)의 정신은 형제운동의 기본 정서였다. 그러나 분열의 과정에서 두 계열의 입장차가 두드러졌고, 분열 이후 그들은 더 현격히 신학과 행습의 차이를 드러내며 발전하였다.

이제 그들의 신학과 행습의 차이를 확인하기 위해 먼저 다비와 그를 추종하는 사람들, 즉 비개방 형제단의 신학과 행습에 대해 살펴보고, 이어서 그로브스의 견해에 동의하는 이들, 즉 개방 형제단의 신학과 행습을 확인함으로써 두 계열의 입장 차이와 발전 방향을 비교하고자 한다.

1) 비개방 형제단의 신학과 행습

다비는 그리스도와의 연합 그리고 그리스도 안에서 신자들의 연합을 강조하였으며, 파멸된 교회에 대한 개념을 통해 비개방 형제단의 신학에 독보적 영향력을 행사하였다.

(1) 연합에 대한 강조

다비는 연합에 대해 강조했는데, 그리스도와 신자의 연합 그리고 신자들 간의 연합이었다. 이러한 다비의 사상은 그대로 비개방 형제단의 중심 사상이 되었다. 다비는 1828년 출판된 그의 저서 『그리스도의 교회 본질과 연합』(The Nature and Unity of the Church of Christ)에서 그가 생각하는 연합에 관해 설명하였다. 그는 신앙 고백을 하는 모든 사람을 포함하는, 그래서 외형상 기독교 공동체의 형태를 띠고 있는 모든 사람을 하나로 묶는 것은 진정한 연합이 아니라고 하였다. 그는 그것이 로마가톨릭적 연합의 복사판일 뿐이라고 보았다.[79]

다비가 의미한 바는 겉으로만 신앙을 고백하는 이들의 형식적인 연합이 아니었다. 그는 진정한 연합은 그리스도 중심적이라고 주장하였다. 그리스도의 죽음은 그분의 재림 때까지 교제의 중심이며, 그 안에 모든 진리의 능력이 거하기 때문에 연합의 외면적 상징과 도구는 주의 만찬에 참여하는 것이라고 하였다. 결국, 교회의 연합은 주의 만찬을 통해 외면적으로 드러나는 것이 된다. 나비는 국교회에 문제의식을 가지고 탈퇴하였지

---

[79] Miller, 『그리스도와의 연합의 진리를 교회론으로 삼았던 플리머스 형제단 이야기』, 31.

만, 성례전적인 개념을 그의 새로운 교회에 적용하고 있다는 인상을 지울 수 없다.

다비의 연합 개념은 성령에 초점이 맞춰진다. 그는 참된 연합이 성령님이 하나 되게 하신 것을 지키는 것이며, 성령을 통해서만 이루어질 수 있다고 말하였다. 그에 따르면, 특정 교단에 속하고자 하는 사람은 하나님의 영이 하시는 일을 대적하는 사람이다.[80]

그런데 문제는 누가 '세상'과 '성령에 의한 사람'을 정의할 수 있는지다. 이에 대한 명확한 정의가 없다면, 단지 신비적 금욕주의로 나아가는 길을 제시한 것이 된다. 물론, 다비가 당시 국교회의 경험을 통해 세속적인 욕망을 혐오하게 되었음을 고려할 필요가 있다. 그러나 그가 당시에 다른 사람들의 연합을 위한 진실한 노력에 대해 진정한 연합이 아닌, 교회의 본질과 소망을 부인하는 또 하나의 분파에 불과하다며 평가 절하한 것은 지나친 것이었다.[81]

다비는 주의 만찬을 축하하기 위해 참된 신자들이 '두세 명' 모이는 것을 매우 가치있게 여겼다. 1833년 4월 30일, 다비는 플리머스에 있는 뉴턴과 형제들에게 보낸 편지에서 그리스도인임이 분명히 확인된 가운데 주의 만찬에 참여할 수 있도록 해야 한다는 점을 강조하였다. 모든 '일관된 그리스도인'(consistent Christian)[82]이 참여하도록 하기 위한 이러한 증명은 다비에게 진정한 연합을 위해 근본적으로 중요한 문제였다. 그러나 '일관된 그리스도인'의 정의는 특히 형제운동 자체 내의 견해 차이에 따라 쉽게 확

---

80 Ibid.
81 Coad, *A History of the Brethren Movement*, 33.
82 이것은 다비의 독특한 표현이다. 그는 이 용어로 참 신자를 말하고자 한 것으로 보인다.

정할 수 없었다.[83]

1834년 발행된 『그리스도인의 증언』(The Christian Witness)의 1호에 다비의 『그리스도의 교회 본질과 연합』의 수정판이 실렸다. 이 수정판에서는 결론이 더 길고 더 신랄해졌다. 그는 다른 비국교도들은 세상을 추구하였고 결국 세상과 손을 잡았다고 비판하면서 국교회가 세상과 융합했다면, 그들의 발자국에는 그것을 추구하는 갈망이 묻어있다고 지적하였다. 다비가 강조한 그리스도인들이 단순하게 함께 떡을 떼는 것은 그로브스의 주장과 같지만, 그 정신은 그로브스가 기대한 것과 전혀 같지 않았다.[84]

이어서 다비는 『하나님의 연합원리, 악으로부터의 분리』(Separation from Evil God's Principle of Unity)라는 제목의 소책자를 발행했는데, 그는 교리적 악을 무서운 도덕적 오염으로 간주했다. 다비의 이러한 견해는 그를 계승한 자들에게 전수되어 더 공격적인 경향으로 나타났다. 그것은 견해의 차이일 수 있는 문제를 그들의 인격과 도덕의 문제로 연결해서 비난하는 태도였다.[85]

(2) 파멸된 교회(Church in ruins)의 개념

다비는 19세기 당시 교회들이 초대 교회의 모델을 따르는 것이 불가능하다고 보았다.[86] 그 이유는 교회는 파멸되어 있기에 순수한 교회를 다시

---

83 Rowdon, *The Origins of the Brethren*, 288.
84 Coad, *A History of the Brethren Movement*, 34.
85 프랜시스 뉴민은 자기에 내한 비방의 내용 중 "마음의 성욕"이라는 표현을 써가면서 자기를 부도덕한 사람으로 매도했다고 항변하였다. Ibid., 122.
86 다비는 1840년 스위스에 있는 동안 작성한 그의 글 『파멸된 교회 상태와 초대 교회 상태로 회복하기 위한 영국 국교도와 비국교도들의 노력에 대한 소고』(*Reflection on the Ruined Condition of the Church, and on the Effort Making by Churchmen and Dissenters to Restore It to Its Primitive Order*)를 소책자 시리즈에 포함해 1841년 런던에서 출판했다.

세울 수 없다는 것이었다. 또한, 다비는 지역 교회는 그 지역 안에 있는 신자들 전체의 모임이어야 하기 때문에, 그 지역에 있는 모든 신자를 포함하고 있지 않은 사람들이 모여서 하나의 교회라고 여기거나 불러서는 안 된다고 주장하였다.[87]

그는 어떤 교회를 세우려는 주제넘은 시도를 하기보다, 참 신자들이 '두 세 사람'의 단순한 모임을 이루어야 한다고 말했다. 이 모든 견해의 근원에는 파멸된 교회 개념이 있었다. 다비에 따르면, 이러한 모임은 조직화된 직분이나 다스림은 불가능하며, 그리스도의 임재와 영적 은사의 활용만이 가능한데, 오히려 이것이 더 많은 것을 제공해 줄 수 있으며, 성령의 인도에도 장애가 없다. 이렇게 단순하게 모인 이들이 그리스도 안에서 연합을 추구하는 것이 유일한 대안으로 제시되었다. 수년 동안 다비는 형제단이 하나님의 교회라고 주장하지 않았다고 말했지만, 그들만이 진정한 연합의 원칙에 따라 모인다고 주장했다.[88]

다비 계열의 형제단은 다른 무리와 구별하는 어떤 이름도 사용하지 않고, 성경 외에 특별한 신조를 만들지 않으며, 모든 '일관된 그리스도인들'(consistent Christians)에게 열려있는 공동체를 이루고자 하였다. 동시에 그들과 모이지 않는 사람들은 '분파들'이라고 비판하였다.[89]

이 소책자에서 다비는 당시 그리스도인들이 초대 교회의 모델을 따라서 교회를 형성할 능력이 없다고 주장하였다. Ibid., 125.
[87] Ibid., 126. 다비는 '모인 교회'라는 개념을 파악하지 못한 듯 하다. 그가 제안한 신비적인 '지역'의 개념은 비국교도를 비난하기 위해 그들의 개념들과 달리할 이유를 찾는 것처럼 보인다. Ibid., 127.
[88] Rowdon, *The Origins of the Brethren*, 288-9.
[89] Ibid., 289.

결과적으로 그들은 '일관된 그리스도인들'이라는 제한선을 자체적으로 규정해야 했으며, 그 규정의 범위에 따라 형제단 외부의 사람들에 대한 수용 및 연합 여부뿐만 아니라, 자기 내부 사람들에 대해서도 수용 여부를 결정하게 됨으로써 그들이 혐오하고 거부했던 분파를 그들 스스로 많이 양산하게 되었다. 다비 계열의 형제단은 가장 먼저 자기들의 배타적 원칙에 동의하지 않는 형제운동의 초기 동역자들을 배척함으로써 분열의 역사를 시작했다는 비판을 피하기는 힘들 것이다.

(3) 중앙집권화 된 교회

연합에 대한 강조는 다른 측면으로 교회의 중앙집권화의 형태로 나타나게 되었다. 다비 계열의 인사들은 1848년 이후 개방 형제단에 의해 주장된 지역 교회 독립의 원칙은 혼돈을 초래하는 것이라고 비판하였다. 그들은 주의 만찬에 어떤 개인을 참여시킬지의 여부 결정을 전적으로 한 지역 교회의 지도자들에게 맡긴다면, 한 교회에서 거절당했으나, 다른 교회에서 허락되는 경우가 발생할 위험이 있다고 보았다. 그들은 그것이 '한 몸으로서의 교회'라는 성경적 이상과 역행하는 것이라고 주장했다.

그들은 같은 신앙과 실천 사항을 공유할 필요성과 함께 교회는 그리스도의 몸으로서 하나라는 진리를 지켜가기 위해 연합해야 할 것을 강조했다. 각 지역 교회는 상호 의존적이며 전체 교회들의 공식 입장을 따라야 했다.[90]

---

90 Embley, *The Origins and Early Development of the Plymouth Brethren*, 101; Barber, *Who are the Brethren*, 27-8.

다비는 신약성경에 나타난 교회들은 일정한 도시의 교회를 의미한다고 여겼고, 한 도시에서 모이는 한 회중은 그 도시의 교회 중 한 부분만을 구성하므로 그 도시의 다른 회중의 동의가 없이는 '교회적 행동'을 취할 수 없다고 결론지었다. 그는 그런 '교회적 행동'이 용이(容易)하도록 '런던중앙회'(London Central Meeting)를 만들었는데, 런던과 인근 교회들의 대표자들로 구성되었다. 이 모임은 토요일에 열렸으며, 신규 회원의 입회, 재정, 권징에 있어 모든 교회적 문제들을 결정하였다. 런던중앙회의 결정은 런던과 인근 지역에만 국한되지 않고 다른 지역의 비개방 형제단 전체에 대해 구속력을 가지게 되었다.[91]

결과적으로 중앙회의 결정을 따르지 않는 교회와 개인은 핵심 교리가 아닐지라도 중앙회에서 결정된 특정 지침이 기준이 되어 제명당하는 일들이 계속해서 발생하였다.[92] 그것은 결국, 비개방 형제단의 수많은 분열을 양산하게 하였다.

그런데 흥미로운 것은 다비에 의해 디자인된 중앙집권화된 교회는 가톨릭의 교회론과 매우 닮아있다는 점이다. 로마가톨릭교회는 하나님이 교회에 부여하신 연합체가 있다고 믿는다. 이런 연합체는 두 가지 방법으로 명시되는데, 믿음의 연합과 성찬의 연합이다. "믿음의 연합과 성찬의 연합은 교황의 지상권과 교회의 최고 교사이며 목회자에 의해 보장된다. 믿음의 연합체로부터 분리되는 이유는 이단이기 때문이고 성찬의 연합에서 분리되는 이유는 분파주의이기 때문"이라고 로마가톨릭교회에서 가르친다.

---

91   Bass, 『세대주의란 무엇인가』, 121.
92   Barber, *Who are the Brethren,* 27-8.

가톨릭 학자들이 말하는 믿음의 연합은 "교회의 모든 일원이 교회의 가르치는 직책으로 제안된 믿음의 진리들을 내면적으로 믿는다는 것과 적어도 내면적으로나 외면적으로 진리를 고백하는 신앙으로 구성함을 의미한다." "믿음의 연합체는 교회가 최종적으로 결정하는 논쟁적 질문들에 다양한 견해를 포용하고 있다."[93]

로마가톨릭교회에서는 지역 교구의 교인들이 회원이 되는 교회들이 있는데, 이 교구들은 '성당'(cathedral)이란 명칭을 사용하지 않고, '채플'(chaple)이라고 한다. 감독좌가 있는 교회 건물만을 성당이라고 부른다. 일정 지역의 교구 교회들을 총괄하는 한 사람이 있는데, 그가 감독좌에 앉은 사람이다.

비개방 형제단이 로마가톨릭교회, 영국국교회 그리고 비국교도 교회들을 모두 배도에 처한 무리들이라고 비판했고, 특히 로마가톨릭교회의 교리와 그 체제를 혐오한 것은 사실이다. 그러나 다비가 생각한 중앙집권적 교회 체제는 가톨릭과 국교회의 체제와 공통점을 가지고 있다. 바로 중앙 통제 기관의 존재와 지역 교회들의 독립성이 인정되지 않는다는 점이다. 다비는 많은 부분에서 새로운 개념을 주창하고 정리하였지만, 그도 당대를 살아간 한 인간으로서 그의 경험과 지식의 범위 안에서 개혁을 주도한 것이었다.

(4) 유아세례 고수(固守)

다비는 신자의 침례 시행을 침례교 전통이라 여겨 받아들이지 않았다. 그 후로 일부 다비의 추종자들은 수정한 형태의 유아세례를 행하였다.[94]

---

[93] 라은성, "로마가톨릭과 개신교의 교회론," [온라인 자료] https://blog.daum.net/kho8291/3570037, 2022년 3월 16일 접속.

[94] Coad, *A History of the Brethren Movement*, 123.

다비는 유럽에서 사역해 그곳에 교회가 설립되었을 때 유아세례를 행하도록 가르쳤으며, 스위스와 프랑스 교회에서는 그가 직접 유아세례를 베풀었다.[95]

비개방 형제단의 일원이었다가 분리해 비개방 형제단의 다른 분파를 이끈 프레드릭 W. 그랜트(Frederick W. Grant, 1834-1902)[96]의 유아세례에 대한 서술은 비개방 형제단의 유아세례에 대한 인식을 엿볼 수 있게 한다. 그랜트는 유아세례를 천국의 범위를 보다 넓게 만드는 것으로 이해했고, 주님은 "어린아이들을 용납하고 내게 오는 것을 금하지 말라 천국이 이런 사람의 것이니라"(마 19:14)고 말씀하셨다고 주장하였다. 그랜트에 따르면, 일단 천국이 하늘이 아니라 지상에서 제자도의 영역을 가리키고 있는 것이 분명해지면, 어린아이들을 주일학교에 데리고 오는 것만큼이나 그들에게 침례를 주는 것에 대해서도 어려움을 겪지 않을 것이다.[97]

그는 이어서 유아세례는 아이들의 인식에 영향을 주는 장점이 있으며, 침례는 그들을 하늘에 속할 수 있는 자격을 주는 것이 아니라, 그들이 다만 지상에 있는 그리스도의 학교에 속한 자라는 표식을 해 두는 것이라고 설명하였다. 또한, 그는 침례가 죽음으로 들어가는 것이지 생명을 얻는 것이 아니다. 죽은 자를 장사 지내는 것이며, 침례를 통해 그리스도와 합하

---

95 Embley, *The Origins and Early Development of the Plymouth Brethren*, 97.
96 그랜트는 런던의 퍼트니 출생으로 육군성 장교가 되고자 킹스칼리지에 입학했다. 본래 목적을 이루지 못하자 캐나다로 갔다. 캐나다에서 영국국교회 교구목사로 봉직했다. 그랜트는 플리머스 형제단에 속한 작가들의 저서를 읽다가 교회는 국가와 분리되어야 한다는 성경의 원리를 영적인 빛처럼 보았고 목사직을 사임했다. 그는 미국으로 건너가서 부르클린을 거쳐 뉴저지 주 플레인필드에 정착했다. 그는 미국 형제단의 지도자가 되었다. Grant and Cecil, 『천국의 비밀』, 130.
97 Frederick W. Grant, Adalbert P. Cecil, 『천국의 비밀』, 이종수 역 (서울: 형제들의 집, 2014), 48-9.

고, 그의 죽으심에 합하는 것이라고 설명하였다. 율법 시대에 자기 백성의 어린 아기들에게 할례의 표를 두신 것처럼 지금 은혜의 시대에는 기독교에 합당한 표식으로 유아세례가 주어진 것이라고 믿었다.[98]

이러한 비개방 형제단의 유아세례에 대한 인식은 종교개혁 시대의 주류 진영의 논리와 유사한 점이 많다. 결국, 유아세례는 다비와 그의 추종자들이 이루고자 했던 진정한 신자들의 모임으로서의 교회 개념과 상충한다. 이 지점에서 다비는 당대의 교회 전통을 강하게 거부하는 입장이었지만, 고(高)교회 출신이라는 인간적 한계를 극복하지 못한 것인가 하는 의문을 품게 한다.

그가 다른 비국교도들에 대해 가졌던 거부감에서 비국교도 중 하나였던 침례교회에서 행하고 있던 신자의 침례에 대해 연장선상에서 거부했을 수도 있다. 어찌 되었든, 다비는 그가 그토록 최선을 다해 지키려 했던 성경적 원칙이라는 기준을 정립하는 데 있어 그의 인간적 한계를 넘어서지 못했다.

(5) 교회 직분 거부

비록 그 범위는 한정되어 있었지만, 초기에 플리머스에서도 상당한 정도의 교회 지도력의 권위가 인정되었는데, 뉴턴을 장로로 임명한 것이 그 사례다. 그러나 다비의 생각에 두 가지 요소가 그가 본래 용인하던 입장을 철회하도록 하였다.[99]

---

98 Ibid., 49-51.
99 Coad, *A History of the Brethren Movement*, 124-5.

첫째, 교회 안에서 설교하고 가르치는 역할이었다.

그는 이런 은사를 받은 모든 형제가 공예배에 참여할 수 있는 자유가 있음을 강조하였다. 만약 그러한 사역을 위해 특별히 구분된 사람을 인정하면 목회적 다스림에 필요한 은사가 주어진 다른 사람들을 차단할 수 있다고 보았기 때문이었다.

둘째, 그가 비판하고 탈퇴한 국교회 체계에 대한 혐오감이었는데, 다비는 외형적인 것(교회의 지도자들과 사역자들과 거기에 수반되는 모든 것)을 오직 부정적인 것으로만 생각했다.

그는 그것이 성령의 자유로운 활동을 제한한다고 보았기 때문이다. 그는 무엇인가 준비되거나 형식을 취하는 것은 인간적인 것으로 간주하고, 자발적이고 비형식적인 것은 성령에 의한 것으로 간주하였다. 다비와 그의 동료들은 공식적인 조직 안에서 다년간의 훈련을 통해 개발된 그들 개인의 역량과 그 체계 안에서 형성된 질서의 안정성을 거의 고려하지 않았다.

교회가 파멸된 상태에 있다는 다비의 생각은 지역 교회의 목회자, 즉 장로를 공식적으로 세우는 일의 중요성을 점점 평가절하하게 만들었다. 그들은 교회가 파멸된 상태에 있기 때문에 목회자(장로)를 세울 수 없으며, 교회 구성원 전체가 교회의 일들을 감독하는 데 동참해야 한다고 여겼다.[100]

이러한 배경에는 다비가 사도 계승 교리의 오용에 대한 맹렬한 비판자였다는 사실이 있다. 그런 신념 때문에 그는 어떤 형태의 직분(장로와 집사)을 인정하는 것도 사도 계승의 하나로 여겨서 거부하게 되었을 것이다. 그

---

100 Barber, *Who are the Brethren*, 27-8.

는 또한 교회 총회의 선거에 의해 목회자를 선출하는 비국교도의 대안도 단호하게 거부하였다. 그는 사람에 의해 형성된 권위는 가장 악한 것이고, 그 원리 안에는 배도가 있다고 주장하였다.[101]

다비는 성직자 독점 체제를 강력히 반대하였는데, 그것이 뉴턴을 공격하는 데 활용되었다. 그러나 같은 형제단이었으나 개방 형제단은 성직자 독점 체제를 거부하면서도 회중 가운데 목자의 역할을 하는 사람들을 세우는 것이 신약성경의 가르침이라고 믿었다.

2) 개방 형제단의 신학과 행습

그로브스는 형제단의 태동에 있어 핵심적인 인물이었다. 그는 형제단이 추구한 원리를 제안함으로 중요한 역할을 하였다. 형제단 분열 이후 개방 형제단은 그로브스의 견해를 수용해 실행하였다. 따라서 개방 형제단의 견해와 실행을 확인하려면, 그로브스의 견해를 확인해 보아야 한다. 그로브스 또한 다비와 다르지 않게 그 당시 교회의 배도적인 상태를 누구보다도 강하게 체감하였다. 실제로 그는 자기 선교 사역을 '세상에 있는 모든 바벨론 제도에 갇힌 그리스도의 양들을 불러내는 것'이라는 관점에서 생각했다.[102]

그러나 그는 그가 수용할 수 없는 제도권 교회 또는 체계 내에 참 그리스도인들이 포함되어 있다는 것을 인정하였기에 형제단 밖의 다른 그리스도인들에 대해 전면적으로 정죄하는 일에 빠지지 않았다.[103]

---

101 Coad, *A History of the Brethren Movement*, 125.
102 Mrs. Groves, *Memoir of Anthony Norris Groves*, 91.
103 Ibid., 230, 231(journal for 20 October, 1833).

(1) 그리스도 안에서 열린 연합 지향

그로브스의 미망인은 그로브스가 엑서터에서 침례를 받은 후 했던 의미심장한 발언을 전해 주었다.

> 침례를 받았으니 침례교인이어야 할까요?
> 아니요!
> 나는 그들이 그리스도를 따르는 일에 있어 모든 것을 따르기를 원하지만, 한 파에 가담해 다른 사람들과 나 자기를 끊지 않을 것입니다.[104]

그로브스는 자기가 한 분파에 속하는 것이 곧 연합을 깨드리는 행위가 된다고 생각한 것이다. 그로브스는 선교 단체에서 많은 조직을 만들고 체계적 방법으로 사역하는 것에 동의하지 않았지만, 다음과 같이 말하였다.

> 그런데도 나는 그들을 위해 하나님이 축복하시기를 구하고 내가 할 수 있는 모든 곳에서 그들과 협력하기를 원합니다.[105]

인도에서 그는 다양한 협회에 속한 선교사들을 돕고 그들과 교류하였다. 그로브스는 코리(Corrie) 대주교와 다니엘 윌슨(Daniel Wilson) 주교를 방문하고, 세람포어(Serampore)에서 침례교 선교사 윌리엄 캐리(William Carey)와 교제했으며,[106] 그가 깊은 관심을 가졌던 아도니람 저드슨(Adoniram Judson)

---

104 Ibid., 36.
105 Ibid., 118.
106 Ibid., 294-5.

의 버마(Burman) 선교부를 방문하고 싶다는 의사를 거듭 표명했다.[107]

그로브스의 선교적 경험과 선교 사역 가운데서 다양한 사람과의 친분을 맺게 된 것이 다른 신학적 견해를 가진 사람들에 대해 여유를 가지고 대할 수 있도록 하는데 영향을 주었을 것이다. 따라서 그는 영국국교회에 대해 이렇게 말할 수 있었다.

> 나는 그 제도가 매우 잘못된 것임을 인정하지만, 내 마음은 그 안에 있는 아름다운 진주, 나에게 그토록 못된 껍질로 보이는 것에서 큰 안식을 찾습니다.[108]

같은 맥락에서 그로브스는 영국으로부터 편지를 받은 직후 그 편지에 대한 답장으로 '그리스도 교회의 연합과 친교의 원리'(On the Principles of Union and Communion in the Church of Christ)라는 제목으로 자기 견해를 설명했다. 그는 다음의 세 가지 명제로 자기 견해를 요약했다.

첫째, 우리는 그리스도께서 사랑하시는 모든 개인을 사랑해야 한다.
둘째, 우리는 일반적으로 가장 성경적인 회중과 함께 예배를 드려야 한다.
셋째, 우리는 하나님이 나타나셔서 축복하시고 구원하시는 하늘 아래 있는 어떤 회중과도 예배할 수 있다.[109]

---

107 Ibid., 267, 274.
108 Ibid., 297.
109 Rowdon, *The Origins of the Brethren*, 291-2.

1834년 12월 말에 그로브스는 그의 선교 사역에 필요한 새로운 일꾼들을 모집하러 유럽으로 돌아왔다. 그는 여러 지역을 방문하던 중 플리머스를 방문했을 때 그들 중 어떤 사람들의 바뀐 생각과 입장을 확인하고 적잖이 놀랐다. 그의 미망인의 증언을 통해 그 상황을 엿볼 수 있다.

> 그로브스가 본국에서 보낸 기간은 파란만장했다. 그는 브리스톨과 데본 북부에 있는 하나님의 백성들과 큰 공감을 가진 교제를 하며 감사로 그들 가운데 섬겼다. 그리고 잠깐 플리머스의 형제들을 방문하였다. 거기서 그는 평안함을 찾을 수 없었다. 왜냐하면, 그리스도 안에 있는 것같이 진리 안에서 그들이 연합했던 처음의 결속은 그들과 의견을 달리하는 모든 사람을 대적하는 데 연합된 모습으로 바뀌었기 때문이다.
> 이 변화가 그의 생각에 미친 결과는 영국을 떠나면서 그가 높이 평가하고 사랑했던 형제에게 쓴 편지에 나타나 있다. 그 형제는 더블린의 최초의 일원 중 한 사람이었고 플리머스에서 비슷한 모임을 조직할 때 가장 큰 힘이 되었던 형제였다.[110]

이 글에서 그로브스가 편지한 형제는 다비였고, 그 편지는 형제운동에 있어 가장 통찰력 있는 문서 중 하나다. 그 편지에서 그로브스는 다른 견해를 가진 그리스도인들에 대해 "나는 그들의 선으로부터 분리되느니 차라리 그들의 모든 악을 무한히 참을 것이다"라고 말했다. 그로브스는 다비가 '하나님의 가족'으로 정의한 연합의 원래 원칙에서 이탈했다고 평가했다. 그는 다비의 유명한 소책자인 『하나님의 연합원리, 악으로부터의 분리』(*Separation*

---

[110] Mrs. Groves, *Memoir of Anthony Norris Groves*, 356-7.

from Evil, God's Principle of Unity)에서 나타나는 그의 태도가 진리를 증거하기 보다는 오류를 찾아내고 비판하는 것을 강조했다고 지적했고, 그러한 태도는 선한 모든 것과 분리되는 결과를 초래한다고 비판했다.[111]

그로브스는 인도에 있으면서 영국에서 일어난 형제단 내의 갈등과 분열의 소식을 듣고 1845년 플리머스에서의 논쟁에 직접 관여하고 있었던 한 형제에게 다음과 같은 편지를 보냈다.

> 형제의 선한 것을 생각하지 않고 악한 것만 생각한다든지, 그것을 사소한 것으로 여기지 않고 과장한다든지, 품위 있는 이름으로 부르지 않고 일상적인 행동을 가장 욕되게 부른다든지, 분리는 연합을 위한 하나님의 원리라고 주장하는 것 등이 어떻게 사랑을 보여 주는 것인지 모르겠습니다. 지금 이렇게 하는 것은 사탄이 일으키는 혼란이라고 확신합니다 … 하나님 성도의 모임 안에서 적절히 속할 방법을 제시하는 모든 도움을 거절하면서 다비는 "교회는 파멸되었다"라는 말로 자기를 정당화하는 것 같습니다.[112]

그로브스의 견해를 공유하는 사람들이 적지 않았다. 반스테플에서 채프먼의 사역과 브리스톨에서 뮐러와 크레이크의 사역은 그로브스의 정신을 따라 진행되었다. 아마도 다른 비국교도에 대해 더 비판적인 입장을 가진 국교회에 속했던 사람들보다 이전에 비국교도에 속했던 사람들이 그들과 입장이 다른 사람들에 대해 긍정적인 태도를 취하기가 더 쉬웠을 수 있다. 실제로 비개빙 형제단은 브리스톨과 반스데플의 형제단에 대해 정통 형제

---

111 Coad, *A History of the Brethren Movement*, 287-91.
112 Mrs. Groves, *Memoir of Anthony Norris Groves*, 409-12.

단이 아니라고 폄하(貶下)했는데, 그 이유가 그 지도자들인 뮐러, 크레이크, 채프먼이 모두 침례교 목사들이었고, 그들의 회중 또한 침례교인이었다는 것이었다.[113] 그리고 그들이 형제단의 일원이 되었지만, 여전히 침례교 사상을 가지고 행했다고 평가했다.[114] 그러나 과거 국교회 교인으로서 비국교도에 대한 뿌리 깊은 편견을 가지고 있는 국교회의 입장에 서 있었던 그로브스가 보인 태도는 설명되기 어렵다. 그런 점을 고려한다면, 그로브스의 행동과 태도는 훨씬 대담한 것이었다.

브리스톨에서 뮐러와 크레이크는 그들이 이해하는 대로 신약성경과 가장 부합한 교회 친교(church fellowship)를 이루고자 하는 순수함을 가지고 자유롭게 행했다. 그들은 자기 신념에 동의하지 않는 동료 그리스도인들과도 가능한 한 긴밀한 관계를 유지하기 위해 노력하였다. 그렇다고 그들이 그러한 다양한 입장을 모두 지지한 것은 아니었다.

다만 그들은 기독교 내의 기본적인 합의의 부분, 즉 개신교 정통교리의 범주 안에 있는 것들에 대해 붙잡고자 노력했다. 그들은 자기들이 옳다고 믿는 바, 특히 교회론을 실천하기 위해 많은 부분 입장을 달리할 수밖에 없지만, 다른 신자들과의 차이를 최소화하기 위해 최선을 다했다. 그러나 그들의 포용적 태도는 다비와 그 추종자들이 보기에는 다른 비국교도의 입장과 구별하기 어려운 것이었고, 비판과 갈등을 모면하기 위해 적절히 타협하는 것처럼 보였다.

---

113 뮐러는 개방 형제단은 실제로 형제단이 아니라고 하였다. Miller, 『그리스도와의 연합의 진리를 교회론으로 삼았던 플리머스 형제단 이야기』, 31.
114 스텐리 안스테이(Stanley Bruce Anstey) 또한 개방 형제단에 대해 비판적인 입장으로 그들의 형제단으로서의 정통성을 인정치 않았다. Stanley Bruce Anstey, *Open Brethren: Are their Princples and Practices in Accord with Scripture?* (Illinois: Bible Truth Publishers, 2010), 21-2.

그렇지만 개방 형제단은 그들이 보기에 배도한 교회에 남아 있는 분명한 회심을 경험한 그리고 개인적 회심을 강조하는 사람들과 자기들을 구별했다. 그들은 그런 면에서 자기들의 정체성을 분명히 하였다. 그들은 어려움 속에서도 형제단 중에 존재하는 '배타적' 태도에 대한 대안을 제공할 수 있었고, 기독교계에서 서로를 용납하고 복음 안에서 협력하기를 실천하는 모본을 제시하였다.

(2) 신자의 침례와 두 직분 인정

뮐러와 크레이크 그리고 채프먼은 그들 사역에 몰두하고 있어 학문적인 논쟁이나 그들이 추구하는 신학에 대해 분석하거나 체계를 세울 여력이 없었다. 그러나 그들이 신약성경에 비추어 교회 질서를 세워감에 따라, 다비와는 다른 진로를 택할 수밖에 없었다. 그들이 비개방 형제단과 차이를 드러낸 원인은 성경을 연구하는 특성에 있었다. 브리스톨과 반스테플 지도자들은 성경에서 자기들의 원리를 끌어냈고, 선입견을 최소화하고자 하였다. 반면에 코드는 다비가 자기 해석 시스템을 가지고 성경으로 들어갔다고 평가하였다.[115]

필자는 코드의 견해가 일견 타당하다고 생각한다. 다비의 오류 중 대표적인 것은 유아세례를 인정한 것이었는데, 그것은 그가 자기 신념을 가지고 성경으로 들어갔다고 볼 수밖에 없는 증거다.

뮐러와 크레이크에게는 믿는 자의 침례가 교회의 실천에 있어 주요한 사항이 되었다. 두 사람 모두 개인적인 회심을 통해 성인 신자로서 침례를 받았다. 한때 채프먼의 의견을 받아들여 그들은 침례를 베데스다교회 교제의 조건으로 삼지 않기도 하였다. 그것은 데살로니가전서 3장 6절에 근

---

[115] Coad, *A History of the Brethren Movement*, 123.

거했는데, 어떤 사람이 믿고 난 후 침례를 거절하여도, 그것을 고의적 불순종으로 보지 않았던 것이다.

  그러나 그 후 뮐러와 크레이크는 신자의 침례를 모든 제자의 의무로 계속 가르쳤고, 개방 형제단의 주요 가르침으로 견지되었다. 개방 형제단에서는 믿는 자에 한해 완전 침수에 의한 침례를 시행했는데, 그들은 이것이 성경에서 인정한 유일한 형식이라고 생각했다. 그들에게 침례는 교회의 회원 가입의 성경적 수단이었고, 침례받는 자가 그리스도의 부활과 죽음에 연합되어 동일시되고, 또 주님에게 복종하는 의미였다. 그러나 침례 그 자체는 내적인 실재의 외적 표시일 뿐, 더 이상 다른 의미는 없었다.[116]

  개방 형제단의 대표적 지도자들이었던 뮐러와 크레이크에게 침수에 의한 침례는 낯선 것이 아니었다. 그 이유는 그들이 침수 침례를 행하는 침례교 목사들이었기 때문이다. 물론 그들은 성경에 비추어 보아서 침례를 행했지만, 그들의 경험이 그들이 침수 침례를 행하는 것에 어느 정도 영향을 주었을 것이다. 그들이 침수 침례가 성경적이라는 관점을 가진 것이 침례교에서의 목회 활동과 전혀 무관하다고 말할 수는 없기 때문이다.

  개방 형제단은 신약성경에 나타난 교회에는 두 직분이 있다고 보았다. 그것은 장로와 집사인데, 장로는 목사와 같은 사람이고 그 보조자로서 집사를 세웠다고 생각하였다. 개방 형제단의 이러한 관점은 뮐러와 크레이크가 베데스다에서 정립한 교회 체계와 관련이 있다.

  필자는 1838년 뮐러와 크레이크가 베데스다에서 정립한 목회직(장로직)과 질서 있는 교회 치리 체계를 다음과 같이 요약하였다.

---

116 Barber, *Who are the Brethren*, 42.

첫째, 그들은 지역 교회의 목회자에 대해 정리하였다.
- ① 교회에는 목회자들(장로)이 있어야 한다(마 24:45; 눅 12:42; 행 14:23, 20:17; 딛 1:5; 벧전 5:1).
- ② 목회자들은 성령의 임명에 따라 서임된다(행 20:28).
- ③ 그들의 임명은 성령의 비밀스러운 부르심에 의해 그들이 회중 가운데 드러남으로 된다(딤전 3:1). 그것은 그들이 성경에서 명시한 필수 자격들을 갖추었는지 그리고 그들의 섬김에 하나님이 인정하시는 증거가 나타났는지에 따라(고전 9:2) 확인된다(딤전 3:2-7; 딛 1:6-9).
- ④ 성도들은 그들을 알아주어야 하며, 주 안에서 그들에게 순종해야 한다(고전 16:15, 16; 살전 5:12, 13; 히 13:7, 17; 딤전 5:17).

둘째, 그들은 교회에 '권징'(discipline)이 있어야 한다고 믿었다.
- ① 교회 권징의 문제는 모인 교회 앞에서 최종적으로 결정되어야 한다(마 18:17; 고전 5:4, 5; 고후 2:6-8; 딤전 5:20).
- ② 권징은 전체 교회의 행위로 간주 되어야 한다(마 18: 17, 18; 고전 5:4, 5, 7, 12, 13; 고후 2:6-8).

셋째, 그들은 주의 만찬을 강조하였다.
- ① 주의 만찬을 시행하는 빈도에 관한 명령은 성경에 없지만, 사도들과 초기 그리스도인들의 예를 따르면 매주 주일에 행하는 것이 바람직하다(행 20:7).
- ② 주의 만찬이 거행되는 예배는 그리스도와 신자들이 연합됨을 상징하며(고전 10:16, 17), 가르침이나 권면의 온시 활용과 기도와 찬양을 포함하여 떡과 잔을 나눌 수있는 기회가 주어져야 한다(롬 12:4-8; 엡 4:11-16).

③ 목회자(장로) 중 한 사람이 떡을 떼는 것보다 각자가 자기를 위해 떡을 떼는 것이 더 나은 것 같다. 이 과정은 성경을 문자적으로 볼 때 알 수 있다("우리가 떼는 그 떡," 고전 10:16, 17). 그 예식은 구별된 특정한 개인이 독점하지 않는 공동체적 예배와 순종의 행위다.[117]

뮐러와 크레이크가 내린 이 결론은 이후 개방 형제단의 교회적 실행의 공통된 특징으로 나타나게 되었다. 개방 형제단은 신약성경에 나타난 교회를 따라서 침례가 신자들이 행할 순종이며, 교회적으로 입교의 의미로 받아들였다. 그들은 교회의 두 직분을 인정했는데, 목회자로서 복수의 장로들과 목회의 보조자로서 집사들이다.[118]

또한, 그들은 전 신자 제사장의 원리가 실제로 교회 생활에 적용될 수 있는 방안을 찾기 위해 고심해 왔다. 뮐러와 크레이크가 얻은 결론처럼 그들의 교회 생활의 중심에는 주의 만찬이 있고, 매 주일 주의 만찬을 중심으로 예배가 이루어져야 한다고 믿고 있다.[119] 그리고 그것을 실행하는 데 기도 그리고 함께 부를 찬양의 선곡 등을 모든 참여자(특히 형제들)에게 기회를 주는 형태를 취한다. 그렇게 하는 핵심 목적은 주의 만찬에 참여하는 모든 신자가 예배자의 역할을 할 수 있도록 하기 위함이다.

---

117 이 정리는 필자가 Müller, *A Narrative of Some of the Lord's Dealings with George Müller*, vol. 1, First Part, 276-81로부터 취해 요약한 것이다.
118 Strauch, *Biblical Eldership*, 101-6.
119 김홍열, 『성경교리연구』, 제3판, 622-3, 627.

제6장

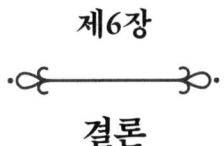

결론

역사는 승자의 기록이라는 말이 있다. 이 말은 시대마다 주도권을 가진 이들이 그 시대를 평가 기술하게 됨으로써 상대적으로 주도권을 갖지 않은 이들에 대한 평가에 있어서 축소 또는 왜곡이 일어날 수 있다는 의미다. 교회 역사에서도 이것은 예외가 아닐 것이다. 따라서 교회사는 단순히 기록된 사실만을 가지고 평가하기보다는 그 기록들을 토대로 올바르게 해석하려는 노력이 필요하며, 비주류로 분류되는 이들의 주장과 기록에 대해서도 관심과 연구가 있어야 한다.

실제 교회사에 있어 무시해서는 안 될 중요한 무리인데도 그들이 주류가 아니었기 때문에 그 존재 가치에 맞는 평가를 받지 못한 이들이 있었다. 그들 중 하나가 형제단이다. 형제단은 주류가 아닌 것만은 분명한데, 실제로 한국 기독교계에서 형제단은 그 존재 자체에 대한 인식도 기대하기 어렵기 때문이다. 그러나 형제단은 무시해선 안 되는 종교개혁 전통의 한 무리다.

형제단은 오늘날 세계 모든 대륙과 대부분의 국가에 존재한다. 앞서 살펴본 것처럼 2019년 기준 전 세계 형제단 교회의 숫자는 총 26,333개다.[1] 기독교 선교의 불모지와 같은 중동 이슬람권에도 형제단 선교사들이 일찍

---

1 Newton, eds., *The Brethren Movement Worldwide*, 5th ed., ⅹⅹⅵ-ⅶ.

이 진출해 이집트의 형제단은 중동 형제단 선교의 교두보 역할을 하고 있으며, 강성 이슬람 국가로 알려진 이란에도 지하 교회 형태로 형제단이 존재하고 있다.² 한국에는 2022년 기준 231개 교회가 설립되어 있다. 이처럼 형제단의 규모는 전 세계적으로나 한국 내에서 보거나 결코 미미한 수준이 아니다.

그들은 또한, 신학적으로도 기독교계에 적잖은 영향을 미쳐왔다. 다비는 근본주의 형성에 주요한 사상적 자원을 제공한 근대 세대주의의 기틀을 세웠다. 형제단은 오직 기도와 믿음을 통해 하나님의 공급하심만으로 고아들을 돌본 이야기로 수많은 그리스도인에게 감동을 주고 있는 조지 뮐러, 중국 내지 선교의 문을 열뿐만 아니라 믿음 선교의 모본이 된 허드슨 테일러 그리고 에콰도르 미전도 종족 선교를 감당하다 순교해 수많은 그리스도인 청년에게 선교의 열정을 불러일으켰던 짐 엘리엇(Philip James Elliot, 1927-1956) 등을 배출함으로써 기독교계에 중대한 영향을 끼쳤다.

F. F. 브루스(Frederick Fyvie Bruce, 1910- 1990)는 신약성경의 역사적 신뢰성을 지지한 성경학자로 저명한데 그는 자기가 형제단과 함께하는 소신을 분명히 밝혔다.³ 그런데도 한국의 기독교계에서는 형제단에 대한 정보가 없으며, 그들이 기독교계에 미친 영향에 대해 구체적인 평가가 이루어지지 않고 있다.

형제단에 대한 제대로 된 평가가 이루어지지 못한 이유는 다음과 같다.

---

2 Ibid., 157.
3 김홍열, 『세칭 크리스천 브레드린』 (청주: 문서선교 새벽별, 2019), 60-5.

첫째, 한국의 형제단 자신에게 있다.

그들은 기독교계의 다른 그룹들과의 교류와 협력에 소극적이었다. 한국의 형제단은 복음을 전하고, 순수한 신자들의 모임으로서의 교회를 세우고 하나님께 예배드리는 것에만 중점을 두었지, 자기들의 신학적 정체성을 교계에 알리거나 다른 그리스도인들과 교류하거나 협력하는 데 소홀했다.

둘째, 형제단을 기성 교회들과 비교할 때 차별화된 특징들이 많다.

그들의 예배 형태, 사역 방식, 교회 직제 등이 기성 교회들과 현격한 차이를 드러낸다. 그들의 행습은 기성 교회들의 입장에서 볼 때 이질적으로 느껴질 수 있다. 한국의 기독교 정서에서는 이러한 이질적 느낌이 그 무리에 대한 인식에서 절대 유리하지 않은 것이 사실이다.

필자는 이 책이 이렇게 저평가되거나 오해되고 있는 형제단에 대해 객관적으로 이해할 수 있는 자료가 되길 기대한다. 이로써 형제단이 지향했고 추구한 바가 한국의 교회에 어떤 의미가 있는지 확인하고, 긍정적인 요소들을 취해 한국 교회의 신학적, 실행적 발전에 도움이 되기를 기대한다. 그뿐만 아니라 필자는 한국의 형제단에게 그들의 뿌리에 대한 올바른 이해를 제공함으로써 그들 스스로에 대한 성찰의 기회를 제공하고자 한다.

이에 필자는 이 책의 서론에서 밝힌 형제단 출현에 대한 역사적·신학적 배경을 고찰해 얻은 결과를 다섯 가지로 정리하고, 평가하고자 한다.

첫째, 형제단의 신학적 정체성의 범위다.

형제단은 초대 교회로의 회귀를 소망한 사람들의 연대로 출발하였다. 그들이 생각한 초대 교회는 신약성경에 나타난 교회였고 거듭난 그리스도인들의 모임이었다. 따라서 그들은 분명한 신앙을 고백한 신자들이 침례를 통해 공적으로 교회의 회원으로 입교함으로써 신자들의 모임으로서의 교회를 이루고자 하였다.

초대 교회 회복에 대해 형제단과 같은 열망을 가진 이들이 이미 16세기 종교개혁기에 나타났다. 16세기 아나뱁티스트는 국민이 모두 교인이 되도록 하는 국가 교회 체제와 그것을 떠받치고 있는 유아세례를 거부함으로써 최초의 자유교회운동을 일으켰다. 이렇게 출현한 자유교회 전통은 17세기 영국에서 일어난 침례교운동과 퀘이커운동에서 다시 나타났다. 그들 역시 개인적 회심으로 신자가 된 사람들의 모임으로서의 교회를 이루고자 하였다.

남병두는 이렇게 다양한 시대와 무리를 통해 나타난 자유교회 전통의 공통된 특성을 일곱 가지로 정리하였다. 그것은 '국가 교회를 거부하는 교회,' '회개와 믿음으로 중생을 체험한 자들의 교회,' '침례를 통한 신앙 고백과 헌신에 기초한 제자들의 공동체,' '자발적 믿음과 자발적 교회,' '모이는 교회,' '회중 중심적 교회,' '권징이 있는 교회'다.[4]

이 책의 제4장에서 확인한 것처럼 형제운동은 국가 교회 체제를 거부한 자유교회운동이었으며, 분명한 회심을 체험한 이들, 즉 참 신자들의 모임인 교회를 추구하였다. 그들은 성직자 독점 체제를 배격하는 가운데, 모든 신자가 제사장(사역자이자 예배자)으로서 참여할 수 있어야 한다고 주장함으로써 회중 중심적 교회를 이루고자 하였다.

이러한 형제단의 특징은 남병두가 제시한 '자유교회 전통'의 특징과 일치한다. 형제단은 신론, 성경론 그리고 구원론 등의 기독교 핵심 교리에

---

[4] 남병두, 『침례교회 특성 되돌아보기: 신약성경적 교회회복을 위하여』, 124-9.

있어 종교개혁자들과 같은 믿음을 가졌다. 다만, 그들의 교회관은 '신자의 침례와 신자들의 교회,'라는 용어로 대변할 수 있는 자유교회 전통과 같은 입장이었다. 따라서 형제단의 정체성은 종교개혁의 후예들로서 자유교회 전통의 범주 안에 있다고 할 것이다.

둘째, 형제단의 신학적·실행적 차별성이 어떻게 유래 되었는가다.

형제단 내부에서 가지고 있는 형제단의 기원에 대한 이해와 정서는 다양하다. 필자는 이 책에서 형제단 기원론을 '초대 교회 계승설'(The Succession of the Primitive Church), '신약성경적 교회들의 영적 계승설'(The Spiritual Succession of the New Testament Churches), '19세기 형제운동 기원설'(The Origin of the 19th-century Brethren Movement)로 정리하였다.

초대 교회 계승설은 입증할 수 있는 실증 자료가 없으며, 신약성경적 교회들의 영적 계승설에서 형제단과 유사한 무리라고 언급한 선대의 무리들이 실제로는 형제단의 신학과 동일한 무리라고 볼 수 없는 경우가 많다. 이 두 기원론은 형제단이 초대교회주의를 지향하기 때문에 형제단의 많은 사람이 선호하는 기원론이지만, 역사적 실증이 불가하다는 문제가 있다. 그러나 19세기 형제운동 기원설은 역사적·신학적으로 입증 가능한 기원론이다.

한국 형제단 중에 형제단이 오직 성경 연구만을 통해 성경의 교회를 깨닫게 됨으로써 출현했다고 믿는 소수 사람들이 있다. 그들은 초기 형제단 지도자들이 주변의 어떤 인과관계와 상관없이 오직 성경을 연구하고 묵상하는 중에 얻은 통찰을 통해 형제운동을 일으켰다고 주장한다. 그러나 교회사 속의 다양한 무리는 그들이 존재한 당대의 신학적·역사적 배경과 매우 밀접하게 관련되어 있다. 그들은 결코 진공 상태에서 기원하거나 행하지 않았고, 당대의 상황 가운데서 발생 및 발전하였다. 이 점에서 형제단도 예외가 될 수 없다.

형제단은 19세기 영국에서 일어난 형제운동으로 말미암아 출현하였는데, 형제운동이 일어난 19세기 초는 그 전 세기부터 진행되어 온 다양한 전환이 이어지고 있었다. 영국 내부에서는 산업혁명으로 인한 패러다임의 변환이 진행되고 있었으며, 미국의 독립으로 파급된 자유에 대한 열망, 프랑스에서 일어난 혁명의 사상적 기반인 계몽주의 사상의 파급과 그 반발로 나타난 낭만주의운동이 있었다.

산업혁명으로 인한 도시화 현상과 자본주의의 발달로 인한 다양한 사회적 변혁과 문제들이 초래되었다. 집단화, 규격화되었던 종교 체제에 대한 반발이 커졌고, 종교의 자유와 개인적 체험을 강조하는 부흥주의 신앙 형태가 확산되었다. 인간의 이성을 강조한 계몽주의에 기반을 두고 일어난 프랑스 혁명과 그 흐름을 타고 발생한 나폴레옹 전쟁은 오히려 인간 이성에 대한 실망과 함께 과학과 합리성에서 벗어나 감성과 경험을 강조하는 낭만주의운동을 촉발하였다.

형제단은 인간의 이성을 거부하고 하나님의 계시로서의 성경을 가치 기준으로 삼았으며, 하나님에게 대한 신앙을 강조하였다. 그들은 제도적 장치 대신 성령의 인도와 그에 대한 자기들의 직관을 따르길 원했으며, 신앙을 이성적 방식으로 구체화하거나 체계를 세우고자 하기보다는 영적으로 감동하고 실행하는 데 초점을 맞추었다. 이러한 형제단의 특징은 그들의 낭만주의 경향을 보여 주는 지표들이다. 이처럼 형제단의 신학과 행습은 19세기 유럽과 영국의 시대적·사상적 배경과 밀접하게 맞물려 형성되었다.

형제단 출현과 그들의 신학 형성에 가장 큰 영향을 미친 것은 19세기 초 영국의 종교적 상황이었다. 독일에서 일어난 경건주의운동은 18세기 말에 독일에서 쇠퇴했지만, 영국에 전래해 웨슬리를 중심으로 한 부흥운동을 촉발하였다. 경건주의자들이 지향했던, 내적 확신, 경험을 중시하는 경향은 부흥운동에서 그대로 반영되었다. 웨슬리는 경건주의의 한 무리인 모라비안 교도와의 접촉을 통해 회심한 후 자기 체계적 방식으로 부흥운동을 주도하였다. 그가 진행한 부흥운동은 평신도 사역자 중심으로 전개되었다. 초기 형제운동의 주역들이 국교회 체제의 집단적이고 형식화된 종교가 아니라 개인적이고 체험적이며 자유로운 신앙생활을 추구하고 평신도 사역을 강조한 것은 이러한 배경과도 무관치 않다.

형제단은 다양한 그룹들의 통합 그리고 다양한 신학적 배경을 가진 사람들의 연합으로 형성되었다. 형제운동의 초기 지도자 중 다수는 국교회에서 문제의식을 가지고 있었던 사람들이었다. 형제운동의 원리를 제시한 그로브스, 형제단에 신학적으로 가장 큰 영향을 미친 다비 등은 모두 국교회 배경의 사람들이었다. 그리고 개방 형제단의 뿌리 역할을 하게 된 브리스톨의 뮐러와 크레이크 그리고 반스테플의 채프먼은 모두 침례교회 목회자들이었다. 형제운동이 자리를 잡아가고 있을 때 합류한 하워드와 그의 무리는 퀘이커 내부의 극단적 신비주의 경향에 반발해 분리한 퀘이커 개혁자들이었다.

초기 형제단은 이처럼 다양한 배경의 사람들과 소모임들이 연합하는 가운데 그들의 신학과 행습을 형성하였다. 최초 형제단은 아일랜드 더블린에서 '떡을 떼는 모임'들의 연합으로 발생하였다. 그로브스가 제안한 '교파와 안수 여부를 초월하여 떡을 뗄 자유'의 원리를 기초로 소모임들이 연합함으로써 형제단이 시작되었기 때문에 그들의 예배의 중심에는 '주의 만찬'이 자리 잡게 되었다. 그들은 그리스도인의 연합과 전 신자 제사장 원칙을 주의 만찬에서 가시적으로 실행하고자 하였다.

그 결과로 형제단의 예배는 주의 만찬과 분리해 생각할 수 없으며, 그들은 한 지역 교회의 일원들이 한 몸의 지체들로서 한 떡에 참여하는 것이 바람직하다고 여기고 있다. 형제단의 주의 만찬 시행 방식은 참여자들이 자발적이고 자유롭게 기도에 참여하는 독특한 형태를 취하고 있는데, 그들은 이런 방식이 교회에서 신자들이 제사장직을 실제적으로 수행하는 대표적인 것이라고 믿는다.

형제단 초기 지도자와 회중 가운데 적잖은 수가 침례교도였다. 형제단의 교회론이 침례교회의 교회론과 같은 이유는 침례교회 배경의 인사들과 유관하다고 할 수 있다. 형제단이 두 계열로 분열되었을 때 개방 형제단의 유력인사들이 침례교회 목회자 출신이었다는 점과 개방 형제단의 교회론이 곧 침례교회 교회론과 같다는 점은 이를 시사한다.[5]

퀘이커에서 이탈한 이들이 형제단에 합류한 점은 형제단 내의 비정형적 교회 행습을 더 촉진하도록 했을 것이다. 형제운동 초기에 형제단의 집회와 예배 형태는 형식이 정해진 형태였으나 시간이 지나면서 형제단은 비정형적 형태가 더 성령의 개입을 용이하게 하는 것으로 받아들였는데 퀘이커 분리자들의 유입이 이런 경향을 더욱 강화하였을 것이다. 이처럼 형제단의 신학과 행습의 독특성은 다양한 부류의 무리들의 연합을 통해 형성된 것이다.

셋째, 형제단 출현 당시 이미 자유교회 전통 안에 있는 침례교회가 있었는데, 그 교회의 목회자였던 사람들이 이탈해 별도의 무리를 형성한 이유가 무엇인가 하는 의문이다.

---

5   이와 달리 비개방 형제단은 자유교회 전통의 교회관과는 거리가 있는 중앙 집권적 교회를 이루었다. 그들은 개방 형제단의 교회관이 침례교회 교회관이며 개방 형제단은 진정한 형제단이 아니라고 비판하였다.

밀러, 크레이크, 채프먼 등은 침례교회 목사로 사역할 때부터 개혁적 조치를 시행하였다. 그들은 좌석료 제도를 없앴고, 주의 만찬을 매주 시행하도록 하였으며, 평신도들에게 예배와 사역에의 자유를 더욱더 폭넓게 허용하고자 하였다. 사실, 이러한 추구는 초기 침례교회의 행습과 닮아있다. 이를 고려할 때 19세기의 침례교회가 초기의 모습에서 벗어나는 과정에서 더 근본적인 침례교 정신과 행습으로 돌아가려고 했던 이들이 같은 가치를 추구한 형제운동에 합류하게 된 것으로 보인다.

형제단보다 두세기 전에 출현한 침례교회는 역사적 과정을 거치고 그 규모가 확대되면서 초기의 모습보다 체계를 갖추게 되었는데 이에 대한 거부감과 초기 침례교회에 대한 향수가 침례교회 내부에서 있었을 것이다. 밀러를 비롯한 침례교회에서 목회하던 이들이 침례교회에서 개혁을 추진하다가 그들의 개혁 방향과 일치한다고 여긴 형제단에 자연스럽게 합류했을 것이다.

그리고 형제단 사상의 중요한 원칙 중 하나인 '그리스도인의 연합'은 형제단에 합류한 침례교회 출신의 인사들에게 매력적으로 보였을 것이다. 그 원칙은 그들에게 침례교도뿐만 아니라 신약성경적 교회를 이루고자 하는 모든 그리스도인과 연합하고 교제할 수 있는 열린 문으로 다가왔을 것이다. 실제로 침례교회 출신의 인사들은 형제단에 합류한 이후 초교파적 활동을 활발히 이어갔다.

넷째, 자유교회 전통의 가치와 그 비전의 문제다.

16세기 종교개혁의 한 축을 이루었던 아나뱁티스트들은 박해를 무릅쓰고 보다 근본적인 개혁을 부르짖었다. 그들은 교회 타락의 원인은 회심의 체험 없이 타의에 의해 교회의 일원이 되게 하는 국가 교회 체제에 있다고 보았다. 또한, 교회는 구약 이스라엘과 구별되는 하나님의 백성이기 때문에 구약 이스라엘에 적용되는 행습과 규율을 그대로 적용할 수 없다고 그들은 생각했다. 따라서 구약 이스라엘이 법적으로 행해야 했던 십일조 제도와 육체적 체벌을 가하는 형벌 제도가 교회에 그대로 적용될 수 없었다. 그들은 교회에서 성도가 하는 헌신은 국가가 개입한 법률에 의한 것이 아니라 자발적인 것이어야 하며, 교회의 권징은 주의 만찬에서 제외하는 영적 형태의 체벌이어야 한다고 주장했다.

또한, 그들은 모든 신자가 제사장이라는 성경의 가르침(벧전 2:9) 대로 교회의 회원 모두가 교회 봉사에 참여할 수 있는 형태를 취해야 한다고 믿었다. 아나뱁티스트가 추구한 종교개혁은 초대 교회로의 회복, 즉 근원적 개혁을 추구한 것이었다.

아나뱁티스트는 주류 종교개혁자들이 미흡했던 부분, 즉 이신칭의 복음이 개인에게 실제적 신앙으로 수용되게 하는 것에 한계가 있었던 부분에 대해 대안을 제시하였다. 17세기의 침례교운동과 퀘이커운동 그리고 19세기의 형제운동 역시 그들의 시대에 신약성경적 교회를 실현하고자 했으며 이러한 그들의 노력은 교회가 그 본질을 회복하는 데 기여해 왔다. 그것은 국가 교회 체제로 인한 명목상의 그리스도인을 양산하는 것에 경종을 울리며, 분명한 회심을 기초로 참 신앙을 소유한 사람들로 구성된 교회를 지향했기 때문이다.

한국 교회는 세속주의와 교권주의로 인한 어려움을 겪고 있다. 자유교회 전통은 그 대안으로서의 가치가 충분하다. 진정한 회심을 한 사람들이 교회의 일원으로 영접 되고, 그들에게 그리스도의 제자로서의 합당한 삶을 훈육하고 요구하는 것은 한국 교회가 신약성경적 교회의 본질에 근접할 수 있는 중요한 전제가 된다. 만약 회심의 경험이 없는 사람들이 교회의 일원으로 쉽게 용인된다면, 교회가 영적 공동체라는 본질로부터 이탈할 수 있으며, 그 구성원들이 육신의 욕구와 세속적 욕망을 따라 행하게 되는 근본적 원인이라고 볼 수 있다. 이신칭의의 복음이 단지 선언이나 지적 동의가 되지 않고, 세계관을 바꾸고 삶을 변화시키는 진정으로 거듭남의 복음이 되어야 하는데, 자유교회 전통에서 강조하는 분명한 회심의 체험과 제자도가 이것을 현실화 시키는 주요한 원리가 될 것이다.

또한, 전 신자 제사장직이라고 하는 성경의 가르침을 따르는 것은 종교개혁 전통의 핵심 가치 중 하나인데도 목회자가 사역과 교회 운영을 독점하는 체계 때문에 대부분의 한국 교회는 교회 회원인 성도들은 관람자가 되어 가는 경향을 보이고 있다. 그러나 자유교회 전통의 핵심 요소 중 하나인 교회 회원들의 자발적인 사역 참여는 충분히 한국 교회에 좋은 대안이 될 것이다.

다섯째, 한국 형제단이 확인해야 할 그들 뿌리의 신학적 정체성이 무엇인가 하는 것이다.

한국 형제단은 그 뿌리의 정체성을 기준으로 오늘의 자기를 평가하고 성찰해야 하며, 미래에 어떻게 나아갈 것인가를 정립할 필요가 있다. 초기 형제운동은 다양한 신학적 배경을 가진 사람들이 신약성경적 교회라는 공통 가치를 중심으로 연합을 이룬 신앙 운동이었다.

이러한 배경 가운데 초기 지도자들은 성경적 가치를 중심으로 기성 체제와 인간적 장벽을 넘어서고자 하였다. 이런 배경으로 그들은 다양성 속에 연합을 이룬 공동체를 형성하였고 그러한 방향으로 그 운동을 발전시켰다. 형제운동의 핵심 징신 중 하나는 "교파의 장벽을 넘어 그리스도인의 연합을 이루자"는 것이었다.

이 기준에서 평가할 때 오늘날 한국의 형제단은 외부의 그리스도인들에게 어느 정도의 개방성을 가지고 있는가?

한국 형제단의 뿌리는 개방 형제단에 있다. 형제단은 1848년 다비의 '베데스다 회람' 사건을 계기로 비개방 형제단과 개방 형제단으로 분열되었는데, 다비의 입장을 따르는 무리는 비개방 형제단이 되었고, 다비가 정죄한 베데스다교회의 입장에 선 무리는 개방 형제단이 되었다.

비개방 형제단은 중앙 집권적 교회 형태를 형성하는 가운데 자기들과 입장을 같이하지 않는 모든 이와 분리하고자 하였다. 그 결과 그들은 서로 적대적인 수많은 분파를 형성하였다. 개방 형제단은 스스로가 다른 형제단과 분리하고자 하지 않았으나 타의, 즉 다비의 추종자들에 의해 배척됨으로써 분립하게 되었다. 그들은 사소한 차이에 대해 용납하는 태도를 가졌기 때문에 다양한 경향을 띠어 각자를 구분할 수 있었을지라도 그들 서로가 적대시하여 분파를 형성하지는 않았다.

개방 형제단은 형제단 내의 다른 입장을 가진 이들에게 열려있었을 뿐만 아니라 형제단 외부의 그리스도인들에 대해서도 열린 입장을 견지하였다. 그들의 주요 인사들은 형제운동의 초기부터 이러한 입장을 취했고, 이후의 개방 형제단의 주요 기조가 되었다.

개방 형제단의 교제권에 있는 교회들은 전 세계에 걸쳐 존재하며, 복음 전도에 있어 대내외적으로 활발하게 협력하고 있다. 브라이언 스텐리(Brian Stenley)는 형제단이 제2차 세계대전 이후에 개인 회심을 강조한 복음 전파에 초교파적으로 협력한 주요 집단 중 하나로서 영국 및 세계의 복음 전파에 있어 크게 기여했다고 평가했다.

스텐리가 언급한 형제단은 개방 형제단을 의미한다. 그는 사업가 존 랭(John Laing, 1879-1978)과 스코틀랜드 보수당 의원이자 농산물 수입 상사 회장이던 존 헨더슨(John Henderson, 1888-1975)이 빌리 그레이엄(Billy Graham, 1918-2018)의 1954년 런던 지역 전도대회의 열렬한 지지자였음을 확인하였고, 특히 랭은 런던 성경대학과 케임브리지의 성경 연구소 틴데일 하우스(Tyndale House)에도 재정적 후원을 아끼지 않았음을 밝혔다.[6]

또한, 그는 1928년부터 1964년까지 IVF 총무를 지낸 더글러스 존슨(Douglas Johnson, 1904-91)에 대해서도 언급했다. F. F. 브루스와 워드 가스크(W. Ward Gasque)가 밴쿠버 리젠트칼리지(Regent College, Vancouver) 안에 기독교 대학원을 설립하는 데 기여했음을 밝혔다.[7]

이러한 외부의 평가와 같이 개방 형제단은 입장이 다소 다른 교단이나 거기에 소속된 사람들과 기독교 단체에 대해서도 복음 전파를 위해 기꺼이 협력하였다. 따라서 개방 형제단은 고립된 폐쇄적 무리가 아니라 복음 안에서 협력하는 열린 무리(교회)라고 할 수 있다. 이것이 오늘날의 한국 형제단이 계승 발전해 나가야 할 부분이다.

'그리스도인의 연합'이라는 정신은 형제단 외부의 그리스도인에 대해서뿐만 아니라 형제단 내부에서도 실현되어야한다. 형제단이 태동한 지 얼마 지나지 않아 발생한 아픈 분열의 역사를 반추하며 한국 형제단은 형제운동의 핵심 정신을 되살림으로써 그 역사를 반복하지 않도록 해야 한다. 초기 형제단은 같아야 함을 주장하다가 비개방 형제단과 개방 형제단으로 분열되었고, 비개방 형제단은 그 후로도 계속 분열되는 역사를 남겼다.

분열의 역사는 형제단에서만 나타난 것이 아니라 교회사 전반을 통해 확인할 수 있는 현상이기도 하다. 교회는 교회의 하나 됨을 역설하고 강조하는 만큼 오히려 더 분열해 왔다. 따라서 하나됨이라는 명제 자체보다 무엇으로 하나 됨인지가 더 중요하다. 각자가 생각하는 무엇이 절대화될 때

---

[6] Brian Stanley, 『복음주의 세계 확산』, 이재근 역 (서울: 기독교문서선교회, 2014), 93-6.
[7] Ibid.

갈등은 심화되고 분열될 것이다.⁸

　우리는 같은 성경을 읽고 따르고 있지만 해석의 다양성이 존재한다는 사실을 인정할 필요가 있다. 다양한 관점을 가진 그리스도인들이 상호 존중하는 가운데 토론하고 성찰해 갈 때, 보다 균형잡힌 관점으로 하나님이 성경에서 보여 주시고자 하시는 뜻을 발견하게 될 것이다.

　한국의 형제단이 형제단 초기 역사의 고찰을 통해 성찰해야 할 두 번째는 교육의 문제다. 형제단은 교육과 훈련에 대한 인식을 재정립할 필요가 있다. 초기 형제단의 지도자들은 대부분 귀족 출신이거나 부유한 상인 또는 전문직 종사자들이었다. 그들의 이러한 배경 덕분에 그들 중에는 고등 교육을 받았거나 학자로서 자질을 갖춘 이들이 많았다. 따라서 그들은 자기들의 신학적 체계를 세우거나 그것을 기준으로 성도들을 가르치고 새로운 일꾼들을 양육하기에 충분한 능력과 지식을 갖춘 사람들이었다. 또한, 그들은 재정적으로도 자비량이 가능한 경우가 많았기 때문에 당시에 일반적으로 목회자들의 생활비 공급 수단으로 활용되던 좌석료 제도를 없앨 수 있었으며, 고정적인 사례비를 받지 않는 선택을 과감히 할 수 있었다.

　그들은 하나님의 종이 되기 위해서는 사람이 만든 특정 교육기관에서의 교육과 훈련보다 하나님이 주시는 소명을 따라 삶을 통해 그 인격과 영성이 성장함으로 준비되는 것이 옳으며 오히려 더 탁월하다고 확신하였다. 그들은 이 확신 가운데 그들의 교회를 운영하고 회중을 안내하였다. 이런 이유로 형제단에서는 오랫동안 정규 신학 교육이나 체계화된 훈련보다는 도제(徒弟)식 훈육을 선호해 왔다.

8　남병두, 『기독교의 교파 그 형성과 분열의 역사』 (파주: 살림출판사, 2006), 3-4.

그러나 초기 지도자들이 활발하게 교육과 목회 활동을 할 때는 특별한 문제 없이 이러한 기조를 유지하고 추진할 수 있었지만, 세월이 더 흐르면서 체계적인 교육과 훈련의 부재 그리고 사역자들의 생활고로 인한 적잖은 어려움이 발생하였다. 그 이유는 교육과 목회를 담당할 후계가 막히거나 수준이 저하되는 경우가 많이 발생하게 되었기 때문이다.

지식과 수행 방식에 대한 훈련 보다 그의 인격과 믿음이 반드시 우선되어야 할 것이지만, 신학적 정체성을 유지하고 계승하는 측면에서는 이러한 방식만으로는 그 한계가 있음을 인정해야 한다. 따라서 형제단의 신학 체계를 세우고, 체계적인 방식으로 훈련하고 교육함을 통해 형제단의 신학적 정체성과 실행적 장점을 계승 발전시켜야 한다. 성경이면 충분하다고 주장하는 것이 한편 타당할 수도 있지만, 성경 자체를 보다더 잘 이해하기 위해 성경 본문과 원어 그리고 역사와 문화적 배경에 대한 선행 연구들에 대한 검토와 이해가 전제되어야 한다는 측면을 고려할 때 그것은 모순된 표현이다.

그리고 한 개인의 역량과 지식은 한계가 있을 수밖에 없기 때문에 도제식 교육과 훈련은 그 한계를 넘어서지 못한다. 따라서 각 분야의 전문가들로부터 배우고 훈련받을 수 있는 환경을 조성할 필요가 있다. 그러한 전문가 집단을 통해 형제단의 공통 관점을 확인하고 정립해 나갈 수 있을 것이다. 이것이 바로 신학적 체계이며 형제단의 정체성을 규정하는 것이다.

형제단이 신학적 체계를 세우기보다 복음을 전하고 교회 세움을 통해 하나님 나라를 확장하는 데 진력해 온 가치는 분명히 인정받아야 한다. 그러나 형제단이 자기들의 정체성을 확립하지 않는다면, 그들의 미래 세대는 더 이상 그들의 현재 세대와 다른 사람들이 될 것이다. 결국, 그들이 추구한 가치를 지속하지 못하게 되는 것이다. 따라서 형제단은 그들의 강점인 성경적 가치의 실행을 계승 발전할 뿐만 아니라, 형제단의 정체성 즉 신학적 체계를 세우는 것에도 힘을 쏟아야 한다.

크리스토퍼 도슨(Christopher Dawson)은 이렇게 말한다.

> 오늘날 사람들은 그들의 영적 뿌리를 유지하면서 사회의 기존 질서와 접촉하는 일을 잃어버린 사람들 그리고 사회적 접촉을 유지하면서 그들의 영적 뿌리를 상실한 사람들이라는 두 부류로 구분된다.[9]

그의 지적처럼, 한국의 형제단은 초기 형제단의 공과를 직시해, 그들이 추구한 성경적 가치를 계승하되 그들이 걸려 넘어진 돌부리를 이 시대에는 제거하는 지혜로운 선택을 해야 한다. 그리고 한 걸음 더 나아가서 오늘날에 어떻게 성경의 복음과 진리를 위해 헌신할 것인지에 대한 고찰과 노력이 필요하다. 그뿐만 아니라 다음 세대에게 물려줄 역사를 겸허한 가운데 기도하며 써 나가야 할 것이다.

한국의 형제단은 자기 기원에 대한 성찰을 통해 스스로의 정체성을 분명히 할 뿐만 아니라 외부와의 교류를 통해 그들의 정체성인 자유교회 전통의 가치를 다른 그리스도인들에게 소개하고, 그에 대한 실제적인 모델이 됨으로써 기독교계에 한 대안을 제시할 수 있어야 할 것이다.

가시광선 속에는 일곱 가지 다른 파장, 즉 일곱 가지 색의 빛이 포함되어 있기 때문에 우리가 사물의 다양한 색감을 확인할 수 있다. 이처럼 한국의 형제단은 한 분이신 하나님을 믿는 신앙 안의 다양성이 필요하다는

---

9 Gerold R. Cragg, Alec R. Vidler, 『근현대교회사』, 송인설 역 (서울: 크리스찬 다이제스트, 1999), 571.

사실을 겸허히 인정하고 다른 입장을 가진 그리스도인들을 존중하며 자기들의 역할을 다함으로써 하나님의 선을 이뤄가는 역사적 소임을 다해야 할 것이다.

참고 문헌

1. 단행본

김승진. 『근원적 종교개혁』. 대전: 침례신학대학교출판부, 2011.
김장배. 『한국침례교회의 산증인들』. 서울: 침례회출판사, 1981.
김홍열. 『성경교리연구』 제3판. 청주: 도서출판 새벽별, 2012.
김홍열 편. 『세칭 크리스천 브레드린』. 청주: 문서선교 새벽별, 2019.
남궁원, 강석규 편. 『연표와 사진으로 보는 세계사』. 서울: 도서출판 일 빛, 2003.
남병두. 『침례교회특성 되돌아보기』. 대전: 침례신학대학교출판부, 2015.
박명수. 『근대사회와 복음주의』. 서울: 한들출판사, 2008.
이재근. 『세계 복음주의 지형도』. 서울: 도서출판 복 있는 사람, 2015.
침례교신학연구소. 『종교개혁의 풍경』. 대전: 침례신학대학교출판부, 2017.
한국침례교총회 역사편찬위원회. 『한국침례교회사』. 서울: 침례회출판사, 1990.
허긴. 『한국침례교회사』. 대전: 침례신학대학교출판부, 1999.
_____. "대한기독교회와 펜윅." 『한국침례교회와 역사: 회고와 성찰』. 대전: 침례신학대학교출판부, 2010.

Anstey, Stanely Bruce. *Open Brethren: Are their princples and practices in accord with scripture?* Illinois: Bible Truth Publishers, 2010.
Austin, Bill R. *Austin's Topical History of Christianity.* Wheaton: Tyndale House Publishers, INC., 1983.

Bainton, Roland H. *The Left Wing of the Reformation, Journal of Religion*, ⅩⅩⅠ, 1941.

Baker, Robert Andrew. *A Summary of Christian History*. Nashville : Broadman Press, 1959.

Barber, John. *Who are the Brethren*. West Sussex: The Brethren Archivists and Historians Network, 2001.

Bass, Clarence B. 『세대주의란 무엇인가』. 황영철 역. 서울: 생명의말씀사, 1988.

Beale, David. 『근본주의의 역사』. 김효성 역. 서울: 기독교문서선교회, 1994.

Bebbington, David W. 『복음주의 전성기』. 채천석 역. 서울: 기독교문서선교회, 2012.

Bender, Harold S. *Conrad Grebel*. Eugene: Herald Press, 1998.

Bennet, W. H. *A Return to God and His Word: Remarks on Mr. W. BLAIR NEATBY'S 'History of the Plymouth Brethren.'* Glasgow: Pickering and Inglis, 1914.

_____. *Robert Cleaver Chapman of Barnstaple*. Glasgow: Pickering and Inglis, 1902.

Benson, Lewis *Catholic Quakerism*. London: Friends Home Service Committee, 1966.

Brackney, William H. *A Genetic History of Baptist Thought : With Special Reference to Baptists in Britain and North America*. Macon, Ga. : Mercer University Press, 2004.

Brinton, Howard. 『퀘이커 300년』. 함석헌 역. 서울: 한길사, 1986.

Broadbent, E. H. 『순례하는 교회』. 정병은 역. 서울: 전도출판사, 1990.

Callen, Barry L. 『급진적 기독교』. 배덕만 역. 대전: 대장간, 2010.

Cairns, Earle E. *Christianity Through the Centuries*. Grand Rapids: Zondervan Publishing House, 1996.

Carrol, J. M. 『피 흘린 발자취』. 박상훈 역. 서울: 꿈꾸는 사람들, 2018.

Christian, John T. *A History of the Baptists*. New Orleans: Bogard Press, 1922.

Coad, F. Roy. *A History of the Brethren Movement*. Vancouver: Regent College Publishing, 2001.

Collingwood, William. *'The Brethren': a Historical Sketch*. Glasgow: Pickering & Inglis, n.d.

Conser, Walter H. Jr. *Church and Confession, Conservative Theologians in Germany, En-*

gland, and America, 1815-1866. Macon: Mercer University Press, 1984.

Crisp, Stephen. *An Epistle of Tender Love and Brotherly Advice to all the Churches of Christ Thought the World*. Shoreditch: Andrew Sowle, 1690.

Dickson, Neil T. R. and Grass., Tim, eds., *The Growth of the Brethren movement*. Milton Keynes: Paternoster, 2006.

Durnbaugh, Donald F. 『신자들의 교회』. 최정인 역. 대전: 도서출판 대장간, 2015.

Dyck, Cornelius J. 『아나뱁티스트 역사』. 김복기 역. 대전: 도서출판 대장간, 2013.

Edwards, David L. *Christianity: The First two thousand years*. New York: Orbis Books, 1997.

Embley, Peter L. *The Origins and Early Development of the Plymouth Brethren*. Cheltenham: St. Paul's College, 1966.

Fox, George. 『조지 폭스의 일기』. 문효미 역. 서울: 크리스챤 다이제스트, 1994.

Franklin, R. W. *Nineteenth Century Churches*. New York : Garland, 1987.

Gibs, A. P. 『그리스도인의 침례』. 유지훈 역. 고양: 전도출판사, 2006.

Gonzalez, Justo L. 『현대교회사』. 엄성옥 역. 서울: 은성출판사, 2012.

Groves, A. N. *Journal of Mr. Anthony N. Groves, during a Journey from London to Bagdad*, A. J. Scott, ed. London, 1831.

Harder, Leland, ed. *The Sources of Swiss Anabaptism*. Scottdale: Herald Press, 1985.

_____. ed., *The Sources of Swiss Anabaptism: The Grebel Letters and Related Documents*. Classics of the Radical Reformation, IV. Scottdale, Pa.: Herald Press, 1985.

Holmes, Frank. *Brother Indeed: The Life of Robert Cleaver Chapman, Barnstaple Patriarch*. London: Victory Press, 1956.

Jeffrey, David Lyle., ed. 『웨슬레 시대 영국의 영성운동』. 김해연 역. 서울: 성지출판사, 1999.

Kane, J. Herbert. 『세계 선교역사』. 신서균, 이영주 역 서울: 기독교문서선교회, 1993.

Klein, William W., et al. 『성경해석학 총론』. 류호영 역. 서울 : 생명의말씀사, 1997.

Küng, Hans. 『그리스도교: 본질과 역사』. 이종한 역. 칠곡: 분도출판사, 2002.

Lang, George H. *Anthony Norris Groves*. Exeter: Paternoster Press, 1949.

_____. *Edmund Hamer Broadbent: Saint and Pioneer*. London, 1946.

Leith, John H. ed. "The Schleitheim Confession." *Creeds of the Churches*. Louisville: John Knox Press, 1982.

Leonard, Bill J. *Baptist Ways: A History*. Valley Forge: Judson Press, 2003.

Locher, Gottfried Wilhelm. "The shape of Zwingli's theology: a comparison with Luther and Calvin," *Pittsburgh Perspective*, 8 no. 2. Jun 1967.

Lumpkin, William. *Baptist confessions of Faith*. Revised Edition, Valley Forge: Judson Press, 1969.

McBeth, Leon *The Baptist Heritage*. Nashville, TN: Broadman Press, 1987.

McDonald, William "침례." 『두 가지 예식 - 침례와 만찬의 의미와 실천에 관하여』. 한국엠마오성경학교 역. 서울: 한국엠마오성경학교, 1991.

_____. 『한 번 그리스도 안에 있으면 그리스도 안에 영원히』. 이종수 역. 고양: 전도출판사, 2005.

McDowell, Ian. 『자매 중에 인도자들』. 방기만 역. 청주: 도서출판 새벽별, 2014.

_____. *A Brief History of the Brethren*. Sydney: Victory Books, 1968.

Miller, Andrew. 『그리스도와의 연합의 진리를 교회론으로 삼았던 플리머스 형제단 이야기』. 이종수 역. 서울: 형제들의 집, 2015.

_____. 『성경의 예언적 관점에서 본 교회사』 (1). 정형모 역. 서울: 전도출판사, 2002.

_____. *The Brethren: Their Origin, Progress and Testimony*. Hong Kong: Christian Book Room, 1963.

_____. *The Brethren: ('Commonly So called'). A Brief Sketch of their Origin, Progress and Testimony*. London, n.d.

Moorman, John R. H. *A History of The Church in England*. London: Adam & Charles Black publishers, 1980.

Mrs. Groves. *Memoir of Anthony Norris Groves*. 3rd ed. Bristol: Sold at The Bible and Tract Warehouse, 1869.

Müller, George. *A Narrative of the Lord's Dealing with George Müller, The Life of Trust: being a Narrative of the Lord's Dealing with George Müller*. H. Lincoln Wayland. Boston. Ed., : Gould and Lincolon, 1861.

_____. *A Narrative of Some of the Lord's Dealings with George Müller, vol. 1, First Part*. London: James Nisbet & Co., 1895.

Murray, Stuart 『아나뱁티스트 성서해석학』. 문선주 역. 대전: 대장간, 2013.

Neal, Steven. 『기독교 선교사』. 홍치모, 오만규 역. 서울: 성광문화사, 2012.

Neatby, W. Blair. *A History of the Plymouth Brethren*. London: Hodder and Stoughton, 1901.

Newton, Ken and Jeanette, eds. *The Brethren Movement Worldwide*. 5th ed. Lockerbie: OPAL Trust, 2019.

Olson, Roger E. *The Story of Christian Theology : Twenty Centuries of Tradition & Reform*. Downers Grove : InterVarsity Press, 1999.

Pelikan, Jaroslav. *Christian Doctrine and Modern Culture since 1700*. Chicago: The University of Chicago Press, 1989.

Pickering, Henry. 『형제 중에 인도자들』. 이우진 역. 고양: 전도출판사, 2007.

Pinnock, Clark H. "Catholic, Protestant, and Anabaptist: principles of biblical interpretation in selected communities," *Brethren in Christ History & Life*, 9 no. 3. Dec 1986.

Piper, John. 『확신의 영웅들』. 황의무 역. 서울: 부흥과개혁사, 2017.

Rowdon, Harold H. *The Orignis of the Brethren 1825-1850*. London: Pickering & Inglis LTD., 1967.

Smith, Nathan Delynn *Roots, Renewal and the Brethren*. Pesadena: Hope Publishing House, 1986.

Snyder, C. Arnold "Swiss Anabaptism : The Beginnings, 1523-1525," *A Companioin to*

Anabaptism and Spiritualism, 1521-1700, Leiden: Koninklijke Brill. NV, 2007.

Stanley, Brian. 『복음주의 세계 확산』. 이재근 역. 서울: 기독교문서선교회, 2014.

Steer, Roger. 『허드슨 테일러』 상. 윤종석 역. 서울: 도서출판 두란노, 1990.

Stenhouse, Andrew. 『분파주의』. 정병은 역. 서울: 전도출판사, 2005.

Stevenson, Mark R. *The Doctrine of Grace in An Unexpected Place: Calvinistic Soteriology in Nineteenth-Century Brethren Thought*. Eugene: Wipf and Stock Publishers, 2017.

Strauch, Alexander. *Biblical Eldership*. Littleton: Lewis & Roth Publishers, 1995.

Taylor, Howard. 『허드슨 테일러의 생애』. 오진관 역. 서울: 생명의말씀사, 2011.

Thornberry, John. 『데이비드 브레이너드』. 김기찬 역. 고양: 크리스챤다이제스트, 2005.

Tolles, Frederick B. and Alderfer, E. Gordon. *The Witness of William Penn*. New York: Macmillan, 1957.

Torbet, Robert G. *A History of the Baptists*, 3rd ed. Valley Forge: Judson Press, 1963.

Tucker, Ruth A. 『선교사 열전』. 박혜근 역. 고양: 크리스챤다이제스트, 1990.

Walker, Williston. 『기독교회사』. 송인설 역. 파주: CH북스, 1993.

Weaver, J. Denny. *Becoming Ananbaptist*. Scottdale: Herald Press, 1987.

Welch, Claude. *Protestant thought in the Nineteenth Century*. Vol. 1, 1799-1870. New Haven: Yale University Press, 1972.

West, Gerald T. "John Eliot Howard: From Friend to Brother." *The Growth of the Brethren movement*, Eds., Neil T. R. Dickson and Tim Grass. Milton Keynes: Partnernoster, 2006.

Wilson, T. Ernest. 『신약에 감추어진 교리적인 비밀들』. 김병희 역. 고양: 전도출판사, 1992.

Yoder, John Howard. *Anabaptism and Reformation in Switzerland*. Kitchener: Pandora Press, 2004.

Zwingli, Huldrych. "67개조 논제에 대한 해제." 『츠빙글리 저작 선집 2』. 임걸 역. 서

울: 연세대학교출판문화원, 2018.

_____. "참된 종교와 거짓 종교에 대한 주해."『츠빙글리 저작 선집 3』. 공성철 역. 서울: 연세대학교출판문화원, 2017.

_____. "하나님의 정의와 사람의 정의."『츠빙글리 저작 선집 3』. 공성철 역. 서울: 연세대학교출판문화원, 2017.

2. 정기 간행물

김용국. "19세기 특수 침례교회의 사역과 논쟁."『역사신학 논총』25권 0호(2013): 66-101.

김용복. "Martin Luther와 Desiderius Erasmus의 자유의지 논쟁점과 그 방법."『종교개혁의 풍경』. 침례교신학연구소편, 63-94. 대전: 침례신학대학교출판부, 2017.

남병두. "기독교 선교와 16세기 아나뱁티스트운동의 역사적 의의."『선교신학』제62집 (2021): 130-59.

_____. "초기 아나뱁티스트운동과 종교자유사상."『장신논단』51(1) (2019): 147-75.

_____. "침례교 기원에 관한 소고."『복음과 실천』제44집, 가을호. 대전: 침례신학대학교출판부, (2009): 125-56.

_____. "16세기의 가장 '근원적인' 논쟁: 취리히 종교개혁에 나타난 교회와 국가의 관계 논쟁,"『종교개혁의 풍경』. 침례교신학연구소편, 95-126. 대전: 침례신학대학교출판부, 2017.

이정구. "성 화상에 대한 종교 개혁가들의 태도."『한국 교회사학회지』30권 0호(2011): 61-85.

임형권. "루터-에라스무스논쟁에 대한 성경 해석학적 조명."『역사신학 논총』28권 0호(2015년 06월): 301-24.

황성환. "영국국교회의 신학형성과정."『성결교회와 역사』3권 0호(2000년 11월): 262-75.

Anderson, Paul N. "Primitive Christianity Revived-the Original Quaker vision." *Quaker Religious Thought* 131 (September 2018): 5-24.

Birkel, Michael. "George Fox and Augustine of Hippo." *Quaker Studies* vol. 22/2 (2017): 197-208.

Calhoun, David B. "David Brainerd: A Constant Stream," *Presbyterion*, 13 no. 1 (Spring 1987): 44-50.

Chuga, Reuben Ishaya "The Divided communion: Luther versus Zwingli," *BTSK Insight* 14 (Oct 2017): 1-28.

Clary, Glen J. "Ulrich Zwingli and the Swiss Anabaptists: sola Scriptura and the Reformation of Christian Worship," *The Confessional Presbyterian* 6 (2010): 108-24.

Clayton, J Glenwood. "Thomas Helwys: a Baptist Founding Father." *Baptist History and Heritage* 8 no. 1 (Jan 1973): 2-15.

Colwell, JohnE. "A radical church: a Reappraisal of Anabaptist Ecclesiology," *Tyndale Bulletin* 38 (1987): 119-41.

Dannat, Kamang U. "A Spark which Ignites the Flames of Missions : The Moravian Story." *BTSK Insight* 5 no. 1 (May 2009): 32-45.

Enninger, Werner. "The Second Zurich Disputation in 1523: a Discourse-analytical Approach," *The Mennonite Quarterly Review* 65 no. 4 (Oct 1991): 407-26.

Goehring, Walter R. "Life and death of Henry Jacob." *Hartford Quarterly* 7, no. 1 (Fall 1966): 35-52.

Horsch, John. "The Struggle between Zwingli and the Swiss Brethren in Zurich." *The Mennonite Quarterly Review* 7 no. 3 (Jul 1933): 142-61.

Johnson, Anna Marie. "Ecumenist and Controversialist: The Dual Legacy of Nikolaus Ludwing von Zinzendorf." *Journal of Religious History* vol. 38, no. 2 (June 2014): 241-62.

Maddock, Keith R. "The Religious Society of Friends(Quakers) Doing Doctrine in the

World." *Ecumenism* No. 179-180, (Fall/Winter 2010): 27-30.

McBeth, H. Leon. "The Legacy of the Baptist Missionary Society." *Baptist History and Heritage* 27, no. 3 (July 1992): 3-13.

McIntosh, L. D. "John Wesley." *Mid-Stream* 8, no. 3 (Spring 1969): 50-65.

Mullett, Michael. "George Fox and the Origins of Quakerism." *History Today* 41, no. 5 (May 1991): 26-31.

3. 미간행 자료

정인택. "형제운동의 기원과 발전 및 한국으로의 전래." 박사 학위 논문, 계명대학교 대학원, 2013.

『그리스도 중심의 교육, 신실한 성경적 가르침, 가치있는 전문 학위』, 2022년 엠마오 성경대학 소개용 팜프렛.

4. 기타 자료

라은성. "로마가톨릭과 개신교의 교회론." [온라인 자료]. https://blog.daum.net/kho8291/3570037, 2022년 3월 16일 접속.

유인관. "브레드린의 정체성-브레드린의 역사." [온라인 자료]. https://www.youtube.com/watch?v=KGxFfEpHnAU&t=1511s, 2022년 9월 14일 접속.

종교탐방. "Brethren," [온라인 자료]. http://www.cyberspacei.com/jesusi/inlight/religion/christianity/anabaptism/brethern.htm, 2022년 8월 13일 접속.